JN068090

情報処理技術者試験対策書

合格論文の書き方・事例集

第6版

プロジェクトマネージャ

岡山昌二［監修・著］

落合和雄・佐々木章二・長嶋　仁・満川一彦［著］

はじめに

筆者が仕事として初めて文章を書いたのは，1980 年のことです。当時はワープロなどもまだ普及しておらず，手書きの文章を何度も書き直して上司にレビューをお願いしました。書類を見たときの上司の顔，短い文章にもかかわらずコメントするまでの時間の長さは，今でも忘れられません。

情報処理技術者試験対策のセミナーの案内を見て，システム監査技術者試験の受験勉強を始めたのは，今から 30 年ほど前です。添削用の論文を 1 本書けばよいのに 3 本も書いて講師を困らせていました。

その後，ワープロが普及し，「おまえは字が汚いから書類はワープロで書け」と上司に言われ，システム本部に 1 台しかないパソコンを占有して仕事をしていました。

日本語を知らない，あるいは，字が汚いにもかかわらず，論文対策の講義や，論文の書き方の本を出版するという仕事がいただけるのは，情報処理技術者試験のおかげです。試験勉強は，情報処理に関する能力の向上にとどまらず，日本語力や他人を納得させる力も併わせて向上させ，社外における人間関係も広がりました。このような効果は筆者だけでなく，他の受験者にもいえます。毎年，情報処理技術者試験をきっかけにして勉強が好きになり，上級の試験に合格した方からメールをいただいています。

筆者が受験勉強をしていた頃と比較して，近年，情報処理技術者試験の受験者数が低下しています。この試験によって社会に出てからの勉強の楽しさを知った者にとって，この傾向は残念なことです。情報処理技術者試験の受験者数の減少傾向については，筆者の力の及ぶところではありませんが，論述式試験のもつイメージのハードルを低くすることによって，既に情報処理技術者試験に合格している方に，更に上級の試験にチャレンジしてもらいたいと考え，この本を執筆しています。

本書を学び，プロジェクトマネージャ試験に合格した方が組織で活躍することによって，この試験の有用性が社会に浸透し，受験者数が増加傾向となり，読者と情報処理技術者試験に携わる全ての人が幸せになることを願っています。

字がきれいに書けない方も安心してください。筆者の講師経験から 100 人中 98 人は，筆者よりも読みやすい字を書きます。ワープロを使って手書きで文章を書くことに慣れていない方も安心してください。この本は作文を書くことから始めています。この本に書かれた訓練を繰り返すことによって，合格レベルの論文が書けるようになります。

なお，この本は，通勤時などの電車内での学習を考慮し，必要な章だけを切り離して読んでも支障がないように，重要なポイントを各章で繰返し書いています。また，第２部では本試験問題に対応した，専門家による論文事例を収録しています。一つの問題に対して専門知識や経験をどのように表現すればよいか，ぜひ参考にしてください。

この本を出版するに当たって，過去に論文のイロハを指導してくださった宇佐美博先生，プロジェクトマネージャ試験対策講座をご厚意で公聴させてくださった小野村英敏先生，第２部の論文事例を執筆した先生方，並びにアイテック IT 人材教育研究部の皆様に感謝します。

2020 年 8 月吉日

岡 山 昌 二

目　次

第5章 論文を設計して書く演習をする

第6章 添削を受けて書き直してみる

第7章 午後Ｉ問題を使って論文を書いてみる

第8章 本試験に備える

第9章 受験者の問題を解消する

第2部　論文事例

第1章　進捗管理

第2章　品質管理

第3章 費用管理

第4章 組織要員管理

第5章 調達管理

第6章 リスク管理

■無料 WEB サービスのご案内■

論述マイルストーン

第 1 部　8.1 2 時間で論述を終了させるために決めておくことの（1）「論述のマイルストーンと時間配分を決める」で紹介している，筆者が設定しているマイルストーン表に基づいて論述問題を演習できる，「論述マイルストーン」をご用意いたしました。試験時間の感覚を養うのにご活用ください。

時間の経過とともに，
ペンが移動します。

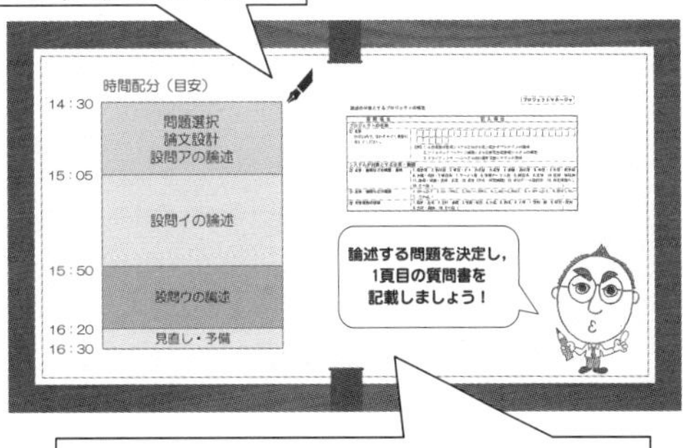

論述ポイントを音声でナビゲート
（デバイスの音量にご注意ください）

ご利用方法

① https://questant.jp/q/pm_ronbun_6にWebブラウザからアクセスしてください。

② 本書に関する簡単なアンケートにご協力ください。
アンケートご回答後，「論述マイルストーン」に移動します。

③ 移動先のURLを，ブラウザのブックマーク／お気に入りなどに登録してご利用ください。

・こちらのコンテンツのご利用期限は，2023 年 8 月末です。

・毎年，4月末，10月末までに弊社アンケートにご回答いただいた方の中から抽選で10名様に，Amazonギフト券3,000円分をプレゼントしております。ご当選された方には，ご登録いただいたメールアドレスにご連絡させていただきます。当選者の発表は，当選者へのご連絡をもって代えさせていただきます。

・ご登録いただきましたメールアドレスは，当選した場合の当選通知，賞品お届けのためのご連絡，賞品の発送のみに利用いたします。

・プレゼント内容は，2020年8月現在のものです。詳細は，アンケートページをご確認ください。

第1部

合格論文の書き方

第1章

本書を手にしたら読んでみる

“積(つ)ん読(ど)く”の気持ちは分かります。ですが，合格に向けて動機付けができていない方には，この章だけでも読んでいただきたいのです。それほど時間はかかりません。お願いします。動機付けができている方，及び，本書をしっかりと読んでみようと決意された方は，その時点で第２章に読み進めていただいて結構です。

このように，この章の内容は，本書を手にした方の中で，全員に該当する内容ではありません。自分には関係ないと思った方は，どうぞ次の章に進んでください。

1.1 効果を出すことに急いでいる方は読んでみる

本書を手にしている皆さんの中には，“明日が試験の本番なので初めて本書を手にしている”，“通信教育で添削してもらうための論文を急いで書かなければならない”，という方がいると思い，第1章を書いてみました。

その前に重要事項の確認です。論述式試験の問題冊子の注意事項には，「**問題文の趣旨に沿って解答してください**」と解答条件が書かれています。この意味を正確に理解しましょう。

プロジェクトマネージャ試験の平成29年春午後II問2を示します。

プロジェクトマネージャ試験　平成29年春　午後II問2

問2　システム開発プロジェクトにおける品質管理について

（問題文の趣旨）

プロジェクトマネージャ（PM）は，システム開発プロジェクトの目的を達成するために，品質管理計画を策定して品質管理の徹底を図る必要がある。このとき，他のプロジェクト事例や全社的な標準として提供されている品質管理基準をそのまま適用しただけでは，プロジェクトの特徴に応じた品質状況の見極めが的確に行えず，品質面の要求事項を満たすことが困難になる場合がある。また，品質管理の単位が小さ過ぎると，プロジェクトの進捗及びコストに悪影響を及ぼす場合もある。

このような事態を招かないようにするために，PMは，例えば次のような点を十分に考慮した上で，プロジェクトの特徴に応じた実効性が高い品質管理計画を策定し，実施しなければならない。

- 信頼性などシステムに要求される事項を踏まえて，品質状況を的確に表す品質評価の指標，適切な品質管理の単位などを考慮した，プロジェクトとしての品質管理基準を設定すること
- 摘出した欠陥の件数などの定量的な観点に加えて，欠陥の内容に着目した定性的な観点からの品質評価も行うこと
- 品質評価のための情報の収集方法，品質評価の実施時期，実施体制などが，プロジェクトの体制に見合った内容になっており，実現性に問題がないこと

あなたの経験と考えに基づいて，設問ア～ウに従って論述せよ。

（設問文）

設問ア　あなたが携わったシステム開発プロジェクトの特徴，品質面の要求事項，及び品質管理計画を策定する上でプロジェクトの特徴に応じて考慮した点について，800字以内で述べよ。

設問イ　設問アで述べた考慮した点を踏まえて，どのような品質管理計画を策定し，どのように品質管理を実施したかについて，考慮した点と特に関連が深い工程を中心に，800字以上1,600字以内で具体的に述べよ。

設問ウ　設問イで述べた品質管理計画の内容の評価，実施結果の評価，及び今後の改善点について，600字以上1,200字以内で具体的に述べよ。

問題の後半部分を見ると，「設問ア」，「設問イ」，「設問ウ」で書き始めている“設問文”があります。その直前に「あなたの経験と考えに基づいて，設問ア～ウに従って論述せよ」と書かれています。問題文の趣旨とは，問題の最初から「あなたの経験と考えに基づいて，設問ア～ウに従って論述せよ」と書かれているところまでです。問題文の趣旨では，「プロジェクトの特徴に応じた実効性が高い品質計画を策定する際に考慮する点」について，三つ例示しています。誤解する方がいるので明言しておきますが，このような複数の例示については，問題文の趣旨に挙がっている全てを使用し，掘り下げて論述しなければならないというわけではありません。三つのうちの一つでも OK です。例示なので，同じである必要もありません。ここでは，例示を活用して，掘り下げて論じることで，短時間で趣旨に沿った論文を書いてみようと考えます。

問題文の趣旨に沿って論述することについて，具体的に確認していきます。まず，**採点者から趣旨に沿っていないと判断される論文について確認**します。問題文の趣旨には，「他のプロジェクト事例や全社的な標準として提供されている品質管理基準をそのまま適用しただけでは，プロジェクトの特徴に応じた品質状況の見極めが的確に行えず，品質面の要求事項を満たすことが困難になる場合がある。また，品質管理の単位が小さ過ぎると，プロジェクトの進捗及びコストに悪影響を及ぼす場合もある」と記述されています。一方，設問イを確認すると，「どのような品質管理計画を策定し」と記述されています。ここで設問文だけに着目して論述してしまうと，例えば，「外部設計の良否がプロジェクトの成否に関わる類似プロジェクトの品質管理計画を流用して，できるだけ厳しい品質管理基準を設定した。」などと論述してしまいます。これでは「品質管理の単位が小さ過ぎる品質管理基準」になってしまい，問題の趣旨に沿わない論文となります。

では，**趣旨に沿っている論文について確認**してみましょう。例えば，問題文の趣旨に「信頼性などシステムに要求される事項を踏まえて，品質状況を的確に表す品質評価の指標，適切な品質管理の単位などを考慮した，プロジェクトとしての品質管理基準を設定すること」と書かれています。前半の「信頼性などシステムに要求される事項」については，設問アで問われている内容です。したがって，設問イでは，この設問アの品質面での要求事項の内容と整合性が取れている必要があります。品質面での要求事項として，「スマートフォンのアプリであるため操作性を重視する」としましょう。設問イでは，「設問アで述べた考慮した点を踏まえて」と書いてあります。したがって，設問アにおいて，「顧客企業の企画部の意向を十分に取り入れることがシステム化効果の達成に大きく影響するというプロジェクトの特徴に応じて，外部設計における操作性に関わる品質の良否がプロジェクトの成否につながることを考慮した。」などと論じておく必要があります。

以上を整理すると，①品質面での要求事項として「スマートフォンのアプリであるため操作性を重視する」，②考慮した点として「外部設計における操作性に関わる品質の良否がプロジェクトの成否につながる点」，を踏まえる必要があることが分かります。そこで，論旨展開の例としては，「品質管理の単位が小さ過ぎないように考慮しながら，外部設計を中心に操作性に関わる品質の良否がプロジェクトの成否につながることを踏まえて品質管理の単位であるスマートフォンの画面・操作について品質管理理基準を設定した。具体的には，画面や操作に関わる設計書に限定して，レビュー時間やバグの摘出件数という品質管理の指標について，それぞれ異なる上限と下限を設定した」などを論じると，問題文の趣旨に沿った論文になります。

このように，この問題の設問イでは，設問アで述べた品質面での要求事項や，プロジェクトの特徴に応じて考慮した点を踏まえて論じていることを強調するように表現すると，採点者は“問題文の趣旨に沿っている”と評価します。

(1) 合格論文の書き方の概要

本番の試験では，設問文に沿って章立てをします。次に，問題文を使った章立ての例を示します。いろいろ記入されていますが，設問文に着目すれば，設問文に沿った章立ての仕方が分かるでしょう。「1.2」などと記入している意味は，「第 1 章第 2 節」という章立てであると考えてください。なお，詳細は本書で詳しく説明しています。

論述の方向性としては，自分の経験を問題に当てはめる努力をするより，設問に答えるように，かつ自分の経験や専門知識を使って，問題文の趣旨を膨らませるように書いてみましょう。その際，専門家としての考えや，そのように考えた根拠を採点者にアピールすることが重要です。**論文ですから，①「思う」は使わない，②段落を構成し，段落の書き始めは字下げをして読みやすくする，③行の書き始めが句読点になる場合は，前行の最終の 1 マスに文字と句読点の両方を入れる禁則処理をする，④二重否定を使わない，**などに気をつけましょう。

もう少し，合格論文の書き方について学習してみましょう。論文試験を突破できない論文と突破できる論文の傾向について，図示しながら説明します。

(2) 論述式試験を突破できない論文の傾向

皆さんの多くが理想とする論文の書き方は，既に経験した，論文の題材となる，ある一つのシステム開発プロジェクトの事例を，問題文の趣旨に沿いながら，設問ア，イ，ウの内容に合わせるように書くことではないでしょうか。しかし，**現実にあったプロジェクトの内容を，論文に当てはめようすると，プロジェクトが置かれた状況などの説明に時間が掛かり，時間内に書き設問には答えていても，問題文の趣旨に沿っていない，合格には難しい論文になる**ことがあります。

自分の経験した事例をそのまま書こうとすると，状況説明のための論述に時間が掛かって，プロジェクトマネージャとしての能力を十分にアピールできないなどの弊害が生まれます。これについて，少し考えてみましょう。図表 1-1 に“時間切れになる論文や問題文の趣旨に沿わない論文の書き方”を示します。どうでしょうか。このような書き方をしていないでしょうか。

採点者に対して合格を決めるための論述では，もう一つ，注意すべき点があります。過去に出題された設問イの多くは，前半と後半の問いに分けることができます。例えば，前半では“留意した点”，後半では“留意した点を踏まえた施策”があります。このような場合，多くの受験者は，前半に注力して早く 800 字を越えようとします。その結果，採点者が重視する“留意した点を踏まえた施策”などの後半の問いに対する論述が手薄になり，その結果，合格が難しくなります。したがって，多くの問題の**設問イでは，前半ではなく後半に注力する**ことが重要です。

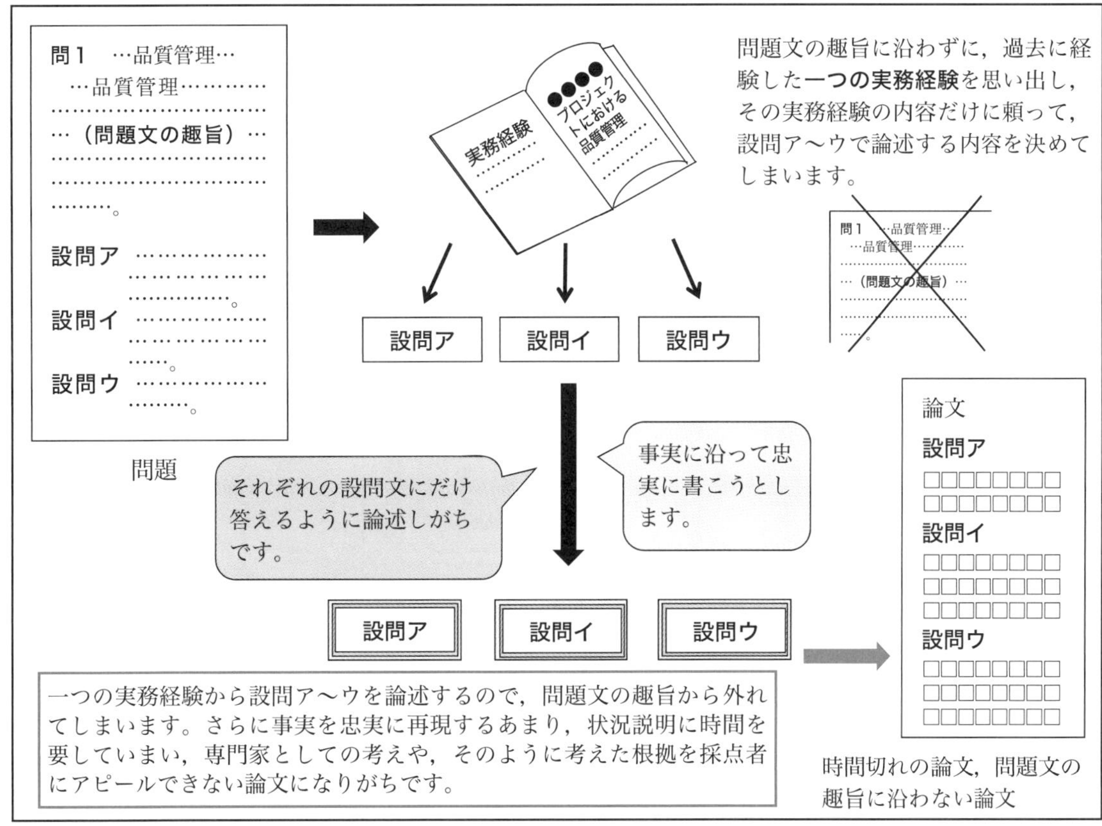

図表 1-1　時間切れになる論文や問題文の趣旨に沿わない論文の書き方

（3）論述式試験を突破できる論文の傾向

論述式試験を突破する方法は複数あります。本書では，複数あるうちの一つを紹介しています。

図表 1-2 に“問題文の趣旨に沿う論文の書き方”を示します。章立てをしながら，設問の問いの内容と，問題文の趣旨の各文章を対応付けします。問題文の趣旨を参考にして，各設問で書く内容，すなわち，トピックを決めます。なお，トピックとは，話題，テーマ，論題を意味します。本書ではトピックを，例えば「操作性に関わる品質の良し悪しがプロジェクトの成否に関わるというプロジェクトの特徴を踏まえて，画面などの品質管理の単位ごとに，異なるレビュー時間などの品質評価指標を設定した」など，論述のネタと考えてください。このように論文を設計し

て，論述の際には，自分が経験した論文の題材や，学習して習得した専門知識を使って，トピックを詳細に書きます。このように，**論文の題材は，皆さんが経験した複数の事例や専門知識のうちから，使えるところを引用**してもよいでしょう。

なお，複数の事例や専門知識を引用すると，論文としての一貫性が欠如するかもしれません。一貫性については，設計時ではなく，論述の際に確保します。場合によっては，一貫性を維持するために設計内容と違う論述内容になることもあります。それでも合格には支障ないと考えています。多くの過去問題の設問イでは，後半に合格を決めるポイントがあります。したがって，設問イの終盤で専門家としての考えや，そのように考えた根拠を採点者に示すことが重要です。

その他にも，合格のために皆さんに伝えたいことはたくさんあります。第2章以降にも書いてありますので，しっかりと学習しましょう。

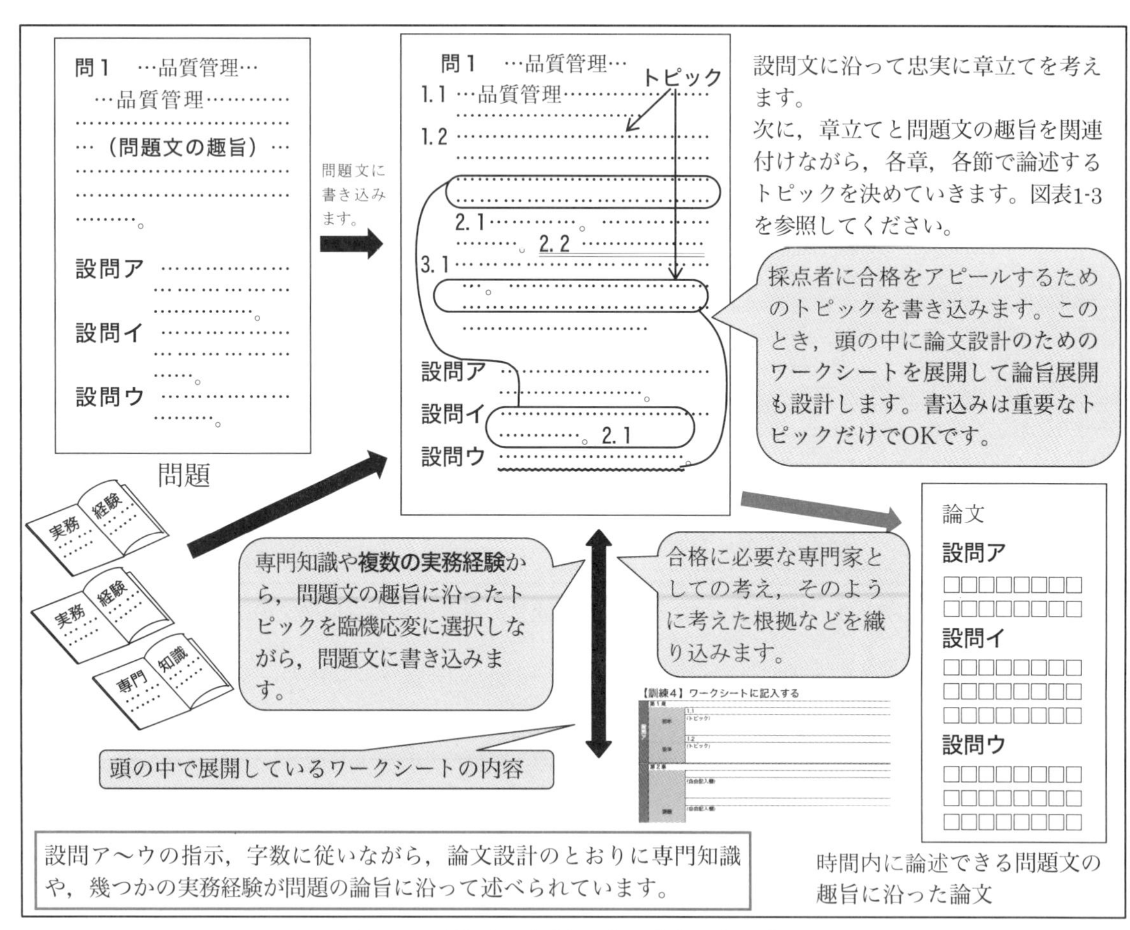

図表1-2　問題文の趣旨に沿う論文の書き方

（4）学習における効率的かつ効果的な時間の使い方

この項目は，**通信教育で添削してもらう論文を，さしあたって書いてみようと考えている方に向け**て書いてみました。

システム開発をする際に，現状業務の把握は重要なプロセスです。これを論文の対策に当てはめると，現状の皆さんの力で論文を書いてみたくなる気持ちは分かります。でも，「さしあたって論文を書いてみる」ことだけはやめてください。時間の浪費です。

本書では論述テクニックを習得して論述式試験を突破することを目指しています。筆者は，その論述テクニックの習得プロセスには，①論述テクニックを説明できる，②論述テクニックを使うことができる，③論述テクニックを使って合格できる，という三つのプロセスがあると考えています。さしあたって書くということは，これらのステップのいずれにも該当しません。つまり，さしあたって書いても，効果的に能力が向上しないということです。

本書を読んでから，論文を書いた場合を考えてみましょう。本書を読んだという時点で「①論述テクニックを説明できる」というステップに達しています。その上で書くということは，「②論述テクニックを使うことができる」ということにトライしていることになります。「③論述テクニックを使って合格できる」に近づいていますよね。

もし，あなたが，さしあたって論文を書いてみたいと思ったら，思いとどまってください。時間の許す限り，しっかりと本書の演習をしてから書いてみてください。その方が論述式試験の突破に向けて，効率的かつ効果的です。

ある企業で，毎年，入社 2 年生を集めて PM 試験対策をやるけど，仕事が忙しくて睡眠時間が短い人ほど，合格するんだよね。仕事が忙しくて，自分は他の人と比べて勉強時間が少ない，という緊迫感が時間の有効活用を促すと思うけど，どう思う？

1.2 大人の学習を後押しする理由をもってみる

20 年以上前ですが，私は「ペン習字」を通信教育で受講したことがあります。結局，字が上手になったのは，私の妻でした。このように大人の学習には，学習の前に解決すべき課題があります。そのお手伝いをしたいと思い，次のトピックを書いてみました。

⑴勉強する気がしないことを克服する
⑵仕事が忙しいことを理由から除外する

ここではっきりと明言します。ここまで読んだだけでも，私よりも皆さんは立派です。理由は，受講中に私はペン習字の本を一度も開かなかったからです。では，⑴，⑵のトピックについて皆さんと一緒に考えてみましょう。

（1）勉強する気がしないことを克服する

本書を手にしたけど，勉強する気がしないという皆さん，本書を手にした理由を考えてみてください。例えば，次のような理由があるでしょう。

①会社の上司から「情報処理技術者試験に合格しなさい」と言われたから
②会社の同期や同僚に受験を誘われたから
③仕事が暇でやることがないから

では，このような理由では，なぜ勉強する気がしないのでしょうか。勉強する気がしない理由の共通点として，これらが“外的な要因”である点を挙げることができます。会社の上司，同期や同僚からのプレッシャー，指示や誘い，仕事が暇，これらは外的な要因です。そうです。大人は外的な要因では，学習することができないのです。

外的な要因では学習意欲がわかないことは分かりましたから，内的な要因を探してみましょう。

皆さんは，午後Ⅰ記述試験の問題を読んでみて，「解けるようになったら面白そう」，あるいは，「情報処理技術者試験に合格したら，私の人生は変わる」などと思いませんか？あるいは，「会社に入って，このままでよいのかなぁ」などという心配ごとはありませんか？　このような“興味”，“期待”，“心配”といった感情は，誰からも強制されていない，内なる自分から出た感情です。「情報処理技術者試験に合格して自分の人生を少し変えてみたい」，「客観的に評価される実力を身に付けることで心配ごとを早く解決したい」などの思いは，大人の学習を後押しする“理由”になります。

皆さん，内なる思いを探して，それを基に大人の学習の理由付けをしてみてください。

（2）仕事が忙しいことを理由から除外する

筆者の受講者の一人に，自家用車で出社して，帰宅は出社した日の次の日，という方がいました。休日はあったとしても，終日，家事に追われるそうです。確かに勉強する時間がないことは分かりました。話はそれで終わりました。このように，“仕事が忙しくて勉強できない”ことについて他人を納得させても，何も進歩しません。

本当にそのような状況で満足していますか。内なる思いを探して，それを基に大人の学習の理由付けをしてみてください。

安定な収入を得ている人が，“今の自分には満足していない，これから新しいコトをやる”，などと SNS で呟いているんだけど。。。。私は，既得のモノを捨てないと，新しいコトって，できないと思っているんだよね。だから，関西の某知事は凄いなぁ，と思いますよ。

1.3 情報処理技術者試験のマイナスイメージを払拭してみる

学習意欲がわかない原因の一つに情報処理技術者試験のマイナスイメージがあるかもしれません。ここでマイナスイメージを払拭しておきましょう。代表的なマイナスイメージを次に列挙してみました。

(1)合格してもメリットがない？
(2)情報処理技術者試験に合格しても仕事ができるとは限らない？
(3)情報処理技術者試験なんて流行(はや)らない？

それぞれ，次のように考えてマイナスイメージを払拭してみましょう。

（1）合格してもメリットがない？

情報処理技術者試験に合格していると，どのようなメリットがあるのでしょうか。ある事例を基に考えてみましょう。

A 係長の上司 B 課長は「A 係長は A ランクの仕事ができる」と評価して課長昇進を推しています。一方，X 係長の上司である Y 課長は「X 係長は A ランクの仕事ができる」と評価して課長昇進を推しています。A 係長か X 係長かのどちらか一人を課長に昇進させることになりました。昇進の判断は B 課長と Y 課長の共通の上司である Z 部長がします。さて，Z 部長はどのように判断するでしょうか。

この場合，A 係長と X 係長のどちらが課長に昇進しても，B 課長と Y 課長との間などに心理的なわだかまりが残りそうです。Z 部長はこの点を考慮しなければなりません。ここで“仕事ができる”などの評価は，会社などの組織における，“組織内部からの主観的な評価”である点に着目します。

情報処理技術者試験に合格すると“組織外部からの客観的な評価”を得ることができます。仮に，A 係長だけが情報処理技術者試験に合格しているとします。このケースでは，「どちらも優秀であり，甲乙つけがたいが，A 係長は情報処理技術者試験に合格しており……」という話の展開ができ，心理的なわだかまりも減らすことができそうです。

以上のように情報処理技術者試験に合格しておくと，“人生の岐路や節目に役立つ，あるいは，有利に働くことがある”ということが言えます。合格のメリットは，実際には目立たないですが，役立つポイントが人生の岐路や節目なので，長い目で考えれば絶大なメリットと言えます。

皆さんの会社や組織でヒアリングして，年収と情報処理技術者試験の合格の関係を調べてみてください。

もう一つ，合格のメリットについて説明してみます。

皆さんの中には，仕事はあって当然と思っている方もいるかもしれませんが，筆者のような世代になると，仕事があるということは重要です。皆さんにとっても，それは同じと考えています。仕事をしてお金を稼ぎたいと考えているときに，仕事があるということは重要です。

私が担当している企業の教育担当者は，「情報処理技術者試験に合格していないと，スキルが高くて経験があっても，顧客から十分な金額をいただけない」，「スキルも経験もこれからだが，情報処理技術者試験に合格していると，顧客から信用してもらえる」と言います。この会社では，情報処理技術者試験に合格していると，有利に仕事にありつけることが分かります。一方，情報処理技術者試験を考慮しない会社もあると思います。

ここで言いたいことは，長い人生において，情報処理技術者試験に合格していると仕事にありつける可能性が高い，ということです。合格証書は一生ものです。今はメリットがないかもしれません。長い人生の中には「あのとき，試験に合格しておいてよかった」と感じる日が訪れるかもしれません。

情報処理技術者試験に合格すると，一時金がもらえる会社が多いと思います。会社によっては基本給がアップすることもあります。そうなると，残業代やボーナスもアップします。システムアーキテクト試験，IT ストラテジスト試験，IT サービスマネージャ試験など，試験区分によって異なる会社もありますから，しっかりと調べておくとよいでしょう。

(2) 情報処理技術者試験に合格しても仕事ができるとは限らない？

筆者は，情報処理技術者試験に興味をもち始めた 1987 年ごろから「情報処理技術者試験に合格していても仕事ができるとは限らない」，「A さんは情報処理技術者試験に合格しているのに仕事ができない」という意見を聞きます。例えば，筆者の知人に汎用コンピュータの OS を開発していた方がいて，そのような意見を私に漏らしていました。当然，私は聞き流していました。

その方が現場を離れて人事担当になったときです。「岡山さん，情報処理技術者試験の合格者の輩出，本当に，よろしくお願いします」と，深々と頭を下げて私に言いました。ここで言いたいのは，“情報処理技術者試験に対して否定的な意見というのは，意見を言う人の立場によって，コロコロと変わる程度のもの”ということです。本書を手にしている皆さん，しっかりと学習して合格し，合格のメリットを享受できるようにしておきましょう。

(3) 情報処理技術者試験なんて流行らない？

情報処理技術者試験の全盛期では，試験区分別に合格者のネームプレートを作成して，目立つ場所に展示している会社がありました。経営者が情報処理技術者試験の合格者数に着目していた時代です。確かに，その頃と比べると盛り上がりが足りません。

しかし，皆と違うことをすると，予想外のメリットを享受できるのです。筆者の家族に，保健学博士がいます。その保健学博士が言うには，「医学博士や工学博士に比べて保健学博士は人数が少ないので，学部の新設時などに重宝される」ということです。情報処理技術者試験なんて流行らないと思って合格を先延ばしにしていると，あなたに関わる大きなチャンスを逃しかねないのです。

現在もシステムの発注時に，受注側のプロジェクトメンバに必須となる情報処理技術者試験の試験区分別の合格者数を指定して，それを発注条件に入れる組織があります。情報処理技術者試験に合格しておくことで，あなたの実績を更に高めることができるのです。

25 年ほど前，これからは ERP パッケージです。データモデルなんて流行らない，などと言われてリストラされた知人がいるんです。でも，最近は個人事業主として，データモデル関連の仕事で忙しいようです。彼曰く，現在，データモデルの仕事をできる人が少ないそうです。

1.4 “論文なんて書けない”について考えてみる

多くの受験者の方は，午後Ⅱ論述式試験の試験問題を読むと，“書けない”，“解けない”，“無理”と思ってしまうと思います。このような印象を“よし”として，受け入れてしまってください。これから本書を活用して学習したとしても，本番の試験のときに初めて見る試験問題に対して，今と同じように，“書けない”，“解けない”，“無理”と思うことでしょう。それでよいのです。

では，本書を活用して学習した結果，何が変わるのでしょうか。それは“専門家として考えをアピールできる点”です。本書で解説している論述テクニックを活用して，本番の試験では，初めて見る試験問題に対して，“書けない”，“解けない”，“無理”と思いながらも，**一生懸命考えながら合格論文を仕上げる**ことができるようになりましょう。

論文を書けない理由として，次のトピックについて考えてみます。

(1)経験がないから書けない
(2)論文ネタがないから書けない

なお，これらの他にも，字が汚いから自信がない，などありますが，字は汚くとも読めれば問題ありません。

(1) 経験がないから書けない

論文の書き方が分からない方は，“急がば回れ”です。本書の演習を飛ばさずに，始めから取り組み，論述テクニックを習得してみましょう。大変ですが，小論文の書き方には共通点があります。苦労しても習得してしまえば，他の試験区分の受験勉強も楽になります。

“経験がないから書けない”について書いてみましょう。大丈夫です。実は，実務経験は必須ではありません。

筆者が試験対策を担当する会社では，入社した年の 4 月から勉強を始めて，その年の秋のシステムアーキテクト試験合格，翌年の春のプロジェクトマネージャ試験合格，更にその後の秋の IT ストラテジスト試験合格，という方が，毎回，複数人現れます。午後Ⅱ論述式試験は，実務経験がなくとも，論述テクニックを駆使して専門知識を基に書けば突破できます。

本書の第 1 部では論述テクニックを，第 2 部では事例を紹介していますので，それらを専門知識として論述に活用するとよいでしょう。

（2）論文ネタがないから書けない

論文ネタは，皆さんがもっている事例の詳細，問題文の趣旨，専門知識から，本試験の場で，一生懸命考えます。その作業を支援するのが論述テクニックです。ネタはその場で考えることもあるでしょうが，事前に用意することも大切です。次の例のように，課題を明示してから，検討した内容を書くように整理しておくと，本番で活用しやすくなります。

> 要件定義における要件検討会において，利用者部門が異なる 3 人の意見が割れ，意見の調停をすることが課題となった。 そこで私は次の 3 案を挙げて検討することにした。
>
> ①個別に調整する
>
> 感情的になっているため，ステアリングコミッティを開催しても同じと考えた。そこで私は，次回の会議までに各自の本音を聞き，個別調整に入ることをした。3 人が同時に顔を合わさなければ冷静になると考えた。
>
> ②ステアリングコミッティを開催して調整する
>
> 業務知識の根幹について理解の深いプロジェクトオーナが参加する会議を開けば，各自の意見も集約できると考えた。そこで私は，ステアリングコミッティを開催して，その場で全体最適の結論を出すことにした。
>
> ③上位役職者による調整をする
>
> ステアリングコミッティを開いても意見がまとまらない場合，関係者全員に心理的なしこりを残すことになると考えた。そこで私は，3 人の上位役職者であるプロジェクトオーナに相談して調整を依頼することにした。なぜならば，長期のプロジェクトであるため，序盤で心理的なしこりを残すことは避けたいと考えたからである。

このような論文ネタは，専門雑誌から収集することができます。なお，このようなネタを中心に本書に書いてしまうと，試験委員も読んでしまい，何らかの対策が講じられます。結果として，本を読んでも合格できない要因になってしまいます。面倒ですが，各自で収集してみてください。ただし，本書では，収集の仕方の例を示しておきます。一つの収集方法としては，記述式問題から収集する方法があります。本書では第 1 部 7 章で，記述式問題を使った論文ネタの収集について詳しく説明しています。

1.5 本書の第一印象を変えてみる

本書のページをめくったときの第一印象が悪いと，本書との出会いを有効に生かせず残念なことになります。本書を開くことも，何かの縁ですから，筆者としては，最後までしっかりと訓練して，皆さんに論述テクニックを習得してほしいです。英文の提案書を書くときに使っていたテクニックを流用しているので，実務でも役立つと考えています。

(1) 論述テクニックの例を見てみる

本書をめくるとワークシートの記入などについて書かれていて，“本番の試験向けのテキストではない”という第一印象をもつ方がいます。ワークシートは“ただの論旨展開のひな型”です。簡単に頭の中に入ってしまいます。論旨展開のひな型が頭に入ると，問題文を使った論文設計ができるようになります。

平成 24 年午後Ⅱ論述式試験問 1 の論文設計の例を図表 1-3 に示します。なお，受験中に書いたものであり，第三者に分かるように書いたものではありませんから，内容については今の時点では分からないと思います。本書の演習を終えた時点で，7 割ぐらい分かると思います。残りの 3 割は設計内容ですから，私の頭にあるひな型の中にあります。

これなら，解答とともに 2 時間内に書ける設計内容だと，納得してもらえるはずです。

(2) “論文を難関とは思っていない”という考えを変えてみる

セミナーでは，“論文のある他の試験を合格しているから，論文を難関とは思っていない”という人がいます。それでは本書との縁が台無しになってしまいます。読んでもらえません。

提案させてください。この本を手にしているのですから，以前の成功体験は忘れて，この本に書かれている論述テクニックを習得して合格してみてはいかがでしょうか。

既にシステムアーキテクト試験，システム監査試験などに合格している方が，IT サービスマネージャ試験の試験対策講座を受講したときの話です。「今回は，岡山先生の合格方法で合格してみたいと思います」と言っていました。いろいろな合格方法があり，筆者はそのうちの一つの方法を教えています。この受講者のように，自分の中にいろいろな引き出しをもつという姿勢は大切です。過去の成功体験は隅に置いておいて，筆者がこの本に書いている論述テクニックを，皆さんの引き出しの一つにしてやってください。

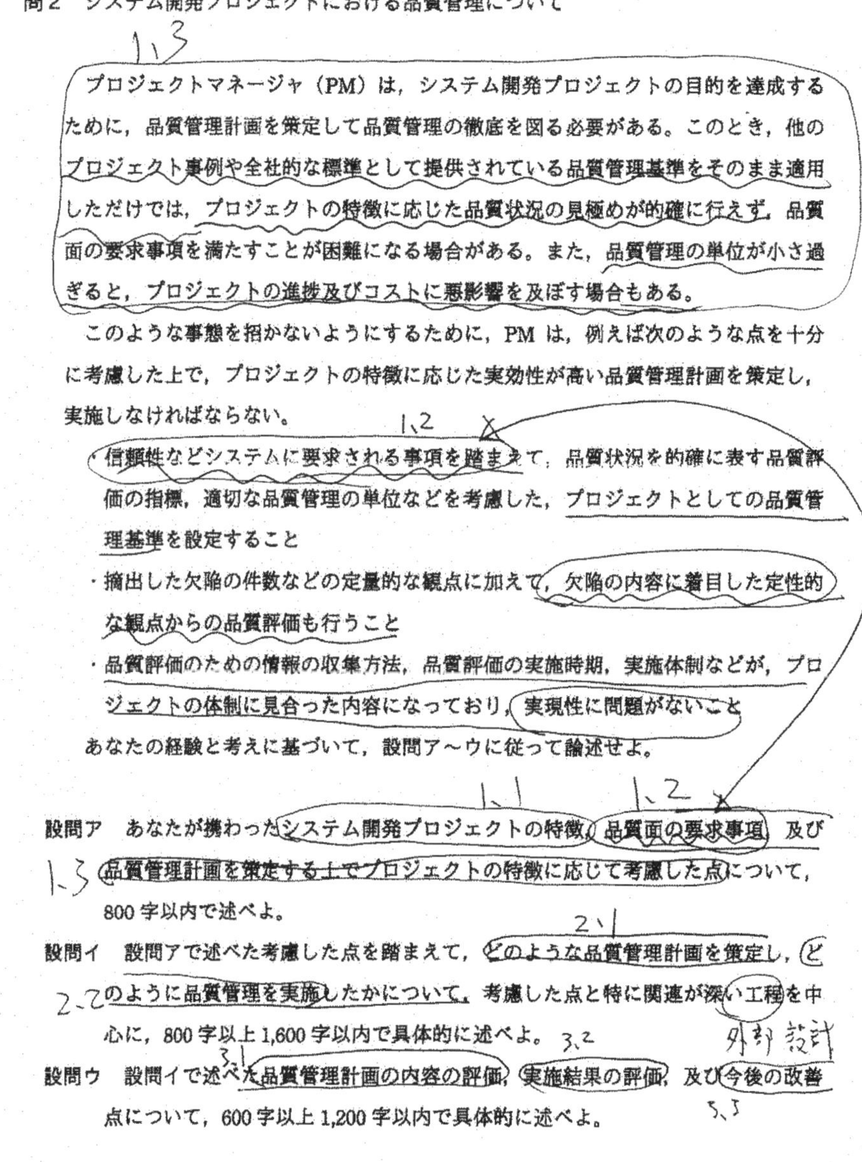

問2　システム開発プロジェクトにおける品質管理について

プロジェクトマネージャ（PM）は，システム開発プロジェクトの目的を達成するために，品質管理計画を策定して品質管理の徹底を図る必要がある。このとき，他のプロジェクト事例や全社的な標準として提供されている品質管理基準をそのまま適用しただけでは，プロジェクトの特徴に応じた品質状況の見極めが的確に行えず，品質面の要求事項を満たすことが困難になる場合がある。また，品質管理の単位が小さ過ぎると，プロジェクトの進捗及びコストに悪影響を及ぼす場合もある。

このような事態を招かないようにするために，PM は，例えば次のような点を十分に考慮した上で，プロジェクトの特徴に応じた実効性が高い品質管理計画を策定し，実施しなければならない。

- 信頼性などシステムに要求される事項を踏まえて，品質状況を的確に表す品質評価の指標，適切な品質管理の単位などを考慮した，プロジェクトとしての品質管理基準を設定すること
- 摘出した欠陥の件数などの定量的な観点に加えて，欠陥の内容に着目した定性的な観点からの品質評価も行うこと
- 品質評価のための情報の収集方法，品質評価の実施時期，実施体制などが，プロジェクトの体制に見合った内容になっており，実現性に問題がないこと

あなたの経験と考えに基づいて，設問ア～ウに従って論述せよ。

設問ア　あなたが携わったシステム開発プロジェクトの特徴，品質面の要求事項，及び品質管理計画を策定する上でプロジェクトの特徴に応じて考慮した点について，800 字以内で述べよ。

設問イ　設問アで述べた考慮した点を踏まえて，どのような品質管理計画を策定し，どのように品質管理を実施したかについて，考慮した点と特に関連が深い工程を中心に，800 字以上 1,600 字以内で具体的に述べよ。

設問ウ　設問イで述べた品質管理計画の内容の評価，実施結果の評価，及び今後の改善点について，600 字以上 1,200 字以内で具体的に述べよ。

図表 1-3　受験中に書いた論文設計の例

第2章

論述式試験を突破する

本章の2.1では，論述式試験について概要を説明します。

次の 2.2 では，採点者の立場になって論述式試験を考えてみましょう。“一方的に設問の問いに答えるように書いた論文”と“採点者の立場を知った上で書いた論文”では，得点に違いが現れるのは明らかです。

後半では，論文の採点基準や採点方法について説明しています。採点する側の立場を理解した上で論述すると，“合格”も更に近づいてきます。

2.1 論述式試験とは何なのか

ここでは論述式試験についての概要を 5W2H で説明します。なお，試験の実施形態については，IPA のホームページなどで，最新の情報を確認するようにしてください。

（1）What：論述式試験とは何なのか

①プロジェクトマネージャ試験の実施形態

試験の実施形態を図表 2-1 に示します。

午前 I 9:30〜10:20 (50 分)	午前 II 10:50〜11:30 (40 分)	午後 I 12:30〜14:00 (90 分)	午後 II 14:30〜16:30 (120 分)
多肢選択式 （四肢択一） 30 問出題して 30 問解答 （共通問題）	多肢選択式 （四肢択一） 25 問出題して 25 問解答	記述式 3 問出題して 2 問解答	論述式 2 問出題して 1 問解答

図表 2-1　試験実施形態

午後 II 論述式試験（論文）の前に実施される，午前 I 多肢選択式試験，午前 II 多肢選択式試験，午後 I 記述式試験は，足切り試験と考えてください。午前 I 多肢選択式試験を 60 点以上得点すれば，午前 II 多肢選択式試験の解答は採点されます。60 点未満ならば，それ以降の試験の解答は採点されません。なお，午前 I 多肢選択式試験には，免除制度があります。詳しくは IPA のホームページで確認してください。

各試験形態の突破率については，免除制度があるために，試験実施年度によって異なります。

②午後 II 論述式試験（論文）の実施形態

午後 II 論述式試験（論文）では，2 問中から 1 問を選択して 120 分以内で解答することが求められます。試験では，問題冊子と答案用紙が配られます。

問題冊子には注意事項が記載されており，その中で最も重要なことは，**「問題文の趣旨に沿って解答してください」という文章です。設問に沿って論述するだけでは問題文の趣旨に沿わない論文になる**こともあるので，注意が必要です。

答案用紙では，設問ア，設問イ，設問ウの書き始める場所が指定されています。答案用紙については，**試験開始前に開いてよいことを確認した上で，解答箇所を確認するように**してください。

（2）Who：誰が採点するのか

論文は試験委員が採点します。試験委員の名前は IPA のホームページに公表されていますので，確認してみてください。知っている名前があるかもしれません。

試験委員の勤務先分類別人数一覧を図表 2-2 に示します。多くは一般企業です。したがって，**試験委員の方には実務家が多い**と言えます。

勤務先分類	人数	
情報通信業	251	57.2%
（うち情報サービス業）	233	53.1%
製造業	57	13.0%
（うち情報通信機械器具製造業）	30	6.8%
教育，学習支援業	43	9.8%
サービス業	45	10.3%
金融・保険業	12	2.7%
その他	31	7.0%
合計	439	100.0%

・この勤務先分類別人数一覧は，総務省統計局統計センターの“日本標準産業分類”に従って勤務先を分類し，全試験委員を対象に集計したものです。
（令和 2 年 4 月 1 日現在）

図表2-2　試験委員の勤務先分類別人数一覧

ここで，図表の教育，学習支援業に着目してください。このような試験委員の多くは**大学の教授**やそれに準ずる方（以下，大学の教授という）と考えています。私は，大学の教授は論文の採点には厳しい視点で臨むと認識しています。そのように考える根拠は，私の知っている大学の教授は，大学の教え子の書いた修士論文を添削して“一面真っ赤”にしていたらしいからです。もちろん，その大学の教授は，かつて試験委員でした。

本書では，論文の体裁について，細かすぎる指示をしていると思う方もいるかもしれません。**私の知っている大学の教授が採点しても，論文の体裁上は問題のないように，本書では論文の書き方を細かく指示をしています。**

試験対策のセミナーでは，受講者から「そのような細かいことをしなくとも，他の試験区分の午後Ⅱ論述式試験を突破できた」という意見をいただくことがあります。合格したときの採点者は実務者であったかもしれません。いつも実務者が採点するとは限りません。年に 1 回しか実施されない試験です。**どのような採点者であっても，合格できるようにしておきましょう。**

Point ここが **ポイント！**！！！！！！

★細かいことであっても論文の体裁を十分に確保して，論文に厳しい**大学の教授**が採点しても，午後Ⅱ論述式試験を突破できる論文を書きましょう。

★採点者である試験委員は，試験関連以外にも実務をもっていて多忙です。試験委員は貴重な時間を使って，問題を作り，解答を採点します。したがって，受験者も，試験委員に協力して採点しやすい解答を作成することが，合格への第一歩です。

（3）Why：なぜ，論述式試験があるのか

受験者が，対象者像に合致して，業務と役割を遂行でき，期待する技術水準に到達していることを確認するために論述式試験を行います。図表 2-3 に IPA 発表の対象者像及び業務と役割を示します。

ここで“業務と役割”に絞って考えてみましょう。“プロジェクト計画の立案”など難しいことが書かれています。心配しないでください，実際にはできなくとも試験には合格できます。それでも不安になるかもしれませんが，大丈夫です。プロジェクト計画書は，過去の類似プロジェクトを参考に作成すれば作成できます。私も最初は先輩から教えてもらったものを活用しました。

論文ではこれらの業務と役割が遂行できることを採点者にアピールすることが重要です。したがって，**絶対に“今後，～をできるようになりたい”などと書かない方が無難です。“業務と役割”に書かれている内容を，受験した時点において遂行できないことを採点者にアピールしない**ことです。

“業務と役割”では，③の“問題や将来見込まれる課題を早期に把握・認識し，適切な対策・対応を実施する”が最も重要なポイントです。論文では，**リスクが顕在化しない早期の段階で対策を施し，プロジェクトの目標を達成できることを採点者にアピールする**とよいでしょう。

対象者像	高度IT人材として確立した専門分野をもち，システム開発プロジェクトの目標の達成に向けて，責任をもって，プロジェクト全体計画（プロジェクト計画及びプロジェクトマネジメント計画）を作成し，必要となる要員や資源を確保し，予算，スケジュール，品質などの計画に基づいてプロジェクトを実行・管理する者
業務と役割	情報システム又は組込みシステムのシステム開発プロジェクトの目標を達成するために，責任者として当該プロジェクトを計画，実行，管理する業務に従事し，次の役割を主導的に果たすとともに，下位者を指導する。 ① 必要に応じて，個別システム化構想・計画の策定を支援し，策定された個別システム化構想・計画に基づいて，当該プロジェクトをマネジメントする方法をプロジェクト全体計画として作成する。 ② 必要となる要員や資源を確保し，プロジェクト組織を定義する。 ③ スコープ・予算・スケジュール・品質・リスクなどを管理して，プロジェクトを円滑にマネジメントする。進捗状況を把握し，問題や将来見込まれる課題を早期に把握・認識し，適切な対策・対応を実施する。 ④ プロジェクトのステークホルダに，適宜，プロジェクト全体計画，進捗状況，課題と対応策などを報告し，支援・協力を得て，プロジェクトを円滑にマネジメントする。 ⑤ プロジェクトフェーズの区切り及び全体の終了時，又は必要に応じて適宜，プロジェクトの計画と実績を分析・評価し，プロジェクトのその後のマネジメントに反映するとともに，ほかのプロジェクトの参考に資する。

図表2-3　IPA 発表の対象者像及び業務と役割

（4）When：いつ採点するのか

前述の試験委員の説明から実務家が多いことが分かりました。したがって，平日の仕事を終え夕食をとって，19 時ごろから始め，終電のある 23 時ごろまで採点すると考えています。

ここで 19 時と 23 時では採点者のコンディションに違いがあり，23 時の方が集中力は落ちていると考えるのが妥当です。一方，**採点者は論文において専門家としての考えや根拠を高く評価します。なぜならば，問題文の趣旨に“あなたの経験や考えに基づいて，設問ア～ウに従って論述せよ”と必ず全ての問題に書いてある**からです。これらの点を踏まえ，本書では，**“～ため”という表現よりも，集中力が落ちていても考えや根拠を示していることが分かりやすい“～と考え”や“なぜならば，～”という表現を重視**しています。

（5）Where：どこで論文を採点するのか

試験委員は，セキュリティが確保された会議室のような場所で採点を行うと考えるのが妥当です。採点者全員がデスクライトを使っているとは限りません。更に，長時間の採点で目が疲れます。したがって，**論文は大きな字で，適切な筆圧で濃く書く**ことが重要です。

コピーされた答案用紙を採点することも考えられます。したがって，**コピーに負けない濃い字で書く**ようにしましょう。

（6）How：どのように採点するのか

プロジェクトマネージャ試験では，多くの問題において，設問イの後半部分がプロジェクトマネージャとしての考えをアピールする重要ポイントです。設問イの後半に採点者へのキラーメッセージが書いてあれば，最初の合格ポイントを無事にクリアしたことになります。ここで言う**キラーメッセージとは，採点者が“これが書いてあれば合格”と判定する“専門家としての考えや，そのように考えた根拠”**です。

（7）How many：どのくらいの時間をかけて採点するのか

2 時間で書かれた論文を，採点者は 30 分くらいで採点するのだろうと，皆さんは思っているかもしれません。採点時間に関して，いろいろな人の話しを聞くと，驚くほど短い時間で採点しているようです。したがって，その短い時間内に専門家としての能力を採点者にアピールする書き方をする必要があることが分かります。

前述のとおり，本書では，専門家としての考えや，そのように考えた根拠を採点者に示すために「～ため」という表現よりも，“～と考え”や“なぜならば～”という表現を推奨しています。採点者が，終電を気にしながら，もう一部，論文を採点するケースを考えてみましょう。“～ため”と書いていると見落としやすいのですが，“～と考え”や“なぜならば～”と表現していると，目立つので，考えや根拠を示している箇所が採点者に分かりやすくなり，高い評価を得やすくなります。

採点者に合格論文であることをアピールするキラーメッセージは“なぜならば，～と考えたからである”，“なぜならば，～と考えた根拠は～であるからである”などと表現するとよいでしょう。

2.2 採点者を意識して論述する

筆者は，採点もコミュニケーションの一種であると考えています。採点は双方向ではなく片方向ですが，答案用紙に書かれた解答によって，採点者の評価を“未定”から“合格論文”あるいは“不合格論文”に変えるからです。

コミュニケーションでは，例えば，第一印象が大切です。したがって，採点者を意識して作成した解答と，そうではない解答では，得点に違いが現れると考えてよいでしょう。では，採点者を意識するには，どのようにすればよいかを考えてみます。

（1）採点者に気持ちよく採点してもらう

試験委員には実務家が多く，多忙だということが分かりました。これはつまり，採点者に気持ちよく採点してもらう必要があるということです。具体的にはどのようなことか，考えてみましょう。

①　清潔な答案用紙を提出する

採点する際に，答案用紙の間に消しゴムの消しカスや頭髪が挟まれたままになっていたら，どうでしょうか。誰だって，そのような答案用紙を読んで，気持ちよく採点することはできません。論述後は，答案用紙の間のごみを取って，清潔な答案用紙を提出しましょう。

②　濃い大きい字で書く

試験の運営上，答案用紙はコピーをとってから採点されるかもしれません。採点者は，実務が終わってから採点作業に入ります。したがって，目が大変疲れます。コピーしても読みやすい濃い字で，疲れても見やすい大きい字で書くようにしましょう。

③　短い文章で書く

長い文章は，理解するのに時間がかかります。接続詞を少なく，短い文章で書くと，読みやすい文章になります。

④　問題に沿って，答えていることを明示する

読んでいる文章が，どの問いに対するものなのか分からないときがあります。これでは採点に時間がかかります。気持ちよく採点してもらうためには，どの問いに対する文章なのかを明示するために「章立て」をする必要があります。「章立て」の方法については後述します。

⑤　不要な空白行の挿入や，過剰なインデントの設定をしない

設問イとウが指定した字数を少し超えたような解答の場合，採点者は，減算する字数をカウントします。不要な空白行の数や過剰なインデントの字数を数えるのです。減算して設問イとウが指定した字数以上でない場合は不合格にします。これでは，効率的な採点はできません。不要な空白行の挿入や，過剰なインデントの設定をしないようにしてください。

(2) 採点者に安心して採点してもらう

これから，合格レベルの論文の書き方について学習していきますが，論文を読んでいて，「この論文を書いた受験者には対象者像にふさわしいという以前に改善すべき点がある」と思うことがあります。次の点には「絶対に」注意してください。

① プロフェッショナルらしい質問書を書く

試験を開始すると，最初に答案用紙の先頭に添付してある“論述の対象とするプロジェクトの概要”(以下，質問書) に答える必要があります。この質問書において，「答えない項目」や「分からない」を選択する受験者がいます。プロジェクトマネージャが，システムの開発期間や費用を「分からない」では，合格は難しいと考えてよいでしょう。

質問書を軽視しないで，プロフェッショナルらしさを採点者に与える回答に仕上げてください。

Point ここが **ポイント！**！！！！！！

★1人月の単価を妥当な金額にしておく！！

質問書の一つのポイントとして，システム開発の規模における，総開発工数と開発費総額の関係があります。開発費総額において，「ハードウェアなし」を選択した場合，開発費総額を総開発工数で割ると，1人月の単価が出てきます。筆者は，これをチェックします。多分，採点者もチェックするでしょう。これが60万円から200万円くらいの間になるのが一般的と考えています。

② ある漢字について，誤字を書いたり，正しい字を書いたりの混在をしない

他人に文章を読んでもらう際に，書いたものを読み直して，必要に応じて修正するのは，社会人としての基本的なエチケットです。一つの論文の中で，ある漢字について，誤字を書いたり，正しい字を書いたりすることは，読み直しをしていないことを証明しています。問題に書いてある漢字を間違えることも同様です。基本を守れない受験者は合格できないと考えてください。

③ 問題文に書かれている漢字を別の漢字やひらがなで書かない

基本的な注意力がない受験者と判断されても，仕方がありません。読み直しの際には，問題文を読んでから論文を読むとよいでしょう。

④ 自分の専門分野のキーワードの字を間違えない

情報セキュリティに関する論文において「暗号」を「暗合」と書いたり，病院の医療システムを題材にした論文で「看護」を「患護」と書いたりして，自分の専門分野のキーワードの字を間違えて書いている論文があります。このような誤字がある論文は，採点者に対して「本当に専門家なのか」という不信感を抱かせます。

⑤　最後まで，一定の「ていねいさ」で字を書く

だんだん字が荒くなっていく論文を読んでいると，採点者は論文に不安定さを感じます。内容が良くても，不安定さを感じる論文に合格点をあげることはできません。一定の「ていねいさ」で字を書くようにしましょう。

（3）採点についての誤解を解く

最後に，採点者や論文への誤解について説明します。

理想は字がきれいで，設問ア，イ，ウで 2,800 字程度の論文が書けることです。しかし，そのような論文でなくとも，合格レベルの論文は多数あります。内容で勝負しましょう。

①　字がきれいでないと合格できないという誤解

字がきれいに書けなくても，採点者はしっかり読んでくれます。採点者には，教育に携わる方も多くいます。したがって，人を教育するという観点から解答を採点してくれます。字をきれいに書くのが苦手な方も，ぜひ，論文にチャレンジしましょう。

筆者は字がきれいではありません。20 名の受験者がいるとすると，1 名いるかどうかという低いレベルです。しかし，事実として論述式試験に複数回合格しています。おそらく，**筆者の字が「デッドライン」**と推測されます。この本には筆者の字が掲載されていますから，その「デッドライン」を確認して安心してください。偶然ですが，筆者が知っている試験委員や採点者の中には筆者レベルの字を書く方もいます。しかし，きれいな字ではなくても読んでもらえる字を書く必要はあると思われます。

②　成功談を書かないと合格できないという誤解

論文は成功談を書くことが当たり前のようです。ただし，筆者を含めて多くの先生が「厳しく評価して問題点を今後の改善したい点に論旨展開する」ということを基本的に推奨します。筆者もこのような展開で論述し，合格しています。

失敗談でも，**きちんと問題点を挙げて，解決の方向性を示している論文は，読んでいて気持ちがいい**です。本当のことを書いている，本音で書いているという気持ちになれるからです。逆に，要求定義など，難易度が高い局面に関する評価を“十分満足のいく成功を収めた”と書かれると，読んでいて疑問に感じます。

Point ここが ポイント！！！！！！！

★評価では，高度の情報処理技術者の視点の現れ，視座の高さを示せ！！

情報処理技術者試験のガイドブックによると，採点者の方は，受験者の論述から，「成功した」，「うまくいった」という気持ちが分かるそうです。また，成功した事例を探して論述しているかもしれないと考えるそうです。しかし，中には，これでどうして成功するのか分からないような論述に出会うこともあるそうです。「〇〇は問題にならなかったのだろうか」と疑問点に気付くことも多いそうです。

それらの課題を冷静に見つめて，論述したプロジェクトでは問題にならなかったが，改善が必要だと認識した事項について淡々と書かれていると，「そうだよね。よく気が付いたね」と共感を覚えながら読むことになるそうです。これが，高度の情報処理技術者の視点の現れであり，視座の高さであろうと言っています。

③　設問ア，イ，ウで 2,800 字程度書かないと合格できないという誤解

合格者が 2,800 字論述していた経験を根拠にして，このようなことが書いてある本が多いのは事実です。筆者の著書でも同様のことを書いていました。しかしながら，字数については，問題冊子に書いてあるとおり，設問アが 800 字以内，設問イが 800 字以上 1,600 字以内，設問ウが 600 字以上 1,200 字以内書いてあれば，合格圏内と考えてください。ただし，**空白行や過剰なインデントについては減算**されますから，余裕をもった字数で論文を書き上げることは大切なことです。

④　設問ア，イ，ウで 2,800 字程度書くと合格できるという誤解

2,800 字クラスの論文を 2 時間で書ける受験者の合格率は，経験からいうと高いです。しかし，2,800 字程度の論文を 2 時間で書き上げても合格できない受験者がいることも事実です。このような受験者に共通している点は，論文が冗長的であるという点です。すなわち，対策を選択した根拠などで，いつも同じことを書いているということです。このような論文にならないためには，しっかりとした論文設計や，**重要なこと以外は繰返して書かない**などの配慮が必要となります。

⑤　設問アは 800 字の最後の行まで書かなければならないという誤解

筆者が 20 年以上前に論文指導を受けた際に，講師は，“設問アは 800 字の最後の行まで書かなければならない。なぜならば，自分が担当した業務について書くことがないとは，論述力がないことをアピールしていることと同じだからである”と説明していました。この影響を受け，筆者も，同じことを長い間，指導していました。しかし，受験者の立場に立つと，設問アを 800 字の最後の行まで書くことよりも，もっと重要なことがあります。**最後まで，論文を書き上げることです。**

設問アは簡潔に表現できていれば 700 字でも問題ありません。なぜならば，問題冊子にそのようなことは書かれていないからです。また，設問アの配点は少ないので，たとえ減点されたとしても，合否には大きく影響しません。それよりも，合格に必須となる**「最後まで書き上げること」の方が重要**です。予定した時間どおりに設問アを終了して，時間内に最後まで論文を書き上げるようにしてください。これが何よりも重要なことです。

そして，**論述に慣れてきたら，設問アは 800 字の最後の行まで書いてください。なぜならば，合格レベルの論文の多くは，設問アがしっかり書かれているからです。**

コーヒーブレーク

「踊る論文指導」1

試験会場で論述する公開模擬試験の論文などには見られませんが，自宅で受験した公開模擬試験の論文や，通信教育の論文で，設問ア800字，設問イ1,600字，設問ウ1,200字と各設問の制限字数までしっかりと論述されたものに，採点・添削する立場として出会うことがあります。これは最近の傾向です。3,600字を2時間以内で論述し，箇条書きなどを活用して整理がされ，趣旨に沿って専門家としての工夫や考えなどがアピールされていれば，問題ありません。私は「本試験では，箇条書きの項目数を減らして，2時間という制限時間切れのリスクを回避するとよいでしょう」などとコメントすればよいからです。

問題は，自信満々な“ものがたり”が書かれている場合です。懸命に3,600字を書いた解答者に，例えば，“趣旨に沿って，専門家としての考えや，そのように考えた根拠をもっと鮮明に採点者にアピールしましょう”とコメントを書いても伝わらないことは明らかです。本人は“絶対に合格論文だ”と思っているからです。そして，私の考えを率直にコメントしたら，解答者は絶対に憤慨すると思い，解答者の社会的立場や，解答者の学習効果を最大にするという点を重視して，柔らかいコメントにします。

でも，あるとき，自信満々な“ものがたり”の中に，解答者が優秀な実務者であることが伝わってくる論文を添削することになりました。15分ほど考えた挙句，“解答者は合格できなくて，きっと困っているはず”と決断し，私の考えを率直にコメントしたことがありました。それに対する解答者の反応については，ここでは書けません……。皆さんの想像にお任せします。今は，「字数が多いので時間切れのリスクを懸念していること」を伝えるくらいにした方がよい場合もあると，そのときのことを思い返しています。

趣旨に沿って，工夫や専門家としての考えや，そのように考えた根拠をアピールしていれば，設問ア800字，設問イ850字，設問ウ650字でも，合格できるでしょう。

字数を多く論述するよりも，論文設計に注力しましょう。

2.3 論述式試験突破に必要な要素を明らかにする

論述式試験突破に必要な要素を，もう一度分かりやすく，段階的に解説します。

（1）論述式試験の答案を採点してもらうために必要な要素を明らかにする

第一歩は記述式試験を突破することです。論述式試験の答案が採点されるという方は，記述式試験を突破できる実力がある方です。筆者が言いたいのは，記述式試験を突破できた段階で，論文を書くために必要な，ある程度の実力が備わっているはずなのですから，**記述式試験を突破する実力を生かして論述式試験を突破しないことは，「もったいない」**ということなのです。

（2）合否判定の対象となるために必要な要素を明らかにする

合否判定の対象となるために必要なこととして，「2 時間で，設問アを 800 字以内，設問イを 800 字以上 1,600 字以内，設問ウを 600 字以上 1,200 字以内の字数で書いて，問題に書かれている全ての問いに答え，論文を最後まで書き終える」ことです。その他にはどのようなことがあるでしょうか。考えてみましょう。

① 「である」調で統一して書く

「ですます」調で書かれた論文もありますが，ほとんどの論文が論述の途中で，「ですます」調と「である」調の混在となってしまいます。これでは，論文として失格です。「ですます」調を最後まで貫くことは，どうやら難しいようです。

論文は，「である」調で書くと決まっているわけではありません。「ですます」調では合格できないのなら，問題冊子にその旨が書かれているはずです。しかし，経験的に言うと，「ですます」調で書かれた論文は合格レベルに達しないものが多いです。したがって，「である」調で書くようにしましょう。

② 守秘義務を遵守する

顧客名に関する固有名詞については，明示しないようにしてください。守秘義務違反として，採点は中止になると考えられます。「○○株式会社」，「○○銀行」は，「A 社」，「A 銀行」としましょう。想像してしまうイニシャルによる表現もやめた方がよいです。

③ 試験区分とあなたの立場を一致させる

あなたが受験する試験区分の対象者像に合った立場で，論文を書くことが求められています。例えば，プロジェクトマネージャ試験において，システムアーキテクトの立場で論述して，すばらしい論文を書いても合格することはできません。

プロジェクトマネージャ試験は，システム開発をプロジェクトとして管理する方が受験する試験区分です。例えば，システムアーキテクト試験との違いは，開発者の視点ではなく，**プロジェクトマネジメントの専門家の視点で書く**ということです。設計内容ではなく，マネジメントの内容を書きます。

④　ローカルな言葉を使わない

これは，「あなたが勤めている会社でしか通じない言葉を論文で使わない」ということです。あなたの会社以外の，第三者が読むということを意識して書くようにしてください。アーンドバリュー分析，WBS，クリティカルパス，TRM，マイルストーンなどのプロジェクト管理の理論や手法に関するキーワード，及び，午前Ⅰ・Ⅱや午後Ⅰ・Ⅱの問題で使用されるキーワードを使って書きます。

（3）論述式試験合格を確実にする要素を明らかにする

採点者による合格判定の対象となった論文に，どのようなことが書いてあると合格と判定されるのでしょうか。これまでに，次の二つは分かりました。

①　問題文の趣旨に沿って，簡潔で分かりやすい文章を書く

②　専門家として工夫した点，専門家としての考えやそのように考えた根拠を書く

このうち，②について詳しく説明します。

・課題を明示する

状況を説明しただけでは，課題は相手に伝わりませんし，課題を挙げたことにもなりません。例えば，「A さんのセキがとまらない」という状況だったとします。これは解決すべき問題でしょうか。その日，A さんは，会社に行きたくなかったのです。したがって，「A さんのセキがとまらない」という状況は，課題ではないのです。

課題を挙げるには，状況と理想を挙げてからそれらのギャップである課題を示すか，状況を説明して課題を示す必要があります。状況を説明しただけで，対策を講じるという展開の論文がありますが，それでは対策の妥当性に採点者が納得できない場合があります。それを回避するために，**対策について論じる前に“～という課題があった”と書いて，課題を明示する**ようにします。

・論文というコミュニケーションによって，相手の考えや行動が変わるようにする

コミュニケーションの一つの要素として，「相手の考えや行動が変わる」ということがあります。「土用の丑（うし）の日」のニュースを見た後に，「うなぎ」を食べたくなるということは，よくある話です。これもコミュニケーションによって，「相手の考えや行動が変わる」という一例です。

論文はコミュニケーションの一つです。したがって，論文を読んだ後に，相手の考えや行動が変わることは論文の大切な要素です。そのためには，論文の中に主張を盛り込むようにします。**主張を述べ，その後に，“なぜならば”と書いて根拠を示すことが重要です。**

・試験に出題されるキーワードを使う

情報処理技術者試験の午前多肢選択式問題で出題されているキーワードを使って，簡潔に書くということです。冗長な表現や稚拙な表現は，プロフェッショナルな印象を採点者に与えませんから注意しましょう。

・工夫をアピールする

論文では，専門家としての考えや，そのように考えた根拠をアピールすることが重要であると書きました。その他にどのようなことをアピールすれば合格できるのか，考えてみましょう。平成 29 年春プロジェクトマネージャ試験午後Ⅱ問 1 の設問では，“工夫した点を含めて”と書かれています。そうです。“工夫をアピールする”ことが論文では，重要となります。

では，“工夫”とは，どのようなことでしょうか。辞書を引くと“いろいろ考えてよい手段を見つけ出すこと”であるが分かります。したがって，課題を明示した後に，複数の対策案を挙げて，そのうちから，根拠とともに対策を選択するという展開が，“工夫をアピールする展開第 1 パターン”であると考えてください。**工夫をアピールする展開第 1 パターンのひな型としては，「～という課題があった。そこで私は①～，②～，③～という案を検討した。その結果，①を選択した。なぜならば，～と考えたからである」**となります。“工夫をアピールする展開第 1 パターン”では“なぜならば～”が含まれているので，“専門家としての考えや，そのように考えた根拠をアピール”していることにもなります。

第 1 パターンがあれば，第 2 パターンもあります。“工夫をアピールする展開第 2 パターン”は，“困難な状況からのブレークスルーを論旨展開に盛り込む”ということです。通信教育の論文の添削では，「～という工夫をした」という語尾の文章が散見されます。そのうちの多くは「～した」という文章の語尾を変えただけの文章です。これでは工夫を採点者にアピールできません。そのようなケースで，添削の指示をどうしたらよいでしょうか。そこで私は，“～という困難な状況であった。そこで私は～”などという展開を盛り込んで，困難な状況を採点者に説明してから，プロジェクトマネージャとしての活動を説明することで，工夫したことを採点者にアピールできると考えました。**工夫をアピールする展開第 1 パターン”のひな型は，「～という困難な状況であった。そこで私は～」**となります。

・能力をアピールする

平成 31 年春プロジェクトマネージャ試験午後Ⅱ 問 1 の解答例の出題趣旨を図表 2-4 に示します。

出題趣旨
プロジェクトマネージャ（PM）には，プロジェクトの計画時に，活動別に必要なコストを積算し，リスクに備えた予備費などを特定してプロジェクト全体の予算を作成し，承認された予算内でプロジェクトを完了することが求められる。 本問は，プロジェクトの実行中に，コストの管理を通じてコスト超過を予測する前に，コスト超過につながると懸念される兆候をPMとしての知識や経験に基づいて察知した場合において，その兆候の原因と立案したコスト超過を防止する対策などについて具体的に論述することを求めている。論述を通じて，PMとして有すべきコストの管理に関する知識，経験，実践能力などを評価する。

図表2-4　IPA 発表の出題趣旨

この出題趣旨を読むと，「能力を評価する」ということが分かります。では，能力とは何でしょうか。能力とは「物事を成し遂げることができること」です。したがって，“課題に対して，いろいろ考えて対策を講じたら，新たな課題が生じた。新たな課題に対しても対処することでプロジェクトを成功に導いた”という展開を論文に盛り込んで能力をアピールすることが重要です。具体的には，能力をアピールする展開は，工夫をアピールする展開の後に盛り込みます。**能力をアピールする展開のひな型としては，“ただし，〜という課題が新たに生じた。そこで私は〜”**となります。“課題に対して，対策を講じてプロジェクトを成功に導いた”という展開では，能力をアピールすることは難しいと考えてください。

・**具体的に書く**

事例を挙げて書く方法が，理想的です。その場合は，“具体的には〜”と書いて，事例を挙げます。しかし，経験に基づいて書ける方はよいですが，知識で書いている方にとっては，事例を挙げて書くことは難しい要求です。そこで，5W2H を論述内容に適用して，**できるだけ数値を論文に盛り込む**ようにします。これについては，第 3 章「3.3【訓練 2】トピックを詳細化して段落にする」で演習します。

2.4 論文を評価する

「論述式試験は難しい」と一般に思われていますが，今までの説明で，そのような誤解が少しずつ解けてきたのではないでしょうか。また，どのようなことをすれば論文合格に近付くかについて，皆さん，少しずつ分かってきたのではないでしょうか。

(1) 論文の採点方法と採点の観点を知る

論述式試験では，論文採点はどのように行われているのでしょうか。これについては詳しく公表されていません。一般的な観点から推測すると，採点項目と採点基準に従って定量的な評価がされていると考えられます。そうでないと，合格した論文が，なぜ合格レベルなのか，客観的に説明できなくなってしまうからです。なお，一説には，論文の評価の客観性を確保するために，一つの論文は２人の採点者によって採点されているという話もあります。

論文採点の観点として考えられるのは，次のようなことです。

① 「質問書」にはプロフェッショナルな印象を採点者に与えるように書く

プロジェクト名称，対象企業業種，システム構成，開発規模等を質問書としてアンケート形式で問われているのは，受験者のバックグラウンドを確認するためです。したがって，質問書の回答で専門家としての印象をしっかり採点者に与える必要があります。今後，質問書がどのように変更されるか分かりませんが，基本的には次の項目を守って，しっかり質問書に答えるようにしましょう。

- 質問書の内容と本文の内容が一致している
- 計画，システム，プロジェクト，業務の名称については，質問書に挙げられている例に従って，名称を修飾して，相手に分かりやすく表す
- 「分からない」はやめる。どうしても「分からない」場合には，理由を簡潔に書いておく。
- 対象者像に書かれている内容に従って，「あなたの役割」を選択する

質問書の「あなたの役割」において，「プロジェクトの全体責任者」ではなく「プロジェクト管理スタッフ」を選択しているにもかかわらず，「私はプロジェクトマネージャである」などと書いている論文が，公開模擬試験の論文に散見されます。質問書の内容と，論述の内容を一致させるようにしましょう。

Point ここがポイント！！！！！！！

★質問書にあるプロジェクトの名称で，対象とする企業の業種や業務，中心技術，プロジェクトの難易度などを表現する！！

質問書ではプロジェクトの名称として30字ほどの自由記述欄が用意されています。ここの記述の仕方で，対象とする企業の業種や業務，中心技術，プロジェクトの難易度が分かるそうです。また，どのように書かれているかで，受験者のプロジェクトの特徴に関する理解の状況も分かるそうです。

②　出題意図に答えている

設問で問われている全ての内容に対して，採点者が分かりやすいように答える必要があります。このことには次の四つの意味があります。

- **設問で問われている項目に，漏れなく答えている**

  設問で問われている全ての項目に漏れなく答えないと，午後Ⅱの論述式試験は突破できません。

- **問題文の趣旨に沿って書いている**

  設問文に答える内容の論文を書いただけでは，論述式試験を突破することは難しいです。問題文の趣旨に沿って書くことが重要です。特に"～が重要である"，"～する必要がある"などの展開は，意識的に論文に盛り込むようにします。

- 採点者に分かりやすい文章を書いている

  場合によっては，「**難しいことをあえて書かない**」ことも必要です。採点者に伝わる内容を書いてください。

- ある文章が，どの問いに対する答えの部分なのかを，採点者に分かりやすく示している

  採点者が文章を読んでいて，その文章が，設問文のどの問いに答えるものなのか分からないのでは，効率的な採点ができません。したがって，論文では，必ず，「**設問文に沿った章立て」をする**ようにしてください。

③　プロフェッショナルな知識と経験に基づいた課題対応力がある

知識や経験を基に課題に対応する，すなわち，課題に対していろいろ考えて，良い対応策を見い出すという展開を論文に盛り込むことが大切です。これが「工夫した点」となって，合格レベルに論文が近付く要素になります。

④　プロフェッショナルな課題解決能力

実際の業務において，課題解決は一筋縄ではいきません。一つの課題を解決しようとすると，いろいろな課題が生じてきます。これらを解決して「物事を成し遂げる力量」があるかどうかが評価されます。

⑤　現状の問題把握能力と今後のプロフェッショナルな力量の成長性

結果がどうなって，これからどうするのかが明確に書かれていなければ，試験の対象者像にふさわしい役割を果たしていないと判断されると考えてください。これらをきちんと書くことができない受験者は，試験区分の対象者像において必要とされる，一歩前の業務しか経験していないと判断される可能性があります。

⑥　表現能力

内容面だけではなく，上級技術者として必要なドキュメンテーションスキルについても問われます。内容の理解しやすい記述が必要で，「読ませる力」が重要となります。これが表現能力です。

Point ここが ポイント！！！！！！！

★採点者は質問書で論文の良否を推測する！！

以前，情報処理技術者試験のガイドラインに掲載された話です。論文の採点は質問書の読込みから始まるそうです。例えば，プロジェクトマネージャ試験ならば，そこには，論述の対象とするプロジェクトの概要，すなわち，プロジェクトの名称，システムが対象とする企業・業種，システムの規模，プロジェクトの規模，プロジェクトにおけるあなたの立場などが定型様式に記述されています。採点者によると，この読込みで論述の良否は推測できるそうです。受験者が論述しようとしているプロジェクトを受験者自身でどれだけ理解し，客観的に評価できているか，質問書から分かるそうです。

（2）論文の評価基準を知る

採点の観点をまとめると，論文の評価基準は，次のように設定することができます。アイテックの通信教育の添削では，これらの項目を全て評価基準としています。

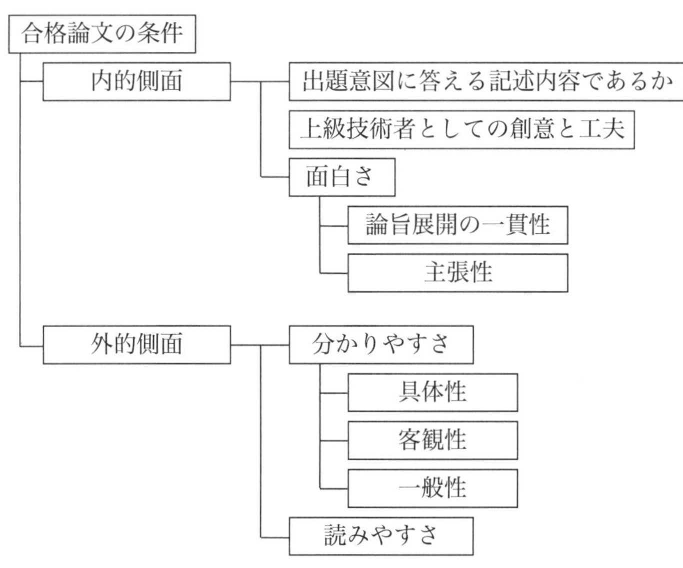

図表2-5　論文に要求される評価基準

（a）内的側面

①　出題意図に答える記述内容であるか

試験の解答という意味では，最も重要な点です。出題意図に答えていない解答は，採点上全く得点できないことになります。論文対策を行って試験に臨む受験者の中には，準備した論文を題意に関係なくそのまま書いてしまう方がいます。これでは，幾ら立派な論文でも，採点上は低い得点となります。

もう一つ重要なポイントですが，**どんなに立派な内容を書いても，最後まで論述を完了させていないと，合格は難しい**ということです。実際の試験では，残り時間をチェックしながら設問イに割ける時間を見極め，時間がきたら設問イを切り上げて設問ウに進む必要があります。

②　上級技術者としての創意と工夫が読み取れるか

内容的には最も実務能力として評価される部分です。ここで問われている実務能力とは，上級技術者としての専門知識を，現実的な課題の中で的確に適用できる力があるかどうかということです。

③　面白さ（論旨展開の一貫性，主張性）が感じられるか

・論旨展開の一貫性

「面白さ」とは，採点者が読んでいて引き込まれるような論旨展開になっているということです。**質問書と本文の間に一貫性がないと，採点者は気になって本文を読み進めることができません**。また，難しい課題をすぐに解決してしまっても信憑性に欠け，採点者は読み進めることができません。

前述のとおり，実際の業務において，課題解決は一筋縄ではいきません。一つの課題を解決しようとすると，いろいろな課題が生じてきます。これらを解決して「物事を成し遂げる力量」があるかどうかを評価します。

・主張性

一般的な内容を書き並べても，信憑性に欠けるために，採点者は論文を読み進めることができません。主張性とは，例えば，「設問アで述べた論述の題材を基に，課題あるいは課題に対する対策について説明する際に，**実際の例を挙げて，採点者を十分に納得させること**」と考えてください。

主張性を確保するためには，“～について掘り下げて論述する”というキーセンテンスを意図的に活用するとよいでしょう。

（b）外的側面

①　分かりやすいか

・具体性

根拠や結果をできるだけ，定量化して表現することが必要です。「大規模システム」と表現しても，採点者にはさっぱり分かりません。期間や工数を示して，定量的に表現するようにしましょう。ただし，**質問書の内容とあまり重複しない**ようにしてください。

また，EVM の SPI や CPI など，実務において定量的に管理する指標については，論文においても「定量的に目標設定して評価する」ことによって，十分な具体性を確保することができます。

SPI や CPI など，実務において定量的に管理している指標については，できるだけ定量的に表現するようにしましょう。

・客観性

採点者に見解を納得してもらうためには，事例を挙げるとともに，対策を採用した根拠を述べることも重要です。具体的には，“なぜならば”と書いて，対策を採用した根拠を明示するようにしましょう。

一方的な展開の論文，すなわち，“～した”の連続は，採点者にとって苦痛となります。対策の根拠を示すために，“なぜならば”と書いて，採点者を一服させてあげましょう。

・一般性

一般性とは，誰が読んでも分かる用語を用いて論文を表現しているということです。一般的ではない「略語」，特定の会社にしか通用しない用語を使って書いた論文は，評価が低くなります。

情報処理技術者試験の問題に使われる一般的な用語を用いて，簡潔で分かりやすい文章を書くようにしてください。

②　読みやすいか

読みやすさには，内容の側面と，文章力の側面の二つがあります。なお，日本語としての体裁が整っていないものは，文章力がないと評価されます。次の点に注意しましょう。

・主語と述語の掛かり受け
・誤字
・脱字
・「門構えの略字」など，普段使われている略字
・禁則処理
・段落の分け方
・箇条書きの活用

なお，対策を列挙する文章では，接続詞の「また」を多用せずに，箇条書きを活用して，見やすい論文に仕上げるようにしましょう。

Point ここがポイント！！！！！！！

★最後まで書いて合格論文になる

途中にどんなに立派な内容を書いても，最後まで書き終えていない論文では合格することは難しいです。“ー以上”と書いて論文を締めくくりましょう。

（3）採点の視点を知る

論述式試験の結果は，A～D の評価ランクで示されています。配付されている案内書・願書には，受験者の論文を評価する際の視点などの採点方式が示されています。

評価ランク	内　容	合否
A	合格水準にある	合格
B	合格水準まであと一歩である	不合格
C	内容が不十分である	
D	出題の要求から著しく逸脱している	

図表2-6　IPA が示す合格基準

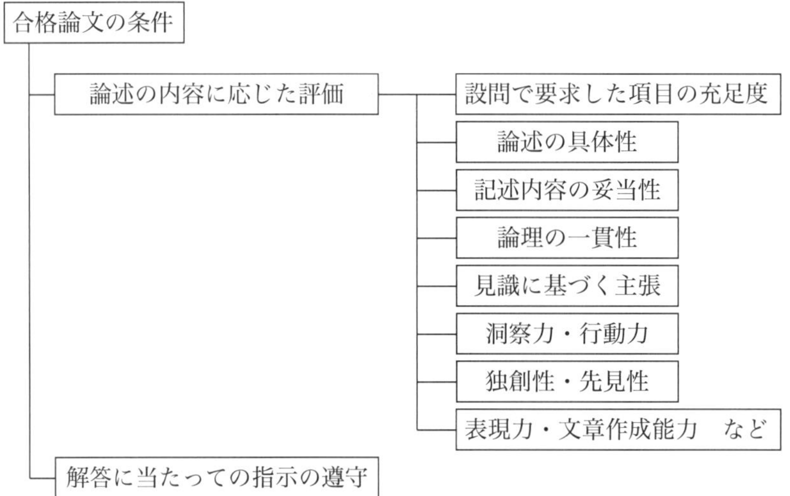

図表2-7　IPA が示す評価項目

IPA が示す評価項目について実際に評価する際の採点方式は，明らかにされていません。前述の論文の評価基準と，IPA が示す評価項目との関係は，おおむね次のとおりと予想します。

なお，解答にあたっての指示の遵守に違反した場合，評価ランクは D であると考えてください。

IPAの評価項目	通信教育の評価基準	通信教育の評価ポイント
設問で要求した項目の充足度	出題意図に応える記述内容であるか	設問に従って論文が構成され，試験の解答となっていること
論述の具体性	分かりやすさ（具体性）	自分自身の経験，創意工夫，結果が明確に示されていること
記述内容の妥当性	出題意図に応える記述内容であるか	問題文に従って論旨展開され，題意に合った記述内容となっていること
論理の一貫性	面白さ（論旨展開の一貫性）	論文の導入部である設問アから最後の設問ウまで一貫していること
見識に基づく主張	面白さ（主張性）	試験区分にふさわしい視座と視点をもち，上級技術者としての実務能力を表現していること
洞察力・行動力		
独創性・先見性		
表現力・文章作成能力	分かりやすさ（客観性，一般性），読みやすさ	事実と意見が区別され，一般的な用語を用いて，正しい表記法に従っていること

図表2-8　IPA の評価項目とアイテックの通信教育の評価基準との関係

Point ここがポイント！！！！！！！

★第三者に分かりやすい文章を書くためには，新聞，雑誌，小説を意図的に読む

どの情報処理技術者試験にも合格した経験がない受験者に対して，試験の対策セミナーを実施しました。合格発表後，初めての情報処理技術者試験の合格が論述式問題のある試験区分という方に，インタビューしました。その方は本を読むのが大好きで，お小遣いの全てを本に費やすという話でした。第三者に分かりやすい文章を書くためには，やはり，新聞，雑誌，小説を読むことが大切なようです。

第3章

基礎編

この章以降の【訓練】は，主に，プロジェクトマネジメントに関する実務経験が少ない方，あるいは，専門知識はあっても実務経験がない方を対象にしています。実務経験のある方も“手書き”に慣れるために訓練に参加してみてください。意外な改善すべき点が発見できるかもしれません。

3.1 五つの訓練で論文が書けるようになる

これから，論述式試験を突破するために必要な訓練を行います。簡単な訓練から始めますが，それぞれの訓練には，意味があります。例えば，【訓練 1】では作文を書きますが，この訓練によって，「また，～した。また，～した」という語尾が「した」の連続になる「作文」を書かなくなります。【訓練 2】では，トピックを詳細化しますが，数値を文章の中に入れ，定量的に表現する訓練によって，客観性の高い文章を書けるようになります。

「急がば回れ」です。少し時間が掛かりますが，しっかりと訓練に参加しましょう。

(1) 論文が書けるようになる五つの訓練を知る

記述式問題を突破できるということは，80 字程度の記述力があるということです。次に，80 字の記述力を，2 時間で 2,400 字程度を書ける論述力にアップするための訓練について説明します。

①【訓練 1】「論文ふう」の文章を書く

最初に，「作文」と「論文」との文章の違いについて理解しましょう。まずは，小学生の気持ちになって，気楽に文章を書いてみましょう。

②【訓練 2】トピックを詳細化して段落にする

一つのトピックに基づいて文章を書いてみましょう。これは記述式問題の解答を，論述式問題の解答にステップアップさせる第 1 段階です。

③【訓練 3】問題文にトピックを書き込む

問題文には論述に必要なトピックが書かれていることは，既に説明しました。しかし，これだけでは，論文は書けません。問題文を基にして，もっとトピックを挙げましょう。

④【訓練 4】ワークシートに記入する

ワークシートを使って論文を設計してみましょう。3 回くらいワークシートを使った訓練を行えば，ワークシートがなくても，論文を設計できるようになります。

⑤【訓練 5】ワークシートを基に論述する

ワークシートができ上がったら，そこに書かれているトピックを基にして論述します。ここでは，「【訓練 2】トピックを詳細化して段落にする」で訓練したテクニックを使って，論述することを学びます。

前記の訓練については，【訓練 1】を本章の 3.2 で，【訓練 2】を 3.3 で，また，【訓練 3】～【訓練 5】は第 5 章で詳しく説明しています。順を追って訓練し，論述式試験突破に向けた論述力を身に付けましょう。

3.2 【訓練１】「作文」や「論文ふう」の文章を書く

（１）作文を書いてみよう

最初ですから，小学生のときを思い出して，400 字程度の作文を書いてみましょう。題目は，「今日，朝起きてから，今までの出来事」です。

「今日，朝起きてから，今までの出来事」　　　　3 年 1 組　岡山昌二

今日，妻の A 子に朝，起こされた。とても眠かった。でも，仕事だと思い，頑張って起きた。すばやく支度を済ませて，仕事場に出かけた。電車の中でも眠くて，頭がはっきりしなかった。

土曜日なので，昨日よりも早く着くと思って時計を見た。すると，なんか時刻が違うと思った。眠いので考えられなかったが，気合いを入れて見ると，やはり，早かった。ちょっと，腹が立ったが，共働きなので仕方がないと思った。やっぱり，今度から，自分で目覚ましをセットしようと思った。

Just Do it！ 関所 No.1

やっと皆さんの番になりました。本番の試験に備えた，手書きの訓練を始めましょう！

最初に B か HB の芯の入ったシャープペンシルと消しゴムを用意してください。次にこの本の巻末にあるB４サイズの紙を本書から切り離しましょう。“巻末ワークシート 1”にある，“【訓練１】作文を書いてみよう”の原稿用紙に 400～600 字ほどの作文を書いてみてください。目的は「昔のように手書きに慣れる」ことです。手先や手首を柔らかく動かして，作文を書いてみましょう。制限時間は 15 分です。

（2）作文と論文の違いを知る

一見，馬鹿らしい訓練ですが，論述式試験において作文を書いてしまわないためには重要な訓練です。論文を添削する場合，添削者は，皆さんが2時間かけ，苦労して書いた論述式問題の解答に対して，「論文ではなく作文になっています」とは，なかなかコメントできないものです。したがって，作文になっていないかを自分でチェックできるように，しっかりと，「作文」と「論文」の違いを確認してください。「作文」を「論文ふう」に仕上げるためには，次の主張性と客観性を盛り込むことが重要です。

① 主張性

論文と作文の一番の違いは，「主張性」です。作文では，中途半端な表現，あいまいな表現を使ってもかまいませんが，論文では禁物です。論文において **“思う”は絶対に使わない**でください。あいまいな表現をされると，読み手，すなわち採点者が困ってしまいます。

論文において，主張性を確保するには，事例を挙げて説明することです。“～について掘り下げて論述する”，“具体的には次に述べるような対策を講じた”というキーセンテンスを意図的に活用して，事例へ論旨展開することが重要です。

② 客観性

語尾が“～した”の連続では，主観的な表現ばかりとなって，採点者は疲れてしまいます。客観性を確保するために，具体的には，“なぜならば”と書いて，対策を採用した根拠を明示するようにしましょう。

③ 具体性

論文で，数十時間や数百台と書かれても，採点者はイメージがわきません。“20 時間～30 時間”，“100 台～150 台”，と，定量的に書くようにしてください。

（3）論文ふうの文章を書いてみよう

手書きで文章を書きます。原稿用紙を用意してください。

では，主張性，客観性，具体性を留意しながら，論文ふうの文章を書いてみましょう。**書けない漢字があった場合は，ひらがなで書くのではなく，辞書を引いて漢字を調べて書く**ようにしてください。

「起床時刻のセットの重要性」　岡山昌二

　朝の目覚まし時計は，頼りになる妻がいても，自分で起きる時間をセットすることが重要である。なぜならば，誤って1時間早く起きても，自分が悪い，仕方がないで済むからである。具体的には，次のようなことが起きた。 100字

　今日の朝は，妻のA子に起こされた。とても眠かった。でも，仕事だと思い，頑張って起きた。30分で支度を済ませて仕事場に出かけた。電車の中でも眠かった。土曜日なので，昨日よりも10分ほど早く着くと思って時計を見た。すると，何か時刻が違うと思った。頭に気合いを入れて，よく考えると，やはり時間が1時間早かった。早く起こされた私は，妻に対して腹が立った。 200字 300字

　このように自分の人生，他人に腹を立てても，その分，損をするだけである。私のように共働きの家庭では特に，自分の責任で生活する工夫が重要である。 400字

3

基礎編

　どうでしょうか。奥さんに起こしてもらっている方，明日から，自分で目覚まし時計をセットする気持ちになったでしょうか。そのような気持ちになれば，この文章には，コミュニケーションにおける主張性があることになります。また，主張したいことに対して，根拠が述べられているので，客観性も確保されていると考えることができます。

Point ここがポイント！！！！！！！

★論文では“と判断する”，“である”，を使う

　論文ではあいまいな表現を絶対に使わないでください。“思う”と書かれると，そのあいまいさから，採点者は読んでいて不安になってきます。

★論文はひらがなではなく，漢字で書く

　論文に使いたい漢字があるのに，書くことができない場合があります。重要なキーワードではない場合は，別の言葉で書くようにしてください。「専門家ならば書けるレベルの漢字を書けない」という印象を採点者に与えることは，受験者が思っている以上にマイナスイメージになります。

Just Do it！ 関所 No.2

「やらなくても，できるよ」なんて思わないで演習を続けましょう。作文にこそなっていなくても，もしかしたら報告書みたいな論文になっているかもしれません。1 回の受験で合格できると考えれば，この程度の演習は苦にならないはずです。

書いた作文の右側，すなわち“巻末ワークシート 1”にある，「【訓練 1】論文ふうの文章を書いてみよう」の原稿用紙に 400～800 字ほどの文章を書いてみてください。目的は「採点者に自分の考えをはっきりと示す文章を書くことができる」です。あいまいなことを主張しても合格はできません。論述式試験で合格するためには，採点者に専門家としての主張や考えをしっかりと伝えることが重要です。

書いた作文を基に，次の点に留意して論文ふうの文章にチャレンジしてみてください。

① 主張したいことを書き，次に“なぜならば”と書いてその根拠を明示する。

② 主張性を確保するために，“具体的には”と書いて事例を挙げる。

③ “～が重要である”と書いて事実を考察し，主張したいことを別の表現で言い換えて主張性をアップさせる。別の表現が難しい場合は，主張を二度繰返してもよい。

④ “思う”など，あいまいな表現は使わない。

⑤ 具体性を確保するために，できるだけ定量的に示す。

最初の文章が主張になっていることが重要です。「今日は電車が混んでいた。なぜならば，4 月の初旬で新入社員が通勤電車に乗るようになったからである」など，“主張”の代わりに“状況”を書かないようにしましょう。

（4）設問イにおいて報告書を書かない方法を知る

さあ，最初の訓練はどうでしたか。作文を書かないためには，作文を書いてみることです。では，報告書を書かないためにはどうしたらよいでしょうか。

そのポイントは，設問イやウの解答の書き方にあります。設問イやウの解答に，手順や状況を長々と書いても採点者は読みません。なぜならば，採点者が評価することは，考え方，工夫した点や能力だからです。

なお，設問アでは説明は OK です。システムの概要などをしっかりと説明してください。

報告書を書かない方法としては，**手順などを説明する際には，手順において特に重要と考えたポイントを示して，その根拠を述べる**ようにします。こうすれば，採点者に対して考え方をアピールできます。その際，手順の箇条書きに終始しないことが重要です。

Point ここがポイント！！！！！！！

★設問イやウにおいて項目を列挙しただけでは得点できない！！

項目を列挙する際には，重視した点を根拠とともに明示すると，得点になります。採点者に「考え」を示しましょう。

アイテックの公開模擬試験の採点では，状況説明に終始している論文とたまに出会います。報告書を書くのが上手なのだろうなぁ，などと思って読みます。何を採点者にアピールして合格を決めるのか，論文設計において，しっかりと考えるとよいかもしれませんね。

3.3 【訓練２】トピックを詳細化して段落にする

論述式問題を記述式問題としてとらえると，問題文からトピックを挙げられることは分かりました。次は，そのトピックを論文に仕上げる訓練の第一歩として，トピックを基にして段落を書く訓練をします。

(1) トピックを基に，5W2Hで段落を書いてみよう

トピックをどのように膨らませて論文に仕上げるかを考えていたところ，新入社員研修で私が講演している「報告書の書き方」のことを思い出しました。5W2Hです。これを応用して，一つのトピックを膨らませることができます。

では，5W2Hを挙げてみましょう。

① Why なぜ
② Where どこで
③ When いつ
④ What 何を
⑤ Who 誰が
⑥ How どのようにして
⑦ How many どのくらい

次に，“プロトタイピングを採用する方針を検討した”というトピックで，5W2Hについて考えてみます。

① Why	なぜ	ユーザの潜在的要件を引き出して，下流工程で発生が予想される開発の手戻りを未然に防ぐ
② Where	どこで	開発用サーバを仮に調達して開発室で
③ When	いつ	プロジェクト計画の立案の局面で
④ What	何を特に重要と判断した	受注業務
⑤ Who	誰が	プロジェクトマネージャとして私は
⑥ How	どのようにして	熟練者と初心者の双方に対応できるプロトタイプ
⑦ How many	どのくらい	開発スケジュールを遅らせない範囲で，最大30画面に限定して

実務経験に基づいて書いても，専門知識に基づいて書いても結構です。例を参考にして，自分で5W2Hを挙げてみましょう。

5W2H が挙がれば，それで一つの段落を書いてみます。始めは結論と，その根拠から書いてみましょう。結論は，“プロトタイピングを採用する方針を検討した”です。

結論とその根拠としては，“要求定義局面において，プロジェクトマネージャとして私は，プロトタイピングを採用する方針について検討した。なぜならば，ユーザの潜在的要件を引き出して，下流工程で発生が予想される開発の手戻りを未然に防ぐためである”という例を挙げることができます。

では，訓練開始です。一つの段落を書いてみましょう。なお，段落の開始は「字下げ」を忘れないでください。

　プロジェクト計画の立案の局面において，プロジェクトマネージャとして私は，プロトタイピングを採用する方針について検討した。なぜならば，ユーザの潜在的要件を引き出して，下流工程で発生が予想される開発の手戻りを未然に防ぐためである。具体的には次のように行った。私は，開発スケジュールを遅らせない範囲で，最大30画面に限定してプロトタイピングを適用する方針とした。特に受注業務を重視して，プロトタイプを作成することを指示し，その際に使用する開発用サーバの調達を早めることをサーバの調達先と調整した。なお，実際に作成するプロトタイプは，熟練者と初心者の双方に対応できるタイプである。なぜならば，Web受注システムというシステムの特徴を踏まえると，利用者は不特定多数と考えることができるからである。

Point ここがポイント！！！！！！！

★知識で書く場合でも，できるだけ数値を盛り込む！！

数値が入っていると，信憑性が増してきませんか。論文では，具体的に書くことが求められています。したがって，経験がないことを専門知識に基づいて書く場合でも，数値を入れて書くようにしましょう。

もちろん，経験に基づいて書く場合でも，定量的な表現をしましょう。

5W2H で“プロトタイピングを採用した”というトピックを表現すると，こんなに字数が多い一つの段落が書けるのです。皆さんはどうでしたか。

しかし，実際に書いてみると，一つの段落で多くのことを書き過ぎている感もあります。そのため，論旨展開もギクシャクしています。実際には，この段落を更に分けて，論旨展開をなめらかにします。

ここでは，専門知識があれば“プロトタイピングを採用する方針を検討した”という一つのトピックを，これだけの文章に展開できることを確認してください。

記述式問題においてプロトタイピングの目的が，度々問われるんだけど，その都度，正解が異なっています。プロトタイピングの目的について問う設問に出会ったら，しっかりと問題を読解してから解答を導くようにしましょうね。

（2）キーワードに基づいた段落の書き方を知る

トピックに基づいて，5W2H で段落を書く以外に，キーワードに基づいて一つの段落を書く方法としては，次の二つがあります。

①　キーワード中心型の段落構成

「プロトタイピング」という**キーワードを中心にして**一つの段落を書く方法です。

②　キーワード連鎖型の段落構成

「プロトタイピング」というキーワードを基にして，**次々と関連するキーワードを連鎖させて**一つの段落を書く方法です。

Point ここが ポイント！！！！！！！

★キーワードを学習する際には，関連するキーワードも確認する

キーワード単体で覚えても，必要なときに使うことは難しいものです。関連するキーワードを一緒に確認して，キーワード間の関連性も学習しましょう。そうすれば，キーワードを連鎖させて文章を書くことができるようになります。

★一番重要なキーワードを意図的に盛り込んで論述する！！

本試験当日，プロジェクトマネージャ試験の午後Ⅱ問題を見た瞬間，ある受講者は合格したと思いました。「アクティビティの完了日を守るための対策」に関する問題が出題されたからです。その受講者は既に「プロジェクトの完了日を守るための対策」について合格レベルの論文を書いていました。「プロジェクトの完了日を守るための対策」について書いた論文は，アクティビティを中心に書くことで，「アクティビティの完了日を守るための対策」に容易に変換できるはずです。しかし，結果はB判定でした。その受講者は「アクティビティ」というキーワードを使わずに，準備した論文を少し変更する程度で論述したそうです。

問題文に沿って論述していることを採点者に明示するためには，最も重要なキーワードを意図的に論文内で使うようにしてください。最も重要なキーワードは，問題文のタイトルや設問文にあります。

(3) トピックに基づいて書いた段落を組み合わせれば論文になる

ここで示す論文の設計方法は，ブロックを組み立てて船や飛行機を作ることと似ています。子どものころ，ブロックを使って船や飛行機を作ったことを思い出し，皆さんも，段落というブロックを使って論文を書きましょう。ブロック（段落）を組み立てる設計図（論文設計書）があれば，船や飛行機（論文）を組み立てる（書く）ことができます。

Just Do it！ 関所 No.3

禁則処理を知っていますか？ いろいろなレベルがありますが，句読点で行を書き始めるのはやめましょう。

段落について，理解できましたか？ まだ，段落を書けそうもない方は是非とも演習に参加してください。

基礎の部分はもう少しで終わりですが，禁則処理や段落についての意識がないと，これから先の演習の効果が半減します。がんばりましょう。

“巻末ワークシート 2”にある，「【訓練 2】トピックを詳細化して段落にする」にトピックを 5W2H で詳細化してみましょう。詳細化は，自分の経験でも想像でも OK です。頭の体操だと思って詳細化しましょう。

トピックは何でもよいです。第 2 部にある論文事例から引用すると，次のようなトピックが挙げられます。これらからトピックを選んで，詳細化してみてください。

① プロトタイピングを採用する方針とした。
② 要件定義工程は準委任契約をする方針とした。
③ プログラミング・単体テスト工程においてクラッシングを採用する方針とした。
④ 結合テストとシステムテスト間においてファスト・トラッキングを採用する方針とした。
⑤ 類似プロジェクトの非機能要件をひな形に採用する方針とした。

トピックを詳細化したら，その下の原稿用紙部分に一つの段落としてまとめてみましょう。論文では，段落が長いと採点者が読みにくいのです。一つの段落を五つくらいの文章で構成するとよいでしょう。次の三つの点に注意してください。

① 段落の書き始めを字下げする。
② 句読点で段落を書き始めないように禁則処理をする。
③ 段落の区切り以外では改行しないようにする。

アイテックが開催している全国統一公開模試で分かることですが，段落を構成することができていない答案が 2 割ほどあります。この訓練を通して，しっかりと段落を構成できるようになりましょう。

第4章

論文を作成する際の約束ごとを確認する

採点者は，基本的な約束ごとを守っていない答案を採点しません。論述式試験における約束ごとは幾つかありますが，その中でも特に，試験の際に配付される問題冊子で指示された基本的な約束ごとは，非常に重要です。

この章では，問題冊子に明示された約束ごとを中心に，論述式試験に臨むに当たって，覚えておくべき約束ごとを，もう一度，確認します。

4.1 試験で指示された約束ごとを確認する

論述式試験における約束ごとには，試験の問題冊子で明示された非常に重要な約束ごと，質問書における約束ごと，一般的な論文における約束ごとがあります。

（1）問題冊子の指示をチェックする

本番の試験では問題冊子と答案用紙が受験者に配付され，問題冊子は持ち帰り可となっています。それでは，問題冊子や答案用紙から得られる情報に基づいて，論述の際の留意点を説明します。

① Ｂ又はＨＢの黒鉛筆，又はシャープペンシルを使用する

自分の手に慣れた筆記用具を使い，複数本を用意します。シャープペンシルを換えることによって指の疲れが気にならなくなることもあります。消しゴムについては，使用の際に答案用紙を汚さないように，使う都度，まずは消しゴム自体をきれいな状態にしてから使います。明らかに濃い鉛筆や薄い鉛筆を使った場合は，この指示に従っていないと判断され，評価を下げる場合がありますので注意してください。

② 問題の趣旨に沿って解答する

設問文に答えるだけではなく，問題文をしっかり理解してから，論述することが大切です。

③ 答案用紙の解答欄は，「質問書」と「本文」に分かれている

答案用紙についての詳細な内容を書くことはできませんが，答案用紙は，"論述の対象とするプロジェクトの概要"（以下，質問書という）と「本文」に分かれています。両方とも解答時間内に記入します。

④ 「質問書」は問題冊子の２ページ目に記載された記入方法に従って，全項目について記入する

問題冊子に書かれた記入方法について，図表 4-1 に示します。

試験種別	質問書への記入方法
プロジェクトマネージャ試験 （平成 31 年春）	**"論述の対象とするプロジェクトの概要" の記入方法** 論述の対象とするプロジェクトの概要と，そのプロジェクトに，あなたがどのような立場・役割で関わったかについて記入してください。

図表４-１ 「質問書」の記入方法

この表の内容から，質問書では，受験する試験区分の専門分野に関連する，論述の対象となる実務経験について，その概要，立場や役割が問われることが分かります。

⑤　「本文」の設問アは 800 字以内で記述する

設問アの最低字数は指定されていませんが，少なくとも 700 字以上は書くようにしましょう。時間があれば，最後の行まで埋めるようにしてください。

⑥　「本文」の設問イとウは，設問イを 800 字以上 1,600 字以内かつ設問ウを 600 字以上 1,200 字以内で記述する

現状における留意点は次のとおりです。ただし，これらは執筆時の状況です。受験した際の指示に，必ず従うようにしてください。

・合格論文に必要な字数は問題冊子に書かれている

問題となる点は，合格論文に必要な字数と，設問イとウの字数の配分についてです。

合格論文に必要な字数は，問題冊子に書かれているとおりです。必要な字数を書いても，論文が完結せず途中であったり，論文に冗長的な表現が多かったりすると，不合格になります。

・設問イとウの論述開始箇所は答案用紙に指定されている

本試験では，答案用紙に設問イとウ，それぞれの論述開始箇所が指定されていることを確認してください。

・答案用紙の字数カウンタは各設問の最初からカウントされている

答案用紙には論述量の目安となる字数が書かれています。本試験ではこの字数が各設問の最初から始まってカウントされていることを，確認してください。本試験の答案用紙は片面が 400 字です。

・答案用紙に示された 800 字分の行に達しただけでは 800 字以上ではない

800 字分の行に達していても，その行の数文字分を空白にして論文を終わらせた場合は，800 字未満です。これでは採点対象とならない場合があります。必ず **800 字分の行を書き終えて，次の行に達するまでがんばってください。** なお，設問ウは 600 字以上ですが，同様に考えてください。

このように余裕分を考慮して，本書では 2,400 字（＝800 字（設問ア）＋900 字（設問イ）＋700 字（設問ウ））ほど論述しましょうと書いています。

・過剰な空白行やインデントはカウントして減算される

空白行については，カウントして，実際の字数から引かれると考えてください。この作業は採点者が行いますから，採点者の負担になります。採点作業は時間との戦いでもありますから，このような負担を採点者に与えないことも大切です。したがって，不要な空白行の挿入は控えましょう。過剰なインデントについても，同様です。

⑦　解答はていねいな字ではっきりと書く

きれいな字で書く必要はありません。採点者が読みやすい字で書きましょう。

Point ここがポイント！！！！！！！

★字の「ていねいさ」を均一にして書く！！

以前，合格確実といわれた方が不合格になり，その理由を聞いたことがあります。その方は，「問題を見て安心して始めはゆっくり，ていねいに書いた。そのうち，時間がなくなり，字が汚くなった。この変化が不合格の原因だ」と説明しました。だんだんと字が荒れてくると，内容も粗末になってきていると，採点者は感じるものです。

★答案用紙は下を1枚にして書く！！

答案用紙は両面です。したがって，答案用紙の2枚目と3枚目，4枚目と5枚目は表裏になっています。1枚目，2枚目は問題がありませんが，3枚目を書く際に，その下で1枚目と2枚目が合わさっていると，そこに書かれた字がカーボンコピーの役割をして，1枚目と2枚目に書かれた字が互いに写ります。これでは読めない答案になってしまいます。

（2）質問書の指示をチェックする

答案用紙は未記入でも持ち帰り不可となっています。したがって，答案用紙の一部である質問書に関する情報については，ここでは書けません。しかし，答案用紙の始めのページにある質問書は次の点で重要ですから，しっかりと書いてください。

① 質問書では，専門家として自分の経験を相手に伝え，相手に専門家であると認めさせる力をアピールする

問題冊子を読んで，解答する問題を選んだら，質問書に記入します。質問書では，その試験区分の専門分野に関連する，論述の対象となる実務経験について，その概要，立場や役割が問われます。その内容については，実務経験があれば書ける内容について問われると考えてください。プロジェクトマネージャならば，プロジェクトを品質，費用，進捗の面から管理することは業務範疇（ちゅう）の一つですから，プロジェクト規模について，費用や期間の面から問われます。質問書では専門家として知っているべき内容が問われているのです。

② 質問書がしっかり書けている人は論文もしっかりしている

論文の第一印象は設問アの前半です。しかし，答案の第一印象は質問書で決まります。では，質問書は何のために使われるのでしょうか。人と人とがコミュニケーションをするとき，まずは，相手と会ったときの第一印象を基にコミュニケーションを始めます。相手に見合ったコミュニケーションから始めるわけです。採点者にとって，質問書はコミュニケーションを始めるために必要な第一印象なのです。すなわち，**質問書は採点を始めるための第一印象**というわけです。

“質問書がしっかり書けている人は論文もしっかりしている”という言葉は，私の言葉ではありません。IPA のとある方が講演で話した言葉の一つです。これを言い換えると，「質問書をしっかり書けば，合格の可能性も高くなる」あるいは，「**質問書から受ける印象で，合否の当たりを付けて論文を採点している**」と言えるのです。

③　質問書と論文の一貫性も採点の対象としている

論文を読んだだけで，受験者が試験区分ごとの「対象者像」に合致しているかどうかを読み手が判断することは難しいことです。このような判断を行う上で，論文では不足している部分を質問書で補うと考えてください。

その際に注意すべき点は，受験する試験区分の対象者像，質問書の回答，論文の内容，この三つの一貫性です。プロジェクトマネージャ試験において，質問書に，主要な業務を“IT ストラテジスト”と回答しては「IT ストラテジスト試験を受けてください」ということで，論文の評価では下がる可能性が高いと考えるべきでしょう。また，質問書の回答では主要な業務は“プロジェクトマネージャ”，論文では“システムアーキテクトという立場”では，採点者が混乱してしまい，結果として評価を下げることになります。このように，**受験する試験区分の対象者像，質問書の回答と論文の内容の一貫性をしっかり確保する**ことが重要です。

Point ここがポイント！！！！！！！

★質問項目には，全て答えよ！！

問題冊子には，“質問項目に従って，記入項目の中から該当する番号又は記号を○印で囲むとともに，（　）内にも必要な事項を記入してください。複数ある場合は，該当するものを全て○印で囲んでください”と書かれています。全ての質問項目に答えていない答案用紙を提出する受験者は，本文がよくても，専門家として認められない可能性が高いです。

④ 特に“プロジェクトの名称”に注力する

コミュニケーションでは第一印象が重要となります。論文も一方向ですが，コミュニケーションです。したがって，第一印象が大切です。では，論文の第一印象はどこでしょうか。私は長い間，「設問アのプロジェクトの概要です」と説明してきました。しかし，IPA 発表のとある資料によると，質問書の“プロジェクトの名称”だそうです。これがしっかり書けている受験者は，内容もよいそうです。したがって，これで合否の当たりを付けるそうです。それを読んで以来，私は“プロジェクトの名称”も添削対象としています。

平成 24 年春にプロジェクトマネージャ試験を受験して，午後Ⅱ問 1“システム開発プロジェクトにおける要件定義のマネジメントについて”という論文を書きましたので，そのときの質問書の内容を再現してみました。再現の精度は高くありませんが参考にしてください。

プロジェクトマネージャ

論述の対象とするプロジェクトの概要

質 問 項 目	記 入 項 目
プロジェクトの名称	
①名称 30字以内で，分かりやすく簡潔に表してください。	ERPパッケージ適用による基幹システムの再構築 【例】1. 小売業販売管理システムにおける売上統計サブシステムの開発 2. ソフトウェアパッケージ適用による分散型生産管理システムの構築 3. クライアントサーバシステム向け運用支援システムの開発
システムが対象とする企業・機関	
②企業・機関などの種類・業種	1. 建設業 2. 製造業 3. 電気・ガス・熱供給・水道業 4. 運輸・通信業 ⑤卸売・小売業・飲食店 6. 金融・保険・不動産業 7. サービス業 8. 情報サービス業 9. 調査業・広告業 10. 医療・福祉業 11. 農業・林業・漁業・鉱業 12. 教育（学校・研究機関）13. 官公庁・公益団体 14. 特定業種なし 15. その他（ ）
③企業・機関などの規模	1. 100人以下 2. 101～300人 ③301～1,000人 4. 1,001～5,000人 5. 5,001人以上 6. 特定しない 7. 分からない
④対象業務の領域	1. 経営・企画 ②会計・経理 ③営業・販売 4. 生産 ⑤物流 6. 人事 7. 管理一般 8. 研究・開発 9. 技術・制御 10. その他（ ）
システムの構成	
⑤システムの形態と規模	1. クライアントサーバシステム ア.（サーバ約 台，クライアント約 台） イ. 分からない ②Webシステム ㋐（サーバ約 5 台，クライアント約 150台） イ. 分からない 3. メインフレーム又はオフコン （約 台） 及び端末（約 台）によるシステム 4. 組込みシステム（ ） 5. その他（ ）
⑥ネットワークの範囲	1. 他企業・他機関との間 ②同一企業・同一機関などの複数事業所間 3. 単一事業所内 4. 単一部署内 5. なし 6. その他（ ）
⑦システムの利用者数	1. 1～10人 2. 11～30人 3. 31～100人 ④101～300人 5. 301～1,000人 6. 1,001～3,000人 7. 3,001人以上 8. 分からない
プロジェクトの規模	
⑧総工数	（約 50 人月）
⑨費用総額	（約 80 ）百万円（ハード費用を ア. 含む ㋑ 含まない）
⑩期間	（ 2011 年 4 月）～（ 2012 年 3 月）
プロジェクトにおけるあなたの立場	
⑪あなたが所属する企業・機関など	①ソフトウェア業，情報処理・提供サービス業など 2. コンピュータ製造・販売業など 3. 一般企業などのシステム部門 4. 一般企業などのその他の部門 5. その他（ ）
⑫あなたの担当したフェーズ	①システム企画・計画 ②システム設計 ③プログラム開発 ④システムテスト ⑤移行・運用 6. その他（ ）
⑬あなたの役割	①プロジェクトの全体責任者 2. プロジェクト管理スタッフ 3. チームリーダ 4. チームサブリーダ 5. その他（ ）
⑭あなたの管理対象人数	（約 3 ～ 10 人）
⑮あなたの担当期間	（ 2011 年 4 月）～（ 2012 年 3 月）

Point ここが ポイント！！！！！！！

★最初にやるべきことをやり，最後まで気を抜かない！！

情報処理技術者試験では，問題番号選択や受験番号を答案用紙に記入していないと不合格です。

大学入学試験では，受験番号の記入忘れを配慮してくれるようですが，情報処理技術者試験では配慮してくれません。当たり前のことですが，試験が開始されたら，まず，受験番号を記入しましょう。

論述式試験では，問題を選択したら，答案用紙の表紙にある問題番号に鉛筆で丸を付けるようになっています。情報処理技術者試験のガイドブックによると，採点者は，答案用紙に問題選択の丸が付いていないことに気付きながらも，試しに論文を採点することがあるそうです。そのような場合，よい論文であっても，点数は付けられないそうです。

また，採点者が答案を読んでいて「こんなこと聞いていない」と思うことがあるそうです。すなわち，問題番号の選択を間違っているのです。このような場合は，「題意に沿っていない」という判定をするそうです。「百里の道も九十九里が半ば」です。最後まで，気を抜かないようにしましょう。

質問書の“あなたの役割”で“プロジェクト管理スタッフ”を選択して，論文では“私はプロジェクトマネージャである”などと論述している論文があります。質問書の内容と，論文の内容を一致させましょうね。

4.2 全試験区分に共通する論述の約束ごとを確認する

（1）一般的な論文の約束ごとを確認する

問題冊子に明示されていない，論文を書く上で必要な，一般的な約束ごとについて説明します。

①　「である」調で統一して書く

問題冊子には，「ですます」調で書くと評価を下げる旨は明示されていません。しかし，「ですます」調と「である」調が混合している文章は，減点の対象となると考えてください。また，経験から言うと，論文を「ですます」調で最後まで書ける方は少ないです。以上のことを考えると，「である」調に統一して書くことを推奨します。

②　禁則処理をする

いろいろなレベルの禁則処理がありますが，行の最初を句読点から始めることはやめるべきです。

③　字数が多い英単語は工夫する

英単語を書く際に，半角文字と考えて1マスに2文字入れるという方法があります。これを論文の最後まで適用できればよいのですが，多くの論文では途中で1マスに1文字になったりします。本来ならば1マスに2文字ですが，本試験では1マスに1文字に統一した方が無難と考えます。そこで問題となるのが，字数が多い英単語です。一つの解決策として，カタカナで書くとよいでしょう。

なお，本書では，英数字を1マスに2文字入れています。

【答案用紙（本文）の使い方】

本文の部分は，1ページ400字の横書きの原稿用紙になっています。書いた文字を消す場合，**基本的には消しゴムで修正**します。問題は段落の途中の文章を修正する場合です。減点の対象となりますが，次のように訂正するとよいでしょう。

・文章を挿入したい場合

行間の空白部分を上手に利用して，小さい字で文章を挿入します。

プロトタイピングを事前に行い，性能要件を
達成することができることを確認することに
した。ただし，コストが増大し納期が遅れる
　　　　　　　　　　　　プロジェクト
可能性があった。そこで私はマネージャと検
討し，要員のスケジュールを調整することで
対処した。具体的にはメンバの中からデータ

・**段落の途中の文章を消す場合**

鉛筆を定規代わりに利用して，二重線を引いて，空欄であることを明示するとよいでしょう。ポイントはきれいに見せることです。

プ	ロ	ト	タ	イ	ピ	ン	グ	を	事	前	に	行	い	，	性	能	要	件	を
達	成	の	可	能	性	＝	＝	＝	＝	＝	＝	を	確	認	す	る	こ	と	に
し	た	。	た	だ	し	，	コ	ス	ト	が	増	大	し	納	期	が	遅	れ	る

Point ここがポイント！！！！！！！

★**文章を推敲して訂正しても合格できる！！**

段落の中ほどの文章を，このように文字を挿入して訂正した論文を筆者は提出したことがあります。結果は合格でした。書きっぱなしの文章よりも，きちんと推敲して意味の通る，分かりやすい論文が評価されると考えてよいでしょう。

（2）論述式問題における共通の約束ごとを確認する

情報処理技術者試験の論述式試験の各試験区分において，共通にいわれている約束ごとを確認します。

①　守秘義務を守る

顧客に対して私たちは秘密を守る義務があります。したがって，顧客に関する固有名詞は論文の中では使ってはなりません。なお，顧客ではない，ソフトウェア製品の製造元の会社などについては，基本的には守秘義務の対象とはなりません。

悪い例　弊社の顧客である(株)アイテックにおいて，人事システムを構築した。

良い例　弊社の顧客であるB社において，人事システムを構築した。

なお，業界によっては代表的な会社は数社しかなく，プロジェクトの規模などから推測できてしまう場合があります。このような場合でも，B社という表現で問題はありません。採点者も守秘義務があるからです。採点者が推測できるようなイニシャルを使うのは，絶対にやめましょう。

②　自分の組織内でしか通用しない表現を使わない

情報処理技術者試験，出題範囲，シラバスなどに使われている，一般的な用語を使って論述してください。例えば，A通信サービス会社で使われる「S日」，あるいは，A電力会社で使われる「本開日」という表現は減点の対象となります。最悪の場合は意味が通じない論文と判断されて不合格となります。このようなときは，一般的な表現である「本稼働日」と記述してください。また，「プロジェクトマネージャ」を「プロマネ」などと最初から省略して記述することもやめましょう。なお，最近では「プロジェクトマネージャ（PM）」と表現している問題が出題されます。その場合は「PM」と書いても問題ありません。

③　設問イでは，設問アで述べた内容を踏まえた論旨展開をする

合格を決める一つの要因に“一貫性”があります。設問アで述べたプロジェクトの特徴や制約条件を設問イで活用して論旨展開するようにしてください。具体的には，例えば，設問アにおいて，“プロジェクトの特徴は～”，“プロジェクトの制約条件は～”と書いて明示しておき，設問イにおいて，“～というプロジェクトの特徴を踏まえて”，“～というプロジェクトの制約条件を踏まえて”と書くようにしてください。

④　問題点や課題については，全て解決する，あるいは解決の方向性を示す

設問イにおいて挙げた問題点や課題，あるいは，設問ウの評価において挙げた問題点や課題について，必ず，解決しましょう。あるいは，解決できない場合は解決の方向性を示して論文を書き終えましょう。問題点や課題を挙げておきながら，それらを放置して論述を終了してしまうと，採点者が「この問題点はどうしたのだろうか？」という状態のままということになります。これでは，高い評価を得ることはできません。なお，設問文において課題だけを問われている場合は，課題だけでもよいです。

以上，いろいろな約束ごとを挙げましたが，初めから合格論文を書くことは難しいことです。まずは，全体で2,400字程度の論文を書いてみましょう。

次の章では，いよいよ演習を行います。

Point ここが ポイント！！！！！！！

★誤字をチェックしないと，論文を見直していないと判断される！！

同じ漢字を，誤って書いたり正しく書いたりと文字づかいが整っていない論文は，見直していないと推測されて評価を下げられても仕方がありません。また，問題文に書いてある漢字を，論文の中で誤って書くことも評価を下げることになります。

★書けない漢字はひらがなで書くのではなく，別の単語で書く！！

添削の経験から，ひらがなで書かれた論文は，内容的にも稚拙な論文が多いです。しっかりと漢字で書いて，論文としての体裁を整えましょう。

第５章

論文を設計して書く演習をする

そろそろ読むのに疲れましたか。元気を出して例にならって演習を行いましょう。鉛筆をもって，さあ，開始です。

5.1 【訓練3】問題文にトピックを書き込む

プロジェクトマネージャ試験では，品質管理，費用管理，進捗管理など，いろいろな観点から専門性が問われます。ここでは，IPA が発表しているプロジェクトマネージャの業務と役割にある「問題や将来見込まれる課題を早期に把握・認識し，適切な対策・対応を実施する」に着目して，リスクのコントロールに関わる問題を選択しました。

なお，第 5 章第 1 節“5.1”で説明する内容は，“Just Do it 関所 No.4”において，まとめて演習しますので，この節では，まだ，記入しなくともよいです。

プロジェクトマネージャ試験　本試験過去問題改

問　情報システム開発プロジェクトの遂行中におけるリスクのコントロールについて

プロジェクトマネージャ（PM）には，情報システム開発プロジェクトの遂行中，プロジェクト目標の達成を阻害するリスクにつながる兆候を早期に察知し，適切に対応することによって，リスクをコントロールしてプロジェクトの目標を達成することが求められる。

プロジェクトの遂行中に察知する兆候としては，例えば，メンバの稼働累計時間が計画以上に増加している状況や，メンバが仕様書の記述に対して分かりにくさを表明している状況などが挙げられる。これらの兆候をそのままにしておくと，開発生産性が目標に達しないリスクや成果物の品質を確保できないリスクなどが顕在化し，プロジェクトの目標の達成を阻害するおそれがある。

PM は，このようなリスクの顕在化に備えて，察知した兆候の原因を分析するとともに，リスクの発生確率や影響度などを基にリスク分析を実施する。その結果，リスクへの対応が必要と判断した場合は，リスクを顕在化させないための予防処置を策定し，実施する。併せて，リスクの顕在化に対して，その影響を最小限にとどめるための対応計画を策定することが重要である。その際，対応計画の実施が後手に回らないように，対応計画の実施を決定するためのトリガを決めておくことも必要である。

あなたの経験と考えに基づいて，設問ア～ウに従って論述せよ。

設問ア　あなたが携わった情報システム開発プロジェクトにおけるプロジェクトの特徴，及びプロジェクトの遂行中に察知したプロジェクトの目標を阻害するリスクにつながる兆候について，800 字以内で述べよ。

設問イ　設問アで述べた兆候をそのままにした場合に顕在化すると考えたリスクと，そのように考えた理由，対応が必要と判断したリスクへの予防処置，及びリスクの顕在化に備えて策定した対応計画について，トリガを含めて，800 字以上 1,600 字以内で具体的に述べよ。

設問ウ　設問イで述べたリスクへの予防処置の実施状況と評価，及び今後の改善点について，600 字以上 1,200 字以内で具体的に述べよ。

(1) ひな型を確認する

論述に慣れていない方は，ひな型があると論述が容易になると考え，ひな型を用意しました。論述に慣れれば，ひな型に固執する必要はありません。筆者は，ひな型に従って論述することで，①採点者にとって採点しやすい論文になる，②合格論文に必要な工夫と能力のアピールを容易に論文に盛り込めるようになる，という利点があると考えています。**ひな型を意識して論文を設計できるようになる**ことが重要です。

ひな型について，次に説明します。なお，ひな型については，実際の論文の論旨展開に合わせて語尾などを適切に修正して活用します。

(a) プロジェクトの特徴を明示する展開

多くの問題では，設問アの前半で「プロジェクトの特徴」について問われます。400 字程度で話の脈絡を作り込み，論述例としては「プロジェクトの特徴としては，ステークホルダが多いという点を挙げることができる」などと，プロジェクトの特徴を明示します。**プロジェクトの特徴を明示する展開のひな型としては，"プロジェクトの特徴としては，〜を挙げることができる"**です。

(b) 問われている事項を明示する展開

設問アの後半では，問題によって，いろいろな事項が問われます。この問題では，「プロジェクトの目標を阻害するリスクにつながる兆候」が該当します。論述例としては，「リスクにつながる兆候としては，プロジェクトメンバの中には自分の意見を言わないメンバがいるという，チームワーク不足に至る兆候があった」などと，問われている事項を明示します。**問われている事項を明示する展開のひな型としては，"〜という（問われている事項）があった"，**あるいは，**"（問われている事項）としては，〜"**です。

このように書くのは当たり前と思うかもしれません。しかし，公開模擬試験では，設問で問われていることをきちんと書いていない論文が散見されます。そこで，このようなひな型を作りました。

(c) 開発工程を明示する展開

論文では，開発工程を採点者に示すことが重要です。外部設計段階と結合テスト段階では，要件漏れが発覚した場合の影響度が異なり，結合テスト段階の方が多くなるからです。公開模擬試験の採点では「設計開始から 3 週間が経過した時点で〜」などという記述が散見されますが，これでは，外部設計かプログラム設計か分かりません。具体的に開発工程を明示することが重要です。

論述例は「要件定義の開始段階において，メンバへのヒアリングを実施したところ，リスクにつながる兆候としては，P 社の開発チームのメンバの中には，自分の意見を明確に言えない者がいるという兆候があった」です。したがって，**開発工程を明示する展開のひな型は，"（具体的な開発工程）において"**です。

（d）課題を明示する展開

採点者は，解決すべき問題，課題が分からない状況で，プロジェクトマネージャとしての活動を論じられても，活動の妥当性を判断できないことがあります。したがって，課題を明示してから，活動を論じると，活動の妥当性を採点者に示すことができます。論述例は「リスク分析を実施した結果，リスク対応が必要であることが判明した。したがって，リスク予防処置とリスク対応計画を作成することが課題となった」です。したがって，**課題を明示する展開のひな型は“～ということが課題となった”**です。

（e）専門家としての考えをアピールする展開第１パターン

論文では，専門家としての活動をアピールすることも重要です。加えて，専門家としての考えや，そのように考えた根拠を採点者にアピールすることも重要です。専門家としての考えをアピールする展開の論述例は「始めは小さな問題であっても，開発工程が進むにつれ大きな問題に発展し，最悪，開発の手戻りに進展することもある。したがって，ミーティングの場では，小さな問題であっても自分の意見を述べたメンバを評価することが重要と考え」です。このように論旨展開して専門家としての考えを採点者にアピールします。なお，考えをアピールした後に，プロジェクトマネージャとしての活動を論じます。したがって，**専門家としての考えをアピールする展開第１パターンのひな型としては，“～と考え，”**です。

（f）専門家としての考えをアピールする展開第２パターン

筆者には，以前，企業において提案書をよく書いていた時期があります。筆者が書いた提案書をアジアパシフィックエリア担当のマネージャがレビューするのですが，高い頻度で，根拠を述べろ，と指摘されていました。そこで私は，提案書を書く際に，事前に“because”を多発することで，レビューにおける指摘を減らすことができました。そうなんです。人を納得させるためには，根拠を述べることが重要なのです。そこで私は，論文においても“なぜならば～”という展開を盛り込むことにしました。

論述例としては，「ミーティングにおいて，自分の意見を述べた場合，小さな問題であれば評価ポイントを高くすることにした。なぜならば，小さな問題であれば評価ポイントを高くするという評価方法を採用することで，自分の意見を言うことのハードルが低くなることが理由で，自分の意見を言い難いメンバが，無理なく意見を言えるようになると考えたからである」などと展開します。

ここで「なぜならば，自分の意見を言い難いメンバが，無理なく意見を言えるようになると考えたからである」だけでは，採点者へのアピールは弱いと考えてください。このように考えた根拠が含まれていないからです。「小さな問題であれば評価ポイントを高くするという評価方法を採用することで，自分の意見を言うことのハードルが低くなることが理由で」などと，専門家としての考えに加えて，そのように考えた根拠を述べることも必要です。**専門家としての考えをアピールする展開第２パターンのひな型は，“なぜならば，～”**です。

(g) 工夫をアピールする展開第1パターン

工夫とは，いろいろと考えて，よい手段を見つけ出すことです。したがって，**工夫をアピールする展開第1パターンのひな型は，“(1)〜，(2)〜という案を検討した。その結果，(1)を選択した。なぜならば，〜と考えたからである”**です。案を増やして，“(1)〜，(2)〜，(3)〜という案を検討した。その結果，(1)を選択した。なぜならば，〜と考えたからである”でもよいです。

論述例を次に挙げます。工夫をアピールする展開第1パターンには，前述の専門家としての考えをアピールする展開第2パターンが含まれていることを確認してください。

　自分の意見を明確に言えないメンバに，ミーティングにおいて活発に意見を言ってもらうことが課題となった。そこで私は次の二つの対策案を検討した。

①本人による自主的な改善を期待しミーティングにおける発言を義務化

　自己啓発を促し，自ら意見を言えるようになることを期待し，発言を義務化することである。

②発言の義務化はせずに小さな問題ほど高く評価する仕組みの標準化と実施

　メンバ間で問題を共有することを促進するメンバを評価する仕組みを構築する。具体的には，問題を五段階評価で評価する仕組みを標準化して実施し，小さな問題であれば評価ポイントを高くし，それらをグラフ化して月間で上位3名を表彰することにする。

　これら2案を検討した結果，②を選択した。なぜならば，①では対象者全員が意見を言えるようになるには時間を要しミーティングの効率性が低下するという懸念があること，一方，②を選択することで，小さな問題であれば評価ポイントを高くする評価をすることで，自分の意見を言うことのハードルが低くなることが理由で，自分の意見を言い難いメンバが，無理なく意見を言えるようになると考えたからである。

(h) 工夫をアピールする展開第2パターン

工夫をアピールするには，「〜した」を「〜という工夫をした」と，プロジェクトマネージャとしての活動の表現を語尾だけ変えて表現しているケースが散見されます。これでは，採点者は工夫として認めてくれません。そこで，困難な状況からのブレークスルーを盛り込むことで，採点者に工夫をアピールします。プロジェクトマネージャとしての活動を書く前に，困難な状況を採点者にアピールします。論述例としては，「チームワーク不足によって，万一，要件漏れなどによって開発の手戻りが発生した場合，ステークホルダの数が多いというプロジェクトの特徴を踏まえると，説得する対象が多いため解決に時間を要するという困難な状況が想定できた」したがって，**工夫をアピールする展開第 2 パターンのひな型は，“〜という困難な状況であった。そこで私は〜”**となります。

(i) プロジェクトの特徴を踏まえる展開

設問アの前半で論じたプロジェクトの特徴を，主に設問イで引用して，プロジェクトの特徴を踏まえる展開として活用します。これによって，論文における一貫性を採点者にアピールします。論述例としは，前述の「ステークホルダの数が多いというプロジェクトの特徴を踏まえると，説得する対象が多いため解決に時間を要するという困難な状況が想定できた」が該当します。**プロジェクトの特徴を踏まえる展開のひな型は，“〜というプロジェクトの特徴を踏まえると〜”**となります。

ここで，「プロジェクトの特徴を踏まえると〜」だけでは，採点者へのアピールは弱いと考えてください。しっかりと，引用することが重要です。そのためには，設問アの前半において，プロジェクトの特徴を簡潔に表現することが必要となります。

(j) “含めて”を明示する展開

設問イの終盤では，“〜を含めて”という表現が盛り込まれることがあります。当該問題では，「トリガを含めて」が該当します。ここで，まず，留意すべき点は，設問文におけるキーワードの出現順番と同じ順番で小論文を構成しないということです。言い換えると，設問文の最後に“トリガ”というキーワードが現れているので，設問イの最後にトリガについて論ずればよいということではない，ということです。論旨展開を考えて，「トリガ」というキーワードについて論じるようにしてください。

論述例は「そこで私は，週次で実施するミーティングにおいてメンバから挙がった問題を評価して，トリガとして，問題が五段階評価で上位二段階に属する問題と評価された場合，リスク対応計画の実施の可否を検討する旨を設定した」です。なお，後述する当該問題の論述例では，設問イの最後でトリガについて論じています。したがって，**“含めて”を明示する展開のひな型は，“〜（問われている事項）〜”，**あるいは，**”（問われている事項）としては〜”**です。設問文において，「〜を含めて」と指定されているにも関わらず，どこに書いてあるか分からない論文が散見されるので，このようなひな型を作ってみました。

(k) 能力をアピールする展開

プロジェクトにおいて課題が生じて，プロジェクトマネージャとしての活動を実施して，プロジェクトを成功に導いた，という展開だけでは，合格は難しいです。物事を成し遂げることができる展開を盛り込んで，もっと採点者に能力をアピールしましょう。そのためには，プロジェクトマネージャの活動を述べた後に，新たな課題を生じさせ，その課題を解消する展開を盛り込んでみましょう。論述例は，「(リスク対応計画を策定した。）ただし，リスク対応計画を実施するトリガの設定が新たな課題として挙がった。なぜならば，計画の実施が後手に回ると，損失が増大するため，早めに対応する必要があるからである。そこでは私は，進捗会議においてメンバから挙がった問題を評価して，トリガとして，問題の大きさが五段階評価で上位二段階に属する問題と評価された場合，リスク対応計画を実施の可否を検討する旨を設定した」です。したがって，**能力をアピールする展開のひな型は，“ただし，～という新たな課題が生じた。そこで私は～”**です。

(l) 実施状況を明示する展開

設問ウの前半では，設問イで述べた活動の実施状況について問われることがあります。これについては，論述例としては「予防処置の実施状況については，対象となるメンバの3割がミーティングで意見を言うことができ，残りの7割が文書で事前に提出することになった」などと，明示的に書けばよいです。したがって，**実施状況を明示する展開のひな型は，“～の実施状況については～”**です。

(m) 評価する展開パターン1

設問ウの前半では，設問イで論じた活動を評価することが求められるケースが多いです。評価する方法としては，プロジェクトの目標の達成度を踏まえて評価する方法があります。論述例は「チームワーク不足による開発の手戻りの発生ゼロというプロジェクトの目標を達成度 100%で達成した。したがって，ミーティングにおいて小さい問題について意見を言うメンバを高く評価するという評価基準を標準化する，という施策は成功したと評価する」です。したがって，**評価する展開パターン1のひな型は，“～というプロジェクトの目標を達成度～で達成した。したがって，～という施策は～と評価する”**です。

もちろん，論文では成功談を書けば合格できるとは限りません。筆者は，失敗談を書いても設問ウの後半で問われる改善点をしっかり論じれば合格できると考えます。

(n) 評価する展開パターン2

評価を行う場合，設問イで述べた施策を実施した場合と，実施しなかった場合を対比して，評価する方法があります。論述例は，「もし，今回の予防処置を実施しなかった場合，以前のプロジェクトと同様に，小さな問題が大きくなり，更に，リスク対応計画も後手に回り，従来どおりの手戻りの多いプロジェクト運営になっていたと推測できる。したがって，今回のリスクコントロール策は成功であったと評価する」です。したがって，**評価する展開パターン 2 のひな型は，“もし，～という施策を実施しなかった場合，～となっていたと推測できる。したがって，～という施策は～と評価する”**です。

(o) 評価する展開パターン3

評価する展開の最後は，設問イで述べた施策ごとに評価する方法です。論述例は「ミーティングにおいて小さい問題について意見を言うメンバを高く評価するという評価基準を標準化する，という施策については，外部設計が終了までに意見を言えないメンバが0人になったことを根拠に効果的であったと評価する」です。**評価する展開パターン 3 のひな型は，“～という施策については，(～を根拠に，～と評**

価する)”です。根拠を定量的に示す展開を盛り込むと，採点者に客観性をアピールできます。

(p) 成功要因をアピールする展開

評価では，設問イで述べたプロジェクトマネージャとしての活動における成功要因を採点者にアピールしてもよいでしょう。論述例としては，「成功要因は，個人の問題を排除して，チームの問題として問題に対処することを徹底した点である」です。したがって，**成功要因をアピールする展開のひな型は，“成功要因としては，〜を挙げることができる”**です。

(q) 問題把握能力をアピールする展開

評価では，採点者に問題把握能力をアピールするために，課題を明示して，その課題を設問ウの後半で問われている改善点に展開します。論述例としては，「ただし，今回は予防処置が効果的であったため，リスクが顕在化する兆候は検出できず，事前に設定したトリガのレベルに達することはなかった。今後の課題としては，事前に設定したトリガレベルに達したときに迅速にリスク対応計画を発動することを挙げることができる」です。したがって，**問題把握能力をアピールする展開のひな型は，“今後の課題としては，〜を挙げることができる”**です。

(r) 改善点をアピールする展開

設問ウの後半では，今後の改善点などについて問われていますが，公開模擬試験において，“改善した話”を論じている論文が散見されます。“今後の改善点”や“今後，改善したい点”が問われるので，論文の中で改善を終了させないようにしましょう。今後の改善点をアピールする展開の論述例としては，「迅速にリスク対応計画を発動するという課題については，最大で一週間の遅延が発生する状況であった。なぜならば，トリガレベルの基となるメンバからの意見を収集する周期はミーティングを開催する頻度と同じ一週間であったからである。今回は，リスク対応計画を発動することはなかったので，特に問題は生じなかった。今後の改善点としては，大きなリスクが顕在化しそうな場合，あるいは，した場合，メンバの判断によって緊急のミーティングを開催できる手順を標準化して，メンバに周知することを挙げることができる」です。したがって，**今後の改善点をアピールする展開のひな型は，“〜という課題については〜，今後の改善点としては〜を挙げることができる”**です。

(2) 章立てをする

設問文に沿って章立てをします。自分が書きやすいように章立てをするのではなく，**採点者が採点しやすく章立てをする**ことが重要です。したがって，設問文に沿って章立てをします。設問文のキーワードを囲って，章と節の番号を振っていきます。具体的には，第 1 章第 2 節の場合は，“1.2”と記入します。前述のとおり，“〜を含めて”という記述については，キーワードの出現順番で論述するのではなく，論旨展開を考えて論述する順番を決めます。当該問題では，“トリガを含めて”が該当し，キーワードは“トリガ”です。なお，“トリガについては,”論旨展開を考えて設問イの最後に論述することにします。

【問題への記入例】

設問ア　あなたが携わった情報システム開発プロジェクトにおける［1.1 プロジェクトの特徴］，及びプロジェクトの遂行中に察知したプロジェクトの目標を阻害する［1.2 リスクにつながる兆候］について，800 字以内で述べよ。

設問イ　設問アで述べた兆候をそのままにした場合に［2.1 顕在化すると考えたリスクと，そのように考えた理由］，対応が必要と判断した［2.2 リスクへの予防処置］，及びリスクの顕在化に備えて［2.3 策定した対応計画について，トリガ］を含めて，800 字以上 1,600 字以内で具体的に述べよ。

設問ウ　設問イで述べたリスクへの予防処置の［3.1 実施状況］と［3.2 評価］，及び［3.3 今後の改善点］について，600 字以上 1,200 字以内で具体的に述べよ。

節のタイトルについては，上図にあるように，設問文にあるキーワードからピックアップします。章のタイトルは，章に含まれる節のタイトルをつなげるとよいでしょう。ただし，長すぎた場合は，簡潔にまとめればよいです。

【章立ての例】

第 1 章　プロジェクトの特徴とリスクにつながる兆候
　1.1　プロジェクトの特徴
　1.2　プロジェクトの目標を阻害するリスクにつながる兆候
第 2 章　リスクと理由，予防処置及びリスク対応計画
　2.1　顕在化すると考えたリスクとそのように考えた理由
　2.2　リスクへの予防処置
　2.3　リスク対応計画とトリガ

○ 第３章　予防処置の実施状況，評価及び今後の改善点
○ 　3.1　予防処置の実施状況
○ 　3.2　評価
○ 　3.3　今後の改善点

（3）趣旨の文章を節に割り振る

章立てができました。ここで趣旨に沿って論述するために，趣旨にある各文章と，章立てした節とを対応付けします。これによって，各節において，どのようなことを論じればよいかが分かります。割り振った例を次に示します。なお，再度，確認しますが，例えば“2.2”とは論文の章立ての第２章第２節を示します。

問　情報システム開発プロジェクトの遂行中におけるリスクのコントロールについて

プロジェクトマネージャ（PM）には，情報システム開発プロジェクトの遂行中，プロジェクト目標の達成を阻害するリスクにつながる兆候を早期に察知し，適切に対応することによって，リスクをコントロールしてプロジェクトの目標を達成することが求められる。

1.2 プロジェクトの遂行中に察知する兆候としては，例えば，メンバの稼働累計時間が計画以上に増加している状況や，メンバが仕様書の記述に対して分かりにくさを表明している状況などが挙げられる。これらの兆候をそのままにしておくと，開発生産性が目標に達しないリスクや成果物の品質を確保できないリスクなどが顕在化し，プロジェクトの目標の達成を阻害するおそれがある。

2.1 PM は，このようなリスクの顕在化に備えて，察知した兆候の原因を分析するとともに，リスクの発生確率や影響度などを基にリスク分析を実施する。その結果，リスクへの対応が必要と判断した場合は，リスクを顕在化させないための予防処置を策定し，実施する。併せて，リスクの顕在化に対して，その影響を最小限にとどめるための対応計画を策定することが重要である。その際，対応計画の実施が後手に回らないように，対応計画の実施を決定するためのトリガ　を決めておくことも必要である。 2.2 2.3

あなたの経験と考えに基づいて，設問ア～ウに従って論述せよ。

設問ア　あなたが携わった情報システム開発プロジェクトにおけるプロジェクトの特徴(1.1)及びプロジェクトの遂行中に察知したプロジェクトの目標を阻害するリスクにつながる兆候(1.2)について，800 字以内で述べよ。

設問イ　設問アで述べた兆候をそのままにした場合に顕在化すると考えたリスクと，そのように考えた理由(2.1)，対応が必要と判断したリスクへの予防処置(2.2)，及びリスクの顕在化に備えて策定した対応計画について，トリガ(2.3)を含めて，800 字以上 1,600 字以内で具体的に述べよ。

設問ウ　設問イで述べたリスクへの予防処置の実施状況(3.1)と評価(3.2)，及び今後の改善点(3.3)について，600 字以上 1,200 字以内で具体的に述べよ。

(4) 問題文にトピックを書き込む

設問アの後半と設問イについては，趣旨にある文章を章立てに割り振ることで，各節において，どのような内容を論じればよいか分かるはずです。設問アの前半は，高い頻度で問われるプロジェクトの概要ですから，事前に準備した内容を問題文の趣旨に合わせて微調整すればよいでしょう。問題のタイトルには“リスクのコントロール”とありますので，プロジェクトに関わる脆弱性などを絡めて論じるとよいです。

問題は設問ウです。問題文の趣旨には，設問ウに関係する文章はありません。しかし，前述のひな型があるので，それを活用して論述すればよいでしょう。設問ウについては，ある程度は事前に設計しますが，設問イを論じていると事前に設計した内容とは異なる展開になることもあるので，あまり時間を掛けないようにしましょう。

では，問題の趣旨を膨らませるように，直前の図にある問題文にトピックを書き込んでみましょう。トピックは，自分の経験からでも，専門知識からでも OK です。**ひとりブレーンストーミングをやる感じ**で書き込みます。なお，**論文ネタは，プロジェクトマネージャ試験平成 28 年春本試験午後 I 問 2 から収集**しています。本書の“第 7 章 午後 I 問題を使って論文を書いてみる”では，この記述式問題を使って，論述ネタを収集する演習を行います。第 7 章も併せて読んでもよいでしょう。

トピックを書き込んだのが次の図です。頭に浮かんだ内容を全て書く必要はありません。論文を書き始めるまでの備忘録のようなものです。本番の試験では，次の図を作成した段階で論文設計は終了です。論文を書き始めます。論文設計に慣れていないうちは，ワークシートを作成してから論述を開始します。

慣れていないうちは，次の図を見てもチンプンカンプンだと思います。理由は論文を設計した人の，論文を論述するまでの備忘録だからです。前述の**ひな型，及びこれから説明するワークシートの記入方法が分かれば，問題の趣旨に，皆さんの実務経験や専門知識などを盛り込む形で，次の図のように問題文にトピックが書けるようになる**と考えています。したがって，ワークシートの記入方法を習得した上で，もう一度，皆さんの手で，問題文にトピックを書き込んでみてください。

次の図を作成したら，これから，次の図の設計内容をワークシートにまとめて，ワークシートを基に論述します。なお，次の図を今後，“論文設計完成版”と呼びます。

【論文設計完成版】

問　情報システム開発プロジェクトの遂行中におけるリスクのコントロールについて

プロジェクトマネージャ（PM）には，情報システム開発プロジェクトの遂行中，プロジェクト目標の達成を阻害するリスクにつながる兆候を早期に察知し，適切に対応することによって，リスクをコントロールしてプロジェクトの目標を達成することが求められる。

プロジェクトの遂行中に察知する兆候としては，例えば，メンバの稼働累計時間が計画以上に増加している状況や，メンバが仕様書の記述に対して分かりにくさを表明している状況などが挙げられる。これらの兆候をそのままにしておくと，開発生産性が目標に達しないリスクや成果物の品質を確保できないリスクなどが顕在化し，プロジェクトの目標の達成を阻害するおそれがある。

PM は，このようなリスクの顕在化に備えて，察知した兆候の原因を分析するとともに，リスクの発生確率や影響度などを基にリスク分析を実施する。その結果，リスクへの対応が必要と判断した場合は，リスクを顕在化させないための予防処置を策定し，実施する。併せて，リスクの顕在化に対して，その影響を最小限にとどめるための対応計画を策定することが重要である。その際，対応計画の実施が後手に回らないように，対応計画の実施を決定するためのトリガを決めておくことも必要である。

あなたの経験と考えに基づいて，設問ア～ウに従って論述せよ。

設問ア　あなたが携わった情報システム開発プロジェクトにおけるプロジェクトの特徴及びプロジェクトの遂行中に察知したプロジェクトの目標を阻害するリスクにつながる兆候について，800 字以内で述べよ。

設問イ　設問アで述べた兆候をそのままにした場合に顕在化すると考えたリスクと，そのように考えた理由，対応が必要と判断したリスクへの予防処置，及びリスクの顕在化に備えて策定した対応計画について，トリガを含めて，800 字以上 1,600 字以内で具体的に述べよ。

設問ウ　設問イで述べたリスクへの予防処置の実施状況と評価，及び今後の改善点について，600 字以上 1,200 字以内で具体的に述べよ。

ここが ポイント！

★問題文を最大限活用して，合格論文を書く！！

問題文は合格論文の要約です。自分が挙げたトピックを肉付けして，要約から合格論文を作成しましょう。

ただし，問題文の引用による字数の水増し，問題文の例と一般論との組合せだけによる論旨展開は採点者によい印象は与えません。掘り下げて具体的に書くようにしましょう。

★トピックを挙げることは，論文設計を成功させる第一歩

トピックを挙げるという作業は，この時点で非常に重要な作業です。「**ブレーンストーミングを一人でやる**」という気構えでがんばってください。これができないと，論文設計が上手にできません。

5.2 【訓練4】ワークシートに記入する

それでは，問題文に書き込んだ章立てやトピック，すなわち，**"5.1"で作成した"論文設計完成版"を基に，ワークシートに記入**してみましょう。

これから，ワークシートへの記入例を示しますが，これから示す記入例は分かりやすく文章で表現しています。**皆さんが記入するときは備忘録程度の記入で**OKです。

再度，確認します。**ワークシートに記入するトピックは，どこからもってくるの？** と読んでいて思うかもしれません。実務経験や専門知識を基に書いた"論文設計完成版"に，さらに，実務経験や専門知識を加味してトピックとして，ワークシートに記入します。前述のとおり，筆者は，平成28年春プロジェクトマネージャ試験午後Ⅰ問2を基に論文ネタを収集して，トピックを書いています。

なお，第5章第2節"5.2"で説明する内容は，"Just Do it！ 関所No.4"において，まとめて演習しますので，実際には，まだ，記入しなくともよいです。

(1) ワークシートを確認する

巻末にある"巻末ワークシート3"と"巻末ワークシート4"を切り離します。"巻末ワークシート3"が未記入，"巻末ワークシート4"は記入済です。"巻末ワークシート3"については，コピーして使ってください。

これから記入方法を説明しますが，分からなくなったら，記入済の"巻末ワークシート4"で確認するようにしてください。

では，未記入のワークシートの左側を見て，全体が設問ア，イ，ウに分かれていることを確認してください。これから，設問ア，イ，ウという順番で書き方を説明します。

Point ここがポイント！！！！！！！

★ワークシートは書けるところから書く！！

ワークシートは最初の第1章から書かなければならないものではありません。埋めることができるところから埋めていきます。午後Ⅰ記述式問題と同じです。最初から順番に解こうとしては時間が幾らあっても足りません。解けるところから，書けるところから，書いていきましょう。

（2）章立てをワークシートに記入する

章立ては，ワークシートにおいて横長の網掛部分に書き込みます。問題によっては，章立てが入らない横長の網掛部分もあります。この問題では，設問イの自由記入欄の下の網掛部分は空白となります。作成済みの章立てを次の図に示しているので，これをワークシートに記入していきます。

○ 第 1 章　プロジェクトの特徴とリスクにつながる兆候
○ 　1.1　プロジェクトの特徴
○ 　1.2　プロジェクトの目標を阻害するリスクにつながる兆候
○ 第 2 章　リスクと理由，予防処置及びリスク対応計画
○ 　2.1　顕在化すると考えたリスクとそのように考えた理由
○ 　2.2　リスクへの予防処置
○ 　2.3　リスク対応計画とトリガ
○ 第 3 章　予防処置の実施状況，評価及び今後の改善点
○ 　3.1　予防処置の実施状況
○ 　3.2　評価
○ 　3.3　今後の改善点

設問アの章立てとしては，ワークシートの一段目の網掛部分に，“第 1 章　プロジェクトの特徴とリスクにつながる兆候”と記入し，その下に，“1.1 プロジェクトの特徴”を記入します。ワークシートの“設問ア”の（後半）の右側の網掛部分に“1.2 プロジェクトの目標を阻害するリスクにつながる兆候”と，記入します。

設問イの章立てでは，まず，ワークシートの“設問イ”の右側に，“第 2 章　リスクと理由，予防処置及びリスク対応計画”と記入し，自由記入欄の下に“2.1 顕在化すると考えたリスクとそのように考えた理由”と記入します。次に，（設問イ後半）の章立てには“2.2 リスクへの予防処置”と“2.3 リスク対応計画とトリガ”という二つの節があるため，ワークシートの“設問イ”の“工夫をアピールする展開”と“能力をアピールする展開”を縦に二つに分け，右側を“2.2 リスクへの予防処置”と記入し，左側を“2.3 リスク対応計画とトリガ”と記入します。

設問ウの章立てでは，ワークシートの“設問ウ”の網掛部分を上から順に，“第 3 章　予防処置の実施状況，評価及び今後の改善点”，“3.1 予防処置の実施状況”，“3.2 評価”，“3.3 今後の改善点”と記入します。

この問題では設問イ前半の自由記入欄は使いません。

章立てを記入することについて，始めは大変かもしれませんが，慣れてくれば機械的にできます。

Point ここがポイント！！！！！！！

★設問文にだけ答える論文を書こうとしない！！

そうすると，①経験がないから書けない，②時間が足りない，③字数が足りない，という事態に陥ります。問題冊子をチェックしてください。合格論文の要約である問題文について，何も制限はないはずです。論文に問題文をしっかり活用しましょう。

ただし，問題文をなぞった書き方は禁物です。

（3）設問アの前半をワークシートに記入する

“5.1”で作成した“論文設計完成版”を基に，ワークシートに記入するので，P86 の **［論文設計完成版］を参照しながら，読み進めてください。** なお，【】の中は，ワークシートの記入欄の名称を，〔〕の中は対応するひな型の名称を示しています。

【プロジェクトの概要】

〔プロジェクトの特徴を明示する展開のひな型の活用〕

設問ア（前半）では，高い頻度でプロジェクトの概要について問われているので，事前に用意したプロジェクトの概要を試験では使うとよいでしょう。具体的な，プロジェクトの概要の論述の仕方については後述します。ワークシートの記入では，プロジェクトの特徴を決めておけばよいでしょう。次に，“⇒”の後に **“プロジェクトの概要”** の記入例を示します。

⇒“プロジェクトの特徴としては，ステークホルダが多いという点を挙げることができる”

趣旨に“プロジェクトの目標”というキーワードがあるので，プロジェクトの目標についても，記入しておきましょう。

⇒“チームワーク不足による開発の手戻りの発生ゼロをプロジェクトの目標として設定した”

（4）設問アの後半をワークシートに記入する

【問われている内容の明示】

〔開発工程を明示する展開のひな型の活用〕

採点者に，開発工程を明示しましょう。この問題では，兆候を察知した開発工程が該当します。

⇒要件定義の初期段階において

〔問われている事項を明示する展開のひな型の活用〕

兆候について問われています。“～という兆候があった”と明示的に論じることが重要です。兆候については，趣旨に例が挙がっていますから，その例に倣って兆候を決めます。兆候については，**品質低下，進捗遅延，予算超過を兆候として論じない**ことが重要です。理由は，それらは問題だからです。

⇒メンバへのヒアリングを実施した。P 社の開発チームのメンバの中には，自分の意見を明確に言えない者がいるという，リスクにつながる兆候があった。この兆候は，チームワークを十分に発揮できなくなるという問題から要件漏れの発生などのリスクにつながる。

（5）設問イの前半をワークシートに記入する

【課題】

〔課題を明示する展開のひな型の活用〕

“2.1 顕在化すると考えたリスクとそのように考えた理由”の趣旨では，“兆候の原因”“リスク分析の実施”について論述することが求められています。設問文では，“顕在化すると考えたリスク”と“そのように考えた理由”について問われています。これら三つのキーワードを文章の中で使って，明示的にワークシートに記入します。

（設問イ前半）では課題を示して，（設問イ後半）では課題を基に論旨を展開します。したがって，次の文では“課題”を明示しています。

⇒自分の意見を明確に言えない者がいるという兆候について，メンバに追加のヒアリングを実施して分析した結果，**兆候の原因は**，問題を個人の問題としてとらえていること，であることが判明した。

⇒自分の意見を明確に言えない者がいるという兆候によって，チームワークを十分に発揮できなくなり，要件漏れが発生するというリスクが，**顕在化すると考えたリスク**として，過去のプロジェクトを参考にリスク分析を実施した。リスクの大きさからリスク対応が必要であることが分かり，**リスクへの予防処置とリスク対応計画の策定が課題**となった。

⇒兆候への対応策の効果が不十分で要件漏れによる開発の手戻りのリスクが顕在化した場合，プロジェクトの目標の達成が危うくなる。**このように考えた理由は，**問題を個人の問題としてとらえていることはチーム全体の風潮であり，問題をチームの問題としてとらえるように変えるのには，時間が掛かると考えたからである。

（6）設問イの後半をワークシートに記入する

（設問イ後半）は，章立てを記入した段階でワークシートが，“2.2 リスクへの予防処置”と“2.3 リスク対応計画とトリガ”という二つに分割されています。まずは，“2.2 リスクへの予防処置”から記入していきます。

【困難な状況のアピール】

〔工夫をアピールする展開第２パターンのひな型の活用〕

工夫をアピールするために，困難な状況を考え，ワークシートに記入します。語尾は論旨展開に合わせて適切に変更しましょう。

⇒プロジェクトメンバ間のミーティングで，ただ単純に自分の意見を言おうという助言をしても，なかなか受け入れられないという**困難な状況**が想定できた。

【専門家としての考えをアピール】

〔専門家としての考えをアピールする展開第１パターンのひな型の活用〕

専門家としての考えを採点者にアピールするために，専門家としての考えをワークシートに記入します。

⇒初めは小さな問題であっても，プロジェクトの進行につれ，大きな問題に発展することがある。そのため，小さな問題であっても自分の意見を述べたメンバを評価することが重要**と考え，**

【活動案１】【活動案２】

〔工夫をアピールする展開第１パターンのひな型の活用〕

工夫をアピールするために，ワークシートに記入します。

⇒①本人による自主的な改善を期待し，ミーティングにおける発言を義務化

⇒②発言の義務化はせずに小さな問題ほど高く評価する仕組みの標準化と実施

【選択した活動と選択した根拠や考え】

〔工夫をアピールする展開第１パターンのひな型の活用〕

〔専門家としての考えをアピールする展開第２パターンのひな型の活用〕

専門家としての考えやそのように考えた根拠を，ワークシートに記入します。“自分の意見を言うことのハードルが低くなることが理由で”というように，専門家としての考えとともに，そのように考えた根拠を示すと，さらによくなります。なお，文章のつながりがよくなるので，“理由”を使って根拠を示しています。

⇒②を選択した。**なぜならば，**①では対象者全員が意見を言えるようになるには時間を要しミーティングの効率性が低下するという懸念があること，一方，②を選択することで，小さな問題であれば評価ポイントを高く評価をし，**自分の意見を**

言うことのハードルが低くなることが理由で，自分の意見を言い難いメンバが，無理なく意見を言えるようになると考えたからである。

【選択した活動によって生じる新たな課題・リスク】

〔能力をアピールする展開のひな型の活用〕

採点者に能力をアピールするために，選択した活動によって生じる新たな課題やリスクをワークシートに記入します。

⇒ただし，自分の意見を言い難いメンバに確実に意見を出してもらうために，意見の出し方にバリエーションをもたせて確実に意見を吸い上げる，という新たな課題が生じた。

【新たな課題・リスクを解消するための活動】

〔能力をアピールする展開のひな型の活用〕

新たな課題を述べたら，それを解消する必要があります。その解消策をワークシートに記入します。

⇒そこで私は，各自の検討結果や意見を，ミーティングの前日までに検討，整理し，文書で提出してもよいということにした。

次に，“2.3 リスク対応計画とトリガ”に関わる記述について説明します。既に，設問イの記入については説明したので，追加説明文と記入例に絞って説明します。

【困難な状況のアピール】

〔工夫をアピールする展開第 2 パターンのひな型の活用〕

〔プロジェクトの特徴を踏まえる展開のひな型の活用〕

設問アで述べた“ステークホルダが多いというプロジェクトの特徴”を踏まえて論旨展開して，採点者に論文の一貫性をアピールしています。“プロジェクトの特徴を踏まえる展開”は，主に設問イで盛り込みます。もちろん，設問アの後半で盛り込んでも OK です。

⇒チームワーク不足によって，万一，要件漏れなどによって開発の手戻りが発生した場合，ステークホルダの数が多いというプロジェクトの特徴を踏まえると，解決に時間を要するという困難な状況が想定できた。

【専門家としての考えをアピール】

〔専門家としての考えをアピールする展開第 1 パターンのひな型の活用〕

⇒通常は，P 社側から発生した問題と解決策を提案していたが，これでは合意形成に時間が掛かりすぎ，結果的に選択肢の幅が狭まる。早い段階から対策を利用者部門と共有することで，選択肢の幅が広いうちに対策を講じることができると考え，

【活動案 1】【活動案 2】

〔該当するひな型なし〕

このように複数の案を検討する展開を盛り込まなくてもOKです。ただし，工夫はアピールできません。

⇒早期に問題の状況を利用者部門と共有して，早期に問題解決を図る会議体を発足される計画とした。この計画を A 社情報システム部に提案して了承を得ることにした。

【選択した活動と選択した根拠や考え】

〔専門家としての考えをアピールする展開第2パターンのひな型の活用〕

ここでは複数の案を挙げていないので，案を選択していません。専門家としての考えはアピールします。

⇒なぜならば，過去の状況から，問題解決のための依頼が後手に回ることが多かった。今後は，早めに利用者部門に相談することで，問題解決のための選択肢も増えると考えたからである。

【選択した活動によって生じる新たな課題・リスク】

〔能力をアピールする展開のひな型の活用〕

〔"含めて"を明示する展開のひな型の活用〕

設問イの最後にある"トリガを含めて"という記述に答えています。

⇒ただし，リスク対応計画を実施するトリガの設定が新たな課題として挙がった。なぜならば，計画の実施が後手に回ると，損失が増大するため，早めに対応する必要があるからである。

【新たな課題・リスクを解消するための活動】

〔能力をアピールする展開のひな型の活用〕

⇒そこで私は，ミーティング等においてメンバから挙がった問題を評価して，トリガとして，問題の大きさが五段階評価で上位二段階に属する問題と評価された場合，リスク対応計画を実施の可否を検討する旨を設定した。

（7）設問ウの前半をワークシートに記入する

（設問ウ前半）には，"3.1 予防処置の実施状況"と"3.2 評価"が該当します。

【自由記入欄】

〔実施状況を明示する展開のひな型の活用〕

"3.1 予防処置の実施状況"に記入します。実施状況については，"実施状況"という言葉を用いて明示的に書けばよいでしょう。ここでは，ワークシートの自由記入欄に記入します。

⇒予防処置の実施に当たって，"チームとして活動する強みを生かすことが重要であり，今後は，問題を起こした個人に着目するのではなく，問題に対してチームで立ち向かう姿勢でプロジェクトに臨みたい"旨をメンバに伝えた。

⇒**予防処置の実施状況**については，予防処置を実施した結果，対象となるメンバの7割がミーティングで意見を言うことができ，残りの3割が文書で事前に提出するようになった。

【活動評価】

〔評価する展開パターン3ひな型の活用〕

設問イにおいて，複数の活動や施策を論じた場合は，必要に応じて，施策ごとに評価してもよいでしょう。

⇒発言の義務化はせずに，小さな問題ほど高く評価する仕組みの標準化と実施**という施策については**

【活動評価】

〔評価する展開パターン1ひな型の活用〕

“3.2 評価”については，プロジェクトの目標の達成度を根拠にして評価する展開にします。

⇒プロジェクトの目標の一つである。チームワーク不足による開発の手戻りの発生ゼロという**プロジェクトの目標を達成度100％で達成**した。

【活動評価】

〔評価する展開パターン2〕

さらに，設問イで述べた活動を実施しなかった場合を想定して，実施した場合と実施しなかった場合を対比させて評価します。

⇒**もし，今回の予防処置を実施しなかった場合，**以前のプロジェクトと同様に，小さな問題が大きくなり，さらに，リスク対応計画も後手に回り，従来どおりのプロジェクト運営になっていた。したがって，今回のリスクコントロール策は成功であったと判断する。

【成功要因】

〔成功要因をアピールする展開のひな型の活用〕

評価の締めくくりとして，成功要因を明示します。失敗したプロジェクトの場合は，失敗要因を示します。

⇒**成功要因は**，個人の問題を排除して，チームの問題として問題に対処することを徹底した点であると考えている。

【今後の課題】

〔問題把握能力をアピールする展開のひな型の活用〕

課題を示して，採点者に問題把握能力をアピールし，その課題を次の節の改善点につなげるようにします。

⇒ただし，今回は予防処置が効果的であったため，リスクが顕在化する兆候は検出できず，事前に設定したトリガのレベルに達することはなかった。今後の**課題**としては，事前に設定したトリガレベルに達したときに迅速にリスク対応計画を発動することを挙げることができる。

（8）設問ウの後半をワークシートに記入する

最後です。気を抜かないで改善点を考えてみましょう。問題のタイトルにあるキーワードを使って，問題の趣旨に沿った内容にすべきです。この問題では“リスク”が該当します。

【改善点】

〔改善点をアピールする展開のひな型の活用〕

“3.3 今後の改善点”は，今後の課題を踏まえるとよいでしょう。

⇒迅速にリスク対応計画を発動する**という課題については**，最大で一週間の遅延が発生する状況であった。なぜならば，トリガレベルの基となるメンバからの意見を収集する周期はミーティングを開催する頻度と同じ一週間であったからである。今回は，リスク対応計画を発動することはなかったので，特に問題は生じなかった。**今後の改善点としては**，大きなリスクが顕在化しそうな場合，あるいは，した場合，メンバの判断によって緊急のミーティングを開催できる手順を標準化して，メンバに周知することを挙げることができる。

Point ここが ポイント！！！！！！！

★書いたことを“真”とする！！

論文設計は重要ですが，ワークシートに忠実に論述する必要はありません。書いたことを“真”として筆を進めることも，制限時間内に書き終えるためには必要です。

Just Do it！ 関所 No.4

「本番の試験において，このように時間の掛かる作業をやっている時間はないよ」と感じている皆さん，安心してください。本番でやる作業はもっとシンプルです。本番では，設問文を線で囲って数字を書いて章立てをして，各章各節と問題文の趣旨にある文章とを関連付けるだけです。本書の第 1 章の図表 1-3 の「受験中に書いた論文設計の例」にある作業に倣うだけです。これなら，時間は掛かりません。問題冊子を開いてから，⑴問題を読む，⑵問題を選択する，⑶論文を設計する，⑷設問アの論述を終了する，まで 40 分以内にできそうです。

「演習と言っても，ワークシートの記入済シートがあるでしょ。なぜ，同じことをするの？」と思っている皆さん，論文では，正解例がありません。記入例は私の経験や専門知識に基づいて書いたものです。皆さんの経験や専門知識に基づいて論文を設計することが重要です。そうしないと，本番で論述することはできません。時間の掛かる作業ですが，皆さんの経験や専門知識を活用して，論文を設計してみましょう。

"巻末ワークシート 2"の"【訓練 3】　問題文にトピックを書き込む（本試験過去問題改）"にある問題を使って，演習を行い，本書の第一章の図表 1-3 のように，問題文上に論文を設計します。論文設計する内容については，まずは，本書と同じように設計して，本書と同じ論文設計ワークシートを作成してみます。まずは，まねをして論述テクニックを頭に定着しやすくします。

ここの演習における主な手順は次の二つです。その前に，巻末ワークシート２にある問題と，巻末ワークシート 3 のコピーをします。演習内容が分からない場合は，巻末ワークシート４を参考にしましょう。

①論文設計完成版の作成

具体的には，第５章の第１節(5.1)を読んで，巻末ワークシート２にある問題に，章立てやトピックの記入などの作業を行い，［論文設計完成版］を完成させる。

②論文設計ワークシートの作成

具体的には，第５章の第 2 節(5.2)を読んで，［論文設計完成版］から，巻末ワークシート 3 に記入を行い，［論文設計ワークシート完成版］を作成する。

この演習では，ひな型と論文設計ワークシートを，頭にしっかりと入れてください。そのようになれば，論文設計ワークシートは不要となり，論文設計完成版を作成すれば，論文を書けるようになるはずです。

なお，論文設計ワークシートに記入する内容は，皆さんが分かればよいので，本書のようにていねいに書く必要はありません。

では，演習を始めましょう。

Just Do it！ 関所 No.5

“Just Do it！　関所 No.4”において確認した論述テクニックを確実に頭に定着させるために，皆さんの実務経験や専門知識を基に，オリジナル記入済ワークシートを作成してみましょう。

ここの演習における主な手順は，“Just Do it！　関所 No.4”と同じで，次の二つです。

①論文設計完成版の作成

章立てについては，“Just Do it！　関所 No.4”と同じにしてください。

②論文設計ワークシートの作成

ワークシートは，全て埋める必要はありません。設問イの部分については７割ほど埋まればよいでしょう。

では，演習を始めてください。

Point ここが ポイント！！！！！！！

★論文設計ワークシートを無理やり作成する！

論文設計ワークシートの使い方が分からない，論文ネタがなくて書けない，実務経験が少なくて書けない，など，ワークシートを作成できない理由は，たくさんあります。

使い方が分からなければ，ここまで読んで分かった範囲で結構ですから書いてみましょう。論文ネタがないならば，第１部第５章１節の始めに説明したひな型を再度確認した上で，第２部の事例を読んで論文ネタを収集しましょう。あるいは，第１部第７章を読んで，記述式問題から論文ネタを収集してもよいでしょう。そのうち，みなさんの実務経験が論述に使えることが分かるかもしれません。

5.3 【訓練5】ワークシートを基に論述する

論文の書き方について，設問ア，設問イ，設問ウを前半と後半に，6 分割して，それぞれについて，論述のポイントを説明します。“巻末ワークシート 4”の“【訓練 4】ワークシートに記入する（本試験過去問題改　記入済）”の左側に，（設問イ前半），（設問イ後半）などと記入されていることを確認してください。

記入例ワークシートは，論述テクニックを照会するために，全てのパターンを盛り込んでいます。そのため，これから示す**論述例は問題文で指定されている制限文字数を大幅に超過する**点をご了承ください。実際には，ワークシートの設問イの部分については，７割ほど埋まればよいと考えます。

重ねて述べますが，論文設計は重要ですが，論文としての一貫性は，論述しながら確保するので，設計内容と論述内容には違いが生じています。

（1）設問アを論述する

“巻末ワークシート４”の“【訓練4】ワークシートに記入する（本試験過去問題改　記入済）”の設問アの箇所を参照

設問アの（前半）では，プロジェクトの概要について問われます。したがって，事前に準備しておくようにします。字数については，800 字以内という条件が設定されています。できれば，700 字以上書くようにしてください。根拠は，公開模擬試験の採点では，合格レベルの論文の設問アは 700 字以上書かれているからです。慣れてきたら，解答用紙の最後の行まで書いてみましょう。

次の□は，論述の際のチェック項目と考えてください。

（a）設問アの前半を書く

プロジェクトの概要について問われています。以下の点に留意して，プロジェクトについて論述します。

□質問書に書いた内容と過度に重複する内容を書かない
□プロジェクトの発足の経緯に重点を置かない
□システム機能の説明に固執してシステムの概要にしない
□唐突にプロジェクトの特徴を明示しない

プロジェクトの概要では，話の脈絡を作り込んで，プロジェクトの特徴を明示します。論述のポイントを次に示します。

①どのような業種の組織で稼働するシステムかを示す

②プロジェクトの特徴を明示する展開のひな型,“プロジェクトの特徴としては,～を挙げることができる”を活用する

③設問アの(後半)で論じる内容に寄せて,設問アの(前半)の終盤を論じる。

以上のポイントを踏まえてワークシートを基に論述すると,次のようになります。上の①～③は,次の論述例にある下線①から下線③に対応していますので,参考にしてください。なお,ワークシートの内容と論述例の内容は,異なることがあります。**論文設計をすることは重要ですが,設計内容に沿って正確に論述する必要はありません**。論文の一貫性は論述しながら,確保するようにしましょう。

第1章　プロジェクトの特徴とリスクにつながる兆候

1.1　プロジェクトの特徴

　論述の対象となるプロジェクトは,①中堅の放送業者A社において稼働する放送番組編成支援システムに関わる追加開発プロジェクトである。追加開発は半年ごとに定期的に発足しており,SI企業のP社が請負契約で受注している。前任のプロジェクトマネージャ(以下,PMという)が退職したため,P社に所属する私がこのプロジェクトのPMを担当することになった。

　対象システムは基幹システムであり,複数のシステムと連携していることから,②ステークホルダの数が多いというプロジェクトの特徴を挙げることができる。

　以前の追加開発プロジェクトの終了報告書を分析した結果,開発の手戻りが発生して,予算超過などが多発している状況であった。今回のプロジェクトにおいても,手戻りのリスクは高いと考えた。そこで私は,③兆候を迅速に察知する点に留意し,手戻りゼロをプロジェクトの目標に加えることにした。

(b)設問アの後半を書く

設問アの(後半)から,問題によって問われる内容が異なります。次の点に留意して論述します。

□問われている内容について,我田引水して論じない

設問で問われている事項は,章立てのタイトルの中に含まれているので,章立てにあるキーワードを使って明示的に論じます。論述のポイントを次に示します。

①開発工程を明示する展開のひな型,“(具体的な開発工程)において”を活用する。

②問われている事項を明示する展開のひな型,“～という(問われている事項)があった”,あるいは,”(問われている事項)としては～”を活用する

③設問イにつなげる文章を含める

なお,設問イにつなげる文章については,自分の立場や所属,設問イで述べる活動の概要などを含めればよいでしょう。

以上のポイントを踏まえてワークシートを基に論述すると，次のようになります。

1.2　プロジェクトの目標を阻害するリスクにつながる
　兆候 500字
　私は新任のPMとして，プロジェクトの計画段階において，ステークホルダに今後のプロジェクトの進め方について説明を行った。その結果，利用者部門とプロジェクトメンバとの関係は良好であることが判明した。600字
　加えて①要件定義の初期段階において，新任のPMとして私は，全メンバへのヒアリングを実施した。そこで②P社の開発チームの中には，自分の意見を明確に言えない者がいるという，リスクにつながる兆候を察知した。700字
　③私は，P社の新任PMとして，要件定義工程の初期段階において察知した兆候を基に，次に述べるようにリスクのコントロールを行った。
800字

Point ここがポイント！

★「プロジェクトの概要」を事前に用意する！！

設問アの前半部分であるプロジェクトの特徴などを書く際に，何回も消しゴムを使うようでは，論文を最後まで書き終えることはできません。しっかり事前に用意して，短縮できた時間を設問イとウに割り当てましょう。

(2) 設問イを論述する

“巻末ワークシート４”の“【訓練4】ワークシートに記入する（本試験過去問題改　記入済）”の設問イの箇所を参照

これから（設問イ前半）と（設問イ後半）に分けて論述方法を説明します。合格を決めるポイントは，後半なので，前半に注力しないようにします。設問イの論述文字数は，800字以上1,600字以内です。少なくとも，解答用紙の800字のラインを超えて，次ページまで書くようにしてください。過剰なインデントについても，不要です。

（a）設問イの前半を書く

（設問イ前半）では次の点に留意して論述しましょう。

□空白行を入れない
□過剰なインデントをしない
□問題の趣旨を無視しない
□設問イの後半よりも，設問イの前半に注力しない

（設問イ前半）における論述のポイントを次に示します。

①問われている事項を明示する展開のひな型，"～という（問われている事項）があった"，あるいは，"（問われている事項）としては～"を活用する
②趣旨に沿って論じる
③課題を明示する展開のひな型，"～ということが課題となった"を活用する

この問題では，問題文にあるように，"リスク分析"について論じることが求められています。公開模擬試験の採点では，多くの論文で，リスク分析に関わる論述は省かれる傾向があります。したがって，リスク分析の実施が趣旨にある場合は，必ず，解答に盛り込むと，強く合格をアピールできると考えます。

以上のポイントを踏まえてワークシートを基に論述すると，次のようになります。

Point ここがポイント！！！！！！！

★「対策」を書く前に「課題」を明示する！！

対策の妥当性を採点者に理解してもらうために，まず課題を書きましょう。

第２章　リスクと理由，予防処置及びリスク対応計画

2.1　顕在化すると考えたリスクとそのように考えた理由

　自分の意見を明確に言えない者がいるという兆候について，メンバに追加のヒアリングを実施して分析した結果，①兆候の原因は，問題を個人の問題としてとらえていることであることが判明した。 100字

　この兆候によって，チームワークを十分に発揮できなくなり，要件漏れが発生するというリスクを私は，①顕在化すると考えたリスクとしてとらえた。ヒアリング後の分析の結果，兆候の原因は，問題を個人の問題としてとらえていることが判明した。 200字 300字

　兆候への対応策の効果が不十分で要件漏れによる開発

5 論文を設計して書く演習をする

の手戻りのリスクが顕在化した場合，プロジェクトの目標の達成が危ういと考えた。①そのように考えた理由は，問題を個人の問題としてとらえていることはチーム全体の風潮であり，問題をチームの問題としてとらえるように変えるのには，時間が掛かると考えたからである。 400字

　過去のプロジェクトを参考に②リスク分析を実施した結果，リスクの大きさからリスク対応が必要であることが分かり，③リスクへの予防処置とリスク対応計画の策定が課題となった。 500字

（b）設問イの後半を書く

採点者は，設問イを読み終えた段階で，仮採点をする可能性が高いです。仮採点の前に採点者が読むのは，（設問イ後半）です。したがって，800 字を超過したからと安心しないようにしてください。しっかりと論旨展開することが合格には必須です。次の点に留意して論述をしましょう。

□800 字未満になるので，解答用紙の 800 字のラインで論述を終わらせない。

□800 字を超過したからと，工夫や能力をアピールせずに設問イを終わらせない

設問イの後半では，工夫と能力を採点者にアピールします。の論述のポイントを次に挙げます。

①専門家としての考えをアピールする展開第 1 パターンのひな型，“～と考え～”を活用する

②専門家としての考えをアピールする展開第 2 パターンのひな型は，“なぜならば，～”を活用する

③工夫をアピールする展開第 1 パターンのひな型，“(1)～，(2)～という案を検討した。その結果，(1)を選択した。なぜならば，～と考えたからである”を活用する

④工夫をアピールする展開第 2 パターンのひな型，“～という困難な状況であった。そこで私は～”を活用する

⑤プロジェクトの特徴を踏まえる展開のひな型は，“～というプロジェクトの特徴を踏まえると～”を活用する。

⑥“含めて”を明示する展開のひな型は，“～（問われている事項）～”，あるいは，”（問われている事項）としては～”を活用する

⑦能力をアピールする展開のひな型，“ただし，～という新たな課題が生じた。そこで私は～”を活用する

以上のポイントを踏まえてワークシートを基に論述すると，次のようになります。なお，論述例では下線部分を分かりやすくするために，工夫をアピールする展開第 1 パターンの該当範囲を分割して，その一部を専門家としての考えをアピールする展開第 2 パターンとしています。

2.2　リスクへの予防処置

　自分の意見を言えないメンバがいるという兆候の原因は，問題を個人の問題としてとらえ，チームの問題としてとらえていない点である。そこで私は，予防処置の実施に先立ち，“チームとして活動する強みを生かすことが重要であり，今後は，問題を起こした個人に着目するのではなく，問題に対してチームで立ち向かう姿勢でプロジェクトに臨みたい”旨をメンバに伝え，実践することにした。

　①即効性を高めるためには，このような原因への対処に加え，現象面での対処も必要であると考え，次に，メンバに自分の意見を言ってもらうことが課題となった。

　④ミーティングにおいて，ただ単純に自分の意見を言おうという助言をしても，なかなか受け入れられないという困難な状況を想定できた。③そこで私は次の二つの予防処置を検討した。

(1)本人による自己啓発へ期待

　自己啓発を促し，自ら意見を言えるようになることを期待し，最終的に発言してもらう。

(2)発言の義務化はせずに小さな問題ほど高く評価する仕組みの標準化と実施

　始めは小さな問題であっても，プロジェクトの進行につれ，大きな問題に発展することがある。そのため，①小さな問題であっても自分の意見を述べたメンバを評価することが重要と考え，メンバ間で問題を共有することを促進する，メンバ評価の仕組みを構築する。具体的には，問題を五段階評価で評価する仕組みを標準化して実施し，小さな問題であれば評価ポイントを高くし，それらをグラフ化して月間で上位３名を表彰することにする。

　これら２案を検討した結果，(2)を選択した。②なぜならば，(1)では対象者全員が意見を言えるようになるには時間を要しミーティングの効率性が低下するという懸念があること，一方，(2)を選択することで，小さな問題であれば評価ポイントを高くする評価をすることで，自分の意見を言うことのハードルが低くなることが理由で，自分の意見を言い難いメンバが，無理なく意見を言えるようになると考えたからである。

　⑦ただし，自分の意見を言い難いメンバに確実に意見を出してもらうために，意見の出し方にバリエーションをもたせて確実に意見を吸い上げる，という新たな課題が生じた。そこで私は，ミーティングで意見を言えないメンバに対して，各自の検討結果や意見を，ミーティン

グの前日までに整理し，文書で提出してもよいとした。

2.3　リスク対応計画とトリガ

　兆候の原因が解消できず，リスクが顕在化し，チームワーク不足によって，万一，要件漏れなどによって開発の手戻りが発生した場合，⑤ステークホルダの数が多いというプロジェクトの特徴を踏まえると，④解決に時間を要するという困難な状況が想定できた。

　通常は，Ｐ社側から発生した問題と解決策を提案していたが，これでは合意形成に時間が掛かりすぎ，結果的に選択肢の幅が狭まる。①早い段階から対策を利用者部門と共有することで，選択肢の幅が広いうちに対策を講じることができると考え，早期に問題の状況を利用者部門と共有して，早期に問題解決を図る会議体を発足される計画とした。②なぜならば，過去のプロジェクト運営の状況から，問題解決のための依頼が後手に回ることが多かったからである。今後は，早めに利用者部門に相談することで，問題解決のための選択肢も増えることが期待できる。

　このリスク対応計画をＡ社情報システム部に提案して了承を得ることに成功した。

　⑦ただし，リスク対応計画を実施する⑥トリガの設定が新たな課題として挙がった。なぜならば，計画の実施が後手に回ると，損失が増大するため，早めに対応する必要があるからである。そこで私は，ミーティング等においてメンバから挙がった問題を評価して，トリガーとして，問題の大きさが五段階評価で上位二段階に属する問題と評価された場合，リスク対応計画を実施の可否を検討する旨を設定した。

Point ここがポイント！！！！！！！

★臨場感がある「当たり前」を論文では書く！！

　経験はひとりひとり違います。したがって，本人にとって当たり前なことも，採点者にとって新鮮なこともあります。情報処理技術者試験のガイドラインによると，試験委員の方は，経験した人にしか分からない，臨場感のある「当たり前」を論文で表現してほしいそうです。

(3) 設問ウを論述する

“巻末ワークシート４”の“【訓練4】ワークシートに記入する（本試験過去問題改　記入済）”の設問ウの箇所を参照

設問イを書き終えたからと，安心して集中力を低下させないことが重要です。解答者の集中力の低下は，採点者に伝わります。設問ウでは，設問イで述べた施策や活動についての評価が問われる頻度が高いです。もし，設問ウでも設問イと同様に，プロジェクトマネージャとしての活動が問われた場合，設問イと同様に考えて論文設計をして論述してください。ただし，設問ウは 600 字以上 1,200 字以内ですから，論述に必要なネタは設問イよりも少なくてよい点に留意しましょう。

(a) 設問ウの前半を書く

（設問ウ前半）では高い頻度で，設問ウで述べた施策への評価について問われます。公開模擬試験の採点では，9 割くらいが「成功であった」，「効果的であった」と評価しています。（設問ウ前半）における留意点を次に挙げます。

□評価において過剰に自画自賛にならない

（設問ウ前半）における論述のポイントを次に挙げます

①実施状況を明示する展開のひな型，“～の実施状況については～”を活用する
②評価する展開パターン１のひな型，“～というプロジェクトの目標を達成度～で達成した。したがって，～という施策は～と評価する”を活用する
③評価する展開パターン２のひな型，“もし，～という施策を実施しなかった場合，～となっていたと推測できる。したがって，～という施策は～と評価する”を活用する
④評価する展開パターン 3 のひな型，“～という施策については，（～を根拠に，～と評価する）”を活用する
⑤成功要因をアピールする展開のひな型，“成功要因としては，～を挙げることができる”を活用する
⑥問題把握能力をアピールする展開のひな型，“今後の課題としては，～を挙げることができる”を活用する
⑦可能ならば定量的に論じる

以上のポイントを踏まえてワークシートを基に論述すると，次のようになります。

第３章　予防処置の実施状況，評価及び今後の改善点
3.1　予防処置の実施状況
　①予防処置の実施状況については，個人の問題をチー
ムの問題としてとらえる意識改革をメンバに説明した上　100字
で，予防処置を実施した。その結果，⑦対象となるメン
バの７割がミーティングで意見を言うことができ，残り

の3割が文書で事前に提出することになった。
3.2　評価
　④ミーティングにおいて小さい問題について意見を言うメンバを高く評価するという評価基準を標準化し実施するという施策については，外部設計終了までには，対象メンバ全員が小さい問題でも，意見を述べるようになった。さらに，②プロジェクトの目標の一つである。チームワーク不足による開発の手戻りの発生ゼロというプロジェクトの目標については，達成度100％で達成した。
　③もし，今回の予防処置を実施しなかった場合，以前のプロジェクトと同様に，小さな問題が大きくなり，さらに，リスク対応計画も後手に回り，従来どおりのプロジェクト運営になっていた。したがって，今回のリスクコントロール策は成功であったと判断する。
　⑤成功要因は，個人の問題を排除して，チームの問題として問題に対処することを徹底した点であると考えている。
　ただし，今回は予防処置が効果的であったため，リスクが顕在化する兆候は検出できず，事前に設定したトリガのレベルに達することはなかった。⑥今後の課題としては，事前に設定したトリガレベルに達したときに迅速にリスク対応計画を発動すること，を挙げることができる。

（b）設問ウの後半を書く

（設問ウ後半）における留意点を次に挙げます。

□改善点を論じる際に，役割と対象者像に書かれている内容を，“今後，～できるようになりたい”などと書いて，自分がプロジェクトマネージャとして不適格なことを，採点者にアピールしない。

□問題のテーマから外れた内容を改善点で論じない。

（設問ウ後半）における論述のポイントを次に挙げます。

①今後の改善点をアピールする展開のひな型は，“～という課題については～，今後の改善点としては～を挙げることができる”

②問題文のタイトルにあるキーワードを盛り込んで，今後の改善点を論じる

③最後を“－以上－”で締めくくる

以上のポイントを踏まえてワークシートを基に論述すると，次のようになります。

3.3　今後の改善点

①迅速にリスク対応計画を発動するという課題については，最大で一週間の遅延が発生する状況であった。なぜならば，トリガレベルの基となるメンバからの意見を収集する周期はミーティングを開催する頻度と同じ一週間であったからである。今回は，リスク対応計画を発動することはなかったので，特に問題は生じなかった。①今後の改善点としては，大きな②リスクが顕在化しそうな場合，あるいは，した場合，メンバの判断によって緊急のミーティングを開催できる手順を標準化して，メンバに緊急ミーティングの事例とともに周知し，迅速なリスク対応計画を発動するための体制強化を挙げることができる。

800字 900字 1000字

③－以上－

Point ここがポイント！！！！！！！

★論文を最後まで書いたら，2分間休んでから論文を見直す！！

書いた論文を見直す習慣を付けましょう。そのためには，まずは休むことから始めます。

Just Do it！ 関所 No.6

“Just Do it！ 関所 No.5”で作成した，皆さんの実務経験や専門知識を基に作成したワークシートを使って，“【訓練 5】ワークシートを基に論述する”を実際に演習して，オリジナルの論文を書いてみましょう。

“巻末ワークシート 6”にある原稿用紙は，本試験で使用する解答用紙に合わせて作成しています。“巻末ワークシート 6”の１枚分をコピーすると２枚の 400 字原稿用紙(25 字×16 行=400 字)になります。設問アは 2 枚，設問イは４枚，設問ウは３枚，合計９枚の原稿用紙が必要になります。

論述の際は，本試験の仕様に合わせて，設問アは先頭ページから，設問イは３ページ目から，設問ウは，７ページ目から論述するようにしてください。

最初の論述は，13 時間ほど掛かる人もいます。他人が書いた論文を書き写すだけで２時間以上掛かることもあります。それでも，合格できるようになりますので，がんばりましょう。

論文を書き終えたら，第三者に読んでもらい，分かりやすい文章になっているかを確認してもらうとよいでしょう。自分でも，問題文に沿って書いているか，工夫や専門家としての考えをアピールしているか，プロジェクトの特徴を踏まえて論じているか，自画自賛の評価になっていないか，改善点が問題のテーマから外れていないか，などの観点から評価して，課題を明らかにし，演習を繰返して改善していきましょう。

Point ここが ポイント！！！！！！！

★論述テクニックを取得した後は一発合格！

自己流で論述しても，いつかは合格できます。また，自己流で論述しても一発合格できる方もいます。この仕事を始める前，筆者はシステムアーキテクト試験相当のアプリケーションエンジニア試験に，自己流の書き方で一発合格しました。でも，その後，ITサービスマネージャ試験相当のシステム運用管理エンジニア試験の合格には時間が掛かりました。

筆者の受講者には，システムアーキテクト，プロジェクトマネージャ，ITストラテジスト，システム監査技術者試験に連戦連勝した方がいます。論述式試験の突破には，論述テクニックの取得が効果的かつ効率的なのです。第１部第５章１節の始めに説明したひな型を再度確認した上で，皆さんに合ったひな型がありましたら，是非活用して論述してみてください。

第6章

添削を受けて書き直してみる

6.1　2時間以内で書く論文の設計をする
(1)2時間以内で書く論文の設計をする
第5章では，全ての論述テクニックを紹介したため，結果的には，規定字数を超える論述例になっています。では，規定字数内で書くようにすると，ワークシートをどのくらい埋めればよいかを確認しておきましょう。

6.2　添削を受けてみる
(1)添削を受けてみる
次に論文の添削をします。公開模試における論文の採点の経験を基に，論文における指摘対象，すなわち，添削の対象となる箇所の発生頻度を示しながら，添削しています。
(2)採点結果を確認する
添削された論文の点数を確認します。60点以上がA判定の合格レベル，50点以上59点までがB判定の不合格レベルです。

6.3　論文を書き直してみる
(1)論文を書き直す
添削での指示を基に論文を書き直します。
(2)書き直した論文の採点結果を確認する
添削内容を基に書き直した論文の点数を確認しましょう。

6.1 2時間以内で書く論文の設計をする

第5章では，全ての論述テクニックを紹介したため，結果的には，規定字数を超える論述例になっています。では，2時間以内，規定字数内で書くようにすると，ワークシートをどのくらい埋めればよいかを確認しましょう。

(1) 2時間以内で書く論文の設計をする

論文を規定字数内に収め，2時間以内で書ける論文の設計をするために，ワークシートにある設問イの部分のカラムを，7割くらい埋めればよいでしょう。

“巻末ワークシート 4”では，設問イの記入欄がほとんど埋まっていました。このワークシートを基に，設問イの記入量を7割ほどに絞ったワークシート作成して，“巻末ワークシート 5　設問イの記入を7割に絞ったワークシート（本試験過去問題改　記入済)”に掲載しています。

まず，“巻末ワークシート 4”と“巻末ワークシート 5”の記入内容を対比させてみましょう。設問アや設問ウについては，若干の違いしかありませんが，設問イについては記入量が減っていることを確認してください。

これから，“巻末ワークシート 5”の内容を基に論述します。ただし，次の節の“6.2”に掲載している論文は，添削を受ける都合上，改善すべき点を多く含む論文であることに留意してください。具体的には，“6.2”に掲載している論文は，“巻末ワークシート 5”の内容を十分に反映した論文ではない，ということです。

なお，“巻末ワークシート 5”の内容を十分に反映した論文は，“6.3 論文を書き直してみる”に掲載しています。次節の添削指示では，コメントの中に“頻度高”などと，皆さんが書いた論文における添削事項の発生頻度を示します。学習の参考にしてください。

6.2 添削を受けてみる

公開模試における論文の採点の経験を基に，高い頻度で発生する添削指示内容を盛り込んで，添削対象となる論文を筆者が作成しました。いわゆる，“あるある論文”です。類似の添削指示の発生頻度を示しながら，添削しています。50%くらいの頻度で現れる場合は“頻度高”，30%くらいの頻度の場合は"頻度中"，10%くらいの頻度の場合は“頻度小”としています。

(1) 添削を受けてみる

次に，設問ア，イ，ウと分けて，添削例を示します。

(a) 設問アの添削

設問ア

第１章　プロジェクトの特徴とリスクにつながる兆候

1.1　プロジェクトの特徴

論述の対象となるプロジェクトは，中堅の放送業者A社において稼働する放送番組編成支援システムに関わる 100字
追加開発プロジェクトである。追加開発は半年ごとに定期的に発足しており，SI企業のP社が請負契約で受注している。前任のプロジェクトマネージャ（以下，PMという）が退職したため，P社に所属する私がこのプロジェ 200字
クトのPMを担当することになった。

①ステークホルダの数が多いという特徴を挙げることができる。

以前の追加開発プロジェクトの終了報告書を分析した 300字
結果，開発の手戻りが発生して，予算超過などが多発している状況であった。今回のプロジェクトにおいても，手戻りのリスクは高いと考えた。②そこで私は，兆候を迅速に察知する点に留意した。 400字

1.2　プロジェクトの目標を阻害するリスクにつながる兆候

私は新任のPMとして，プロジェクトの計画段階において，ステークホルダに今後のプロジェクトの進め方につ 500字
いて説明を行った。その結果，利用者部門とプロジェクトメンバとの関係は良好であることが判明した。

加えて③開発に入り一週間が経過した段階において，新任のPMとして私は，全メンバへのヒアリングを実施し 600字

下線①
話の脈絡を作り込んでからプロジェクトの特徴を明示しましょう。（頻度高）

下線②
次の節では，“プロジェクトの目標”に関わる記述が求められています。したがって，この節の終わりでは，プロジェクトの目標を絡めて論じると，より一貫性をアピールできます。（頻度高）

下線③
開発工程をもっと具体的に表現しましょう。（頻度中）

下線④
設問アの終盤は，一貫性を高めるために，設問イにつなげる文章を書いてみましょう。
（頻度高）

た。そこでP社の開発チームの中には，自分の意見を明確に言えない者がいるという，④リスクにつながる兆候を察知した。

700字

800字

添削者コメント

設問ア前半のプロジェクトの概要では，システムではなく，プロジェクトに寄せて論じている点がよいです。設問ア後半では，兆候について，進捗遅れなどの問題になってない点，兆候について明示的に論じている点がよいです。

（b）設問イの添削

設問イ

第2章　リスクと理由，予防処置及びリスク対応計画

2.1　顕在化すると考えたリスクとそのように考えた理由

　①チームワークを十分に発揮できなくなり，要件漏れが発生するというリスクを私は，顕在化すると考えたリスクとしてとらえた。ヒアリング後の分析の結果，兆候の原因は，問題を個人の問題としてとらえていることが判明した。 100字 200字

　兆候への対応策の効果が不十分で要件漏れによる手戻りのリスクが顕在化した場合，プロジェクトの目標の達成が危うくなる。そのように考えた理由は，問題をチームの問題としてとらえるように変えるのには，時間が掛かるからである。②そこで私は，リスクへの予防処置とリスク対応計画の策定が課題となった。③なぜならば，リスクが大きいからである。 300字

2.2　リスクへの予防処置 400字

　兆候の原因に対して私は，予防処置の実施に先立ち，“チームとして活動する強みを生かすことが重要と考え，今後は，問題を起こした個人に着目するのではなく，問題に対してチームで立ち向かう姿勢でプロジェクトに臨みたい”旨をメンバに伝え，実践した。 500字

　次に，メンバに自分の意見を言ってもらうことが課題となった。④そこで私は，発言の義務化はせずに小さな問題ほど高く評価する仕組みの標準化し，実施することとした。なぜならば，⑤小さな問題であれば評価ポイントを高くする評価をすることで，自分の意見を言い難いメンバが，無理なく意見を言えるようになると考えたからである。 600字 700字

2.3　⑥リスク対応計画

　要件漏れなどによって開発の手戻りが発生した場合，⑦プロジェクトの特徴を踏まえると，解決に時間を要するという困難な状況が想定できた。 800字

　早い段階から対策を利用者部門と共有することで，選択肢の幅が広いうちに対策を講じることができると考え，⑧早期に問題の状況を利用者部門と共有して，早期に問題解決を図る会議体を発足される計画とした。 900字

下線①
設問イの前半では，問題文に沿って兆候の原因を分析する展開を盛り込みましょう。（頻度高）

下線②
問題文に沿ってリスク分析を実施する展開を盛り込みましょう。（頻度高）

下線③
この文はなくともよいでしょう。“なぜならば～”を使うときは，専門家としての考えをアピールするときに使いましょう。（頻度中）

下線④
工夫をアピールする展開を盛り込んでみましょう。（頻度高）

下線⑤
このように考えた根拠を含めると，さらによくなります。（頻度高）

下線⑥
設問で問われている“トリガ”を章立てに含めると，論述中にトリガについて論述することを忘れてしまうことを回避できます。（頻度中）

下線⑦
設問アで述べたプロジェクトの特徴を“～というプロジェクトの特徴を踏まえてと，”引用しましょう。（頻度中）

下線⑧
設問イの終盤にある“トリガを含めて”という記述に従って，“トリガ”について明示的に論じましょう。（頻度中）

添削者コメント
設問イでは，一部を除いて，専門家としての考えをアピールしている点がよいです。“～を含めて”という設問条件を必ず満足するようにしましょう。

（c）設問ウの添削

設問ウ

第3章　予防処置の実施状況，評価及び今後の改善点

3.1　予防処置の実施状況

　①予防処置では，まず，個人の問題をチームの問題としてとらえる意識改革をメンバに説明した上で，予防処置を実施した。その結果，対象となるメンバの7割がミーティングで意見を言うことができ，残りの3割が文書で事前に提出することになった。

3.2　評価

　ミーティングにおいて小さい問題について意見を言うメンバを高く評価するという評価基準を標準化し実施するという施策については，②プロジェクトが成功したことを根拠に成功であったと評価する。したがって，今回のリスクコントロール策は成功であったと判断する。

　成功要因は，個人の問題を排除して，チームの問題として問題に対処することを徹底した点であると考えている。

　ただし，今回はすぐに，全メンバが自分の意見を言える状況には，至らなかった。外部設計終了時まで，時間を要するメンバもいた。そのメンバに対しては，文書による報告も可とした。そのため，効率的にミーティングが進捗しない場面もあった。今後の課題としては，兆候の原因を解消するための施策を効果的に講じることを挙げることができる。

3.3　今後の改善点

　③兆候の原因を解消するための施策を効果的に講じるという課題については，今後は，プロジェクトマネージャとしての方針をメンバに浸透することに加えて，メンバごとの特性を考慮して，メンバごとに効果的な施策や，場合によっては提案を行い，自己啓発を並行して促す方向で改善したいと考えている。

－以上－

下線①
章立てにある“実施状況”というキーワードを使って明示的に論じましょう。（頻度中）

下線②
評価の根拠をもっと詳細に，かつ客観的に論じるとさらによくなります。（頻度高）

下線③
問題文のタイトルにある“リスク”というキーワードを活用して，“リスクのコントロール”というテーマに沿った改善点にすると，より趣旨に沿った論文になります。（頻度高）

下線④
小論文の終わりは，“－以上－”で締めくくりましょう。（頻度中）

添削者コメント

設問ウの前半では，成功要因や課題を明示している点がよいです。評価において，もっと詳細に，かつ客観的に論じるとさらによくなります。設問ウの後半では，課題を踏まえて改善点を論じている点はよいですが，問題のタイトルにある“リスク”を絡めて論じて，問題文から逸脱しないようにしましょう。

添削例には現れていない，頻度小のコメントを次に挙げておきます。参考にしてください。

①採点者が採点しやすいように設問文に沿った章立てをしましょう。
②段落の書き始めは，字下げをしましょう。
③長い段落を採点者が読みやすく分割しましょう。
④1 文章 1 段落ではなく，複数の文章で段落を構成するようにしましょう。
⑤長文に留意しましょう。
⑥冗長な記述に留意しましょう。
⑦禁則処理をしましょう。
⑧箇条書きを活用して整理してみましょう。
⑨誤字に留意しましょう。
⑩ひらがなではなく，漢字で書くようにしましょう。

Point ここが ポイント！！！！！！！

★百里の道も九十九里が半ば！！

論文を書いていると，設問ウで「残りは少し」と安心しませんか。論文を書いている方を隣りで見ていると，設問イを書き終えて安心してしまい，設問ウの部分で筆が止まります。ここで安心しないで，集中力を最後まで持続させましょう。

(2) 採点結果を確認する

添削された論文の点数を確認します。60 点以上が A 判定の合格レベル，50 点以上 59 点までが B 判定の不合格レベルです。添削対象となる論文は 53 点ですから，B 判定となります。次に，合格条件充足度評価表を掲載します。

合格条件充足度評価表

プロジェクトマネージャ

合格条件				評価			得点	
本文	内容的側面		システム・プロジェクトの概要・特徴	システム・プロジェクトの概要・特徴が簡潔にかつ具体的に記述されている。	10 8 ⑤ 2 0	簡潔・具体的でない。	5/10	①
本文	内容的側面		出題意図に応える論述	出題意図をくみ取り，これについて論じている。	10 8 5 ② 0	出題テーマとずれている。	2/10	②
本文	内容的側面		プロジェクトマネージャとしての創意工夫，行動力	プロジェクトマネージャの業務にふさわしい工夫，行動について述べている。	10 ⑧ 5 2 0	プロジェクトマネージャの業務行動になっていない。	8/10	③
本文	内容的側面		工夫や対策の評価と課題の認識	結果の評価と今後の課題についての認識がしっかり表現されている。	10 8 ⑤ 2 0	しっかり評価していない。	5/10	④
本文	表現的側面	面白さ	論旨の一貫性	冒頭の 800 字が主題の伏線になっていて，かつ本文において全体の論旨をしっかり展開している。	10 8 ⑤ 2 0	論旨を一貫してしっかり展開していない。	5/10	⑤
本文	表現的側面	面白さ	主張性	一つ～二つに絞り込み，掘り下げて論述している。	10 8 ⑤ 2 0	掘り下げ不足である。	5/10	⑥
本文	表現的側面	分かりやすさ	具体性	工夫内容を具体的に説明している。	10 8 ⑤ 2 0	表面的な説明である。	5/10	⑦
本文	表現的側面	分かりやすさ	客観性	解決策の採用理由を事実（環境条件）に基づいて説明している。	10 ⑧ 5 2 0	理由が述べられていない。	8/10	⑧
文章	一般性			一般的な，かつ，分かりやすい表現をしている。	10 8 ⑤ 2 0	表現が分かりにくい。	5/10	⑨
文章	読みやすさ			章・節・項・段落分けは適切で，誤字脱字がなく，正しい日本語が使われている。	10 8 ⑤ 2 0	正しい日本語になっていない。	5/10	⑩
総評	点数は，合格ボーダーライン上の点数ですが，設問イにある“トリガを含めて”という解答条件を満足していないので，合格論文に成り得ません。設問文に“～を含めて”とある場合，この問題では“トリガ”という設問文にあるキーワードを使って，なおかつ，設問文でのキーワードの出現順に論じるのではなく，論旨展開を考えて，妥当な箇所で論じるようにしてください						合計得点（100 点満点） 53 点	

6.3 論文を書き直してみる

2 時間で書く合格レベルの論文を書いてみました。本番の試験では，字数だけに限定すると，設問アは 700 字，設問イは 900 字，設問ウは 700 字ほど書けばよいので，まだ，字数が多いといえます。でも，次に挙げる論文は，2 時間以内に論述できるレベルの文字数です。参考にしてください。

書き直した論文に，コメントが入っていますが，筆者が論文を書いてコメントしています。したがって，自画自賛になっている点はご了承ください。

(1) 論文を書き直す

次に，書き直した論文を，設問ごとに示します。

(a) 設問アを書き直す

設問ア

第1章　プロジェクトの特徴とリスクにつながる兆候

1.1　プロジェクトの特徴

論述の対象となるプロジェクトは，中堅の放送業者A社において稼働する放送番組編成支援システムに関わる追加開発プロジェクトである。追加開発は半年ごとに定期的に発足しており，SI企業のP社が請負契約で受注している。前任のプロジェクトマネージャ（以下，PMという）が退職したため，P社に所属する私がこのプロジェクトのPMを担当することになった。

対象システムは基幹システムであり，複数のシステムと連携していることから，①ステークホルダの数が多いというプロジェクトの特徴を挙げることができる。

以前の追加開発プロジェクトの終了報告書を分析した結果，開発の手戻りが発生して，予算超過などが多発している状況であった。今回のプロジェクトにおいても，手戻りのリスクは高いと考えた。②そこで私は，兆候を迅速に察知する点に留意し，手戻りゼロをプロジェクトの目標に加えることにした。

1.2　プロジェクトの目標を阻害するリスクにつながる兆候

私は新任のPMとして，プロジェクトの計画段階において，ステークホルダに今後のプロジェクトの進め方について説明を行った。その結果，利用者部門とプロジェクトメンバとの関係は良好であることが判明した。

100字 200字 300字 400字 500字 600字

下線①
簡潔にプロジェクトの特徴を表現して，明示的に論じている点がよいです。

下線②
プロジェクトの概要の終盤が次の節で論じる"兆候"に寄せて論じている点がよいです。

下線③
開発段階を明示している点がよいです。

下線④
章立てのタイトルにある“兆候”というキーワードを使って，明示的に論じている点がよいです。

下線⑤
設問イにつなげる文章によって，小論文の一貫性をアピールしていてよいです。

　加えて，③要件定義の初期段階において，新任のPMとして私は，全メンバへのヒアリングを実施した。そこでP社の開発チームの中には，④自分の意見を明確に言えない者がいるという，リスクにつながる兆候を察知した。 700字

　⑤私は，P社の新任PMとして，要件定義工程の初期段階において察知した兆候を基に，次に述べるようにリスクのコントロールを行った。

800字

(b) 設問イを書き直す

設問イ

第2章　リスクと理由，予防処置及びリスク対応計画

2.1　顕在化すると考えたリスクとそのように考えた理由

兆候について分析した結果，兆候の原因は，問題を個人の問題としてとらえていることであることが判明した。
次に，この兆候によって，チームワークを十分に発揮できなくなり，要件漏れが発生するというリスクを私は，①顕在化すると考えたリスクとしてとらえた。ヒアリング後の分析の結果，兆候の原因は，問題を個人の問題としてとらえていることが判明した。
兆候への対応策の効果が不十分で要件漏れによる手戻りのリスクが顕在化した場合，プロジェクトの目標の達成が危うくなる。①そのように考えた理由は，問題をチームの問題としてとらえるように変えるのには，時間が掛かるからである。
②過去のプロジェクトを参考にリスク分析を実施した結果，リスクの大きさからリスク対応が必要であることが分かり，リスクへの予防処置とリスク対応計画の策定が課題となった。

2.2　リスクへの予防処置

兆候の原因に対して私は，予防処置の実施に先立ち，“チームとして活動する強みを生かすことが重要と考え，今後は，問題を起こした個人に着目するのではなく，問題に対してチームで立ち向かう姿勢でプロジェクトに臨みたい”旨をメンバに伝え，実践した。
次に，メンバに自分の意見を言ってもらうことが課題となった。③そこで私は，(1)発言の義務化と本人による自己啓発へ期待，(2)発言の義務化はせずに小さな問題ほど高く評価する仕組みの標準化と実施，という案を検討した。その結果，(2)を選択した。なぜならば，小さな問題であれば評価ポイントを高くする評価をすることで，自分の意見を言うことのハードルが低くなることが理由で，自分の意見を言い難いメンバが，無理なく意見を言えるようになると考えたからである。

2．3　リスク対応計画とトリガ

要件漏れなどによって開発の手戻りが発生した場合，④ステークホルダの数が多いというプロジェクトの特徴を踏まえると，解決に時間を要するという困難な状況が

下線①
章立てのタイトルにあるキーワードを使って，明示的に論じている点がよいです。

下線②
多くの受験者が論じない“リスク分析”について論じている点がよいです。論述量は少ないですが，論じない小論文よりは，高得点が期待できます。

下線③
工夫や専門家としての考えをアピールしている点がよいです。

下線④
プロジェクトの特徴を踏まえて，小論文の一貫性をアピールする展開，工夫をアピールする展開がよいです。

想定できた。

早い段階から対策を利用者部門と共有することで，選 1000字
択肢の幅が広いうちに対策を講じることができると考え，
早期に問題の状況を利用者部門と共有して，早期に問題
解決を図る会議体を発足される計画とした。

⑤ただし，リスク対応計画を迅速に実施するために， 1100字
⑥トリガの設定が新たな課題として挙がった。そこで私
は，メンバから挙がった問題を評価して，トリガとして，
問題の大きさが五段階評価で上位二段階に属する問題と
評価された場合，リスク対応計画を実施の可否を検討す 1200字
る旨を設定した。

下線⑤
能力をアピールする展開がよいです。

下線⑥
“～を含めて”という設問条件を満たしていてよいです。

(c) 設問ウを書き直す

設問ウ

第3章　予防処置の実施状況，評価及び今後の改善点

3.1　予防処置の実施状況

　①予防処置の実施状況については，個人の問題をチームの問題としてとらえる意識改革をメンバに説明した上で，予防処置を実施した。その結果，対象となるメンバの7割がミーティングで意見を言うことができ，残りの3割が文書で事前に提出することになった。

下線①
実施状況を明示的に論じている点，定量的な表現を含んでいる点がよいです。

3.2　評価

　ミーティングにおいて小さい問題について意見を言うメンバを高く評価するという評価基準を標準化し実施するという施策については，外部設計終了までには，対象メンバ全員が小さい問題でも，意見を述べるようになった。さらに，②プロジェクトの目標の一つである。チームワーク不足による開発の手戻りの発生ゼロというプロジェクトの目標については，達成度100％で達成した。

下線②
定量的に示して，客観的に評価している点がよいです。

　③もし，今回の予防処置を実施しなかった場合，以前のプロジェクトと同様に，小さな問題が大きくなり，さらに，リスク対応計画も後手に回り，従来どおりの開発の手戻りが発生するというプロジェクト運営になっていた。したがって，今回のリスクコントロール策は成功であったと判断する。

下線③
評価の根拠を示している点がよいです。

　④成功要因は，個人の問題を排除して，チームの問題として問題に対処することを徹底した点であると考えている。

下線④
成功要因を明示している点がよいです。

　ただし，今回は予防処置が効果的であったため，リスクが顕在化する兆候は検出できず，事前に設定したトリガのレベルに達することはなかった。⑤今後の課題としては，事前に設定したトリガレベルに達したときに迅速にリスク対応計画を発動すること，を挙げることができる。

下線⑤
問題把握能力を採点者にアピールしている点がよいです。

3.3　今後の改善点

　迅速にリスク対応計画を発動するという課題については，最大で一週間の遅延が発生する状況であった。なぜならば，トリガレベルの基となるメンバからの意見を収集する周期はミーティングを開催する頻度と同じ一週間であったからである。今回は，リスク対応計画を発動することはなかったので，特に問題は生じなかった。⑥今後の改善点としては，大きなリスクが顕在化しそうな場合，あるいは，した場合，メンバの判断によって緊急のミー

下線⑥
今後の改善点を，この問題のテーマに寄せて論じている点がよいです。

ティングを開催できる手順を標準化して，メンバに緊急
ミーティングの事例とともに周知し，迅速なリスク対応 1000字
計画を発動するための体制強化を挙げることができる。
－以上－

1100字

Point ここが ポイント！！！！！！！

★受験する試験区分に見合った立場で論述する！！

　プロジェクトマネージャのアイテックの公開模擬試験の採点時に，システムアーキテクトの立場で書かれた，すばらしい論文に出会うことがあります。しかし，この論文では，システムアーキテクト試験には合格できても，プロジェクトマネージャ試験には合格できません。論述式試験において，このような事態に陥らないために，受験する試験区分に見合った立場で論述することが重要です。

（2）書き直した論文の採点結果を確認する

添削内容を基に書き直した論文の点数を確認しましょう。次に，合格条件充足度評価表を掲載します。74点，A判定，合格レベルの論文です。

合格条件充足度評価表

プロジェクトマネージャ

<table>
<tr><th colspan="4">合格条件</th><th colspan="3">評価</th><th>得点</th><th></th></tr>
<tr><td rowspan="8">本文</td><td rowspan="4">内容的側面</td><td colspan="2">システム・プロジェクトの概要・特徴</td><td>システム・プロジェクトの概要・特徴が簡潔にかつ具体的に記述されている。</td><td>10 (8) 5 2 0</td><td>簡潔・具体的でない。</td><td>8/10</td><td>①</td></tr>
<tr><td colspan="2">出題意図に応える論述</td><td>出題意図をくみ取り，これについて論じている。</td><td>10 (8) 5 2 0</td><td>出題テーマとずれている。</td><td>8/10</td><td>②</td></tr>
<tr><td colspan="2">プロジェクトマネージャとしての創意工夫，行動力</td><td>プロジェクトマネージャの業務にふさわしい工夫，行動について述べている。</td><td>10 (8) 5 2 0</td><td>プロジェクトマネージャの業務行動になっていない。</td><td>8/10</td><td>③</td></tr>
<tr><td colspan="2">工夫や対策の評価と課題の認識</td><td>結果の評価と今後の課題についての認識がしっかり表現されている。</td><td>10 (8) 5 2 0</td><td>しっかり評価していない。</td><td>8/10</td><td>④</td></tr>
<tr><td rowspan="4">表現的側面</td><td rowspan="2">面白さ</td><td>論旨の一貫性</td><td>冒頭の800字が主題の伏線になっていて，かつ本文において全体の論旨をしっかり展開している。</td><td>10 (8) 5 2 0</td><td>論旨を一貫してしっかり展開していない。</td><td>8/10</td><td>⑤</td></tr>
<tr><td>主張性</td><td>一つ～二つに絞り込み，掘り下げて論述している。</td><td>10 (8) 5 2 0</td><td>掘り下げ不足である。</td><td>8/10</td><td>⑥</td></tr>
<tr><td rowspan="2">分かりやすさ</td><td>具体性</td><td>工夫内容を具体的に説明している。</td><td>10 (8) 5 2 0</td><td>表面的な説明である。</td><td>8/10</td><td>⑦</td></tr>
<tr><td>客観性</td><td>解決策の採用理由を事実（環境条件）に基づいて説明している。</td><td>10 (8) 5 2 0</td><td>理由が述べられていない。</td><td>8/10</td><td>⑧</td></tr>
<tr><td rowspan="2">文章</td><td colspan="3">一般性</td><td>一般的な，かつ，分かりやすい表現をしている。</td><td>10 8 (5) 2 0</td><td>表現が分かりにくい。</td><td>5/10</td><td>⑨</td></tr>
<tr><td colspan="3">読みやすさ</td><td>章・節・項・段落分けは適切で，誤字脱字がなく，正しい日本語が使われている。</td><td>10 8 (5) 2 0</td><td>正しい日本語になっていない。</td><td>5/10</td><td>⑩</td></tr>
<tr><td>総評</td><td colspan="8">2時間で書く論文としては，十分に合格レベル論文です。2時間で書けるならば，改善すべき点はありません。本試験では，事前に設問ウに入る時刻を決めておき，時間切れにならないように，しっかりと時間管理をしましょう。

合計得点（100点満点）74点</td></tr>
</table>

第7章 午後Ⅰ問題を使って論文を書いてみる

再チャレンジ受験者向けセミナーを開催してほしいと依頼がありました。既に一通りの私のセミナーを受講している方が対象ということで，同じ内容ではない効果的なカリキュラムについて，悩んでいました。

論文がある試験区分の合格者と話す機会があり，その中で記述式問題を使って論文を書くことの重要性を確認することができ，効果的かつ効率的なカリキュラムを組むことができました。この章では，午後Ⅰ問題を使って論文を書くという私のセミナーの一部を紹介することで，皆さんの合格を支援したいと考えます。

7.1 問題の出題趣旨を確認する

あるとき知人と会う機会があり，論文がある試験区分の合格者である A 君が同席しました。

A 君：「岡山さん，どうしよう。合格しちゃいました。部長に“情報処理の PM 試験なんて，受からないです”と言って，PMBOK 試験合格に向けて講習会を申し込んでいるのです。」

私　：「会社では，PM 試験合格か，PMBOK 試験合格か，どちらかが必須なのですね。PM 試験に合格したので講習会への参加が不要になったということですか。」

この後に A 君は，“記述式問題のネタを使って，論述テクニックを活用しながら論文を書いて合格できた”と言っていました。ここで注意したいことは，“A 君は論述テクニックを取得済み”ということです。論述テクニックについては，既に説明していますから，この章では，論文の書き方ではなく，A 君を合格に導いた，**記述式問題から論文ネタを収集する**点に絞って説明します。

(1) この章の流れを確認する

まずは，この章全体の説明の流れを確認しておきましょう。

① 対象とする記述式問題と論述式問題の出題趣旨の確認

午後 I 問題を使って論文を書いてみるためには，論文ネタを収集するための記述式問題と，論述するための論述式問題を決める必要があります。決める際には，IPA が発表している出題趣旨を確認するとよいでしょう。

② 記述式問題を演習する

まずは，通常の問題演習のように，記述式問題を解いてみましょう。理由は，本試験問題の数は限られているので，まずは午後 I 試験対策として問題を有効に活用するためです。本書には，論文ネタの収集の対象となる問題だけを掲載しています。解答は，IPA で公表している解答例を参照してください。

③ 論述式問題を確認する

問題の趣旨や設問文をよく読み，趣旨や設問文において問われている内容を確認します。

④ 論文ネタの収集演習をする

論述式問題において問われている内容を基に，午後 I 記述式問題から論文ネタを収集する演習を行います。その際，論文ネタとして不足している点や，記述式問題に書かれている内容と少し違う点があるかもしれません。これらについては，**論述式問題で問われている内容に合わせて加工したり，不足している点を補足したりして，話の整合性を確保する**ようにしてください。

(2) 対象とする記述式問題と論述式問題の出題趣旨の確認

ここでは，本試験問題を吟味して，次の二つの問題を選びました。

・記述式問題　平成28年　午後Ⅰ問2「プロジェクトにおけるコミュニケーション」
・論述式問題　平成28年　午後Ⅱ問2「情報システム開発プロジェクトの実行中におけるリスクのコントロール」

なお，論文ネタを収集するだけでしたら，記述式問題だけで収集できます。
では，それぞれの問題のIPA発表「出題趣旨」を確認しましょう。

出題趣旨
プロジェクトマネージャ（PM）は，ステークホルダのニーズと期待を満たすために，適切なコミュニケーション計画を立案し，その計画に則って，プロジェクトを適切に運営する必要がある。 本問では，過去にコミュニケーションに関する問題を抱えたチームによるプロジェクトを題材として，ステークホルダとの情報共有や，プロジェクト内部のコミュニケーション計画の改善について，PMとしての実践的な能力を問う。

平成28年午後Ⅰ問2の出題趣旨

出題趣旨の内容から，ステークホルダとの情報共有やプロジェクト内部のコミュニケーションの改善に関わる内容が問題文に書いてあることが分かります。

出題趣旨
プロジェクトマネージャ（PM）には，情報システム開発プロジェクトの実行中に発生するプロジェクト目標の達成を阻害するリスクにつながる兆候を早期に察知し，適切に対応することによって，プロジェクト目標を達成することが求められる。 本問は，プロジェクトの実行中に察知したプロジェクト目標の達成を阻害するリスクにつながる兆候，兆候をそのままにした場合に顕在化すると考えたリスクとその理由，リスクへの予防処置，リスクの顕在化に備えて策定した対応計画，予防処置の実施状況と評価などについて具体的に論述することを求めている。論述を通じて，PMとして有すべきリスクマネジメントに関する知識，経験，実践能力などを評価する。

平成28年午後Ⅱ問2の出題趣旨

出題趣旨の内容から，リスクにつながる兆候，兆候をそのままにした場合に顕在化すると考えたリスク，リスクへの予防処置，リスクの顕在化に備えて策定したリスク対応計画などが問われていることが分かります。

（3）記述式問題を演習する

まずは，午後Ⅰ試験対策として，平成 28 年午後Ⅰ問 2 の問題を解いてみましょう。

問2 (H28 春-PM 午後Ⅰ問 2)

プロジェクトにおけるコミュニケーションに関する次の記述を読んで，設問 1〜3に答えよ。

システム開発会社のＰ社は，10 年前に開発した放送事業者Ａ社の放送番組編成支援システムの追加開発を担当している。追加開発は，Ａ社との間で請負契約を結んで，半年サイクルで継続的に実施している。このシステムの特徴は，他の複数のシステムと連携していることから，Ａ社の現場部門や他システムの担当者など，ステークホルダが多いことである。

長期にわたってこのシステムを担当してきたＰ社のプロジェクトマネージャ（PM）が退職することになり，後任のＱ課長が PM として追加開発を担当することになった。開発チームはこれまでどおり，リーダであるＲ主任を含むメンバ 8 人から成る体制を継続する。

Ｑ課長は，着任に当たって過去のプロジェクトの実績を確認するとともに，開発チームやステークホルダにヒアリングを行ってこれまでの状況を把握し，次のように整理した。

・前回の追加開発（以下，前回開発という）をはじめ過去の追加開発でも，何回か大きな手戻りが発生しており，Ａ社，Ｐ社とも，何らかの対策の必要性を認識している。
・Ａ社のステークホルダは，Ｐ社に対して不満をもっている。
・Ｐ社の開発チームは，十分なチームワークを発揮できていない。

Ｑ課長は，これらの状況を生んだ根底にはコミュニケーションに関する問題があると考え，改善を検討することにした。

〔前回開発の問題を踏まえた改善〕

Ｑ課長は，前回開発の問題を次のように整理した。

・Ａ社システム部は，現場部門から提示された要求事項を，そのまま一覧にしてＰ社に提示していた。そこに記載された要求事項は，“何をどのように追加・変更するか”は書かれているものの，断片的な情報であることが多く，業務上の目的や，背景，意図などはほとんど書かれていなかった。また，要求事項の漏れや考慮不足が後工程で見つかることもあった。
・Ｐ社は，Ａ社システム部から一覧にして提示された要求事項を，そのまま追加開発のインプットとしており，要求事項のレビューをほとんど実施していなかった。
・要求事項一覧で使用されていた業務用語は，用語の定義が不明確で，複数の解釈が可能なものもあった。そのような場合に，Ａ社とＰ社の解釈が違っていると，その違いは現場部門による受入テストまで検出できず，大きな手戻りとなった。

・現場部門が，複数の要求事項から自明なので当然対応されるはず，と考えて，要求事項一覧に明示されていない要求事項もあった。しかし，その認識は A 社システム部にも P 社にもなかったので，現場部門による受入テストで，"このままでは業務には適さない"と評価され，大きな手戻りとなった。

・要求事項から P 社としては他システムへの影響が容易に想定できるはずだと思われた事項が，連携先の他システム担当者の想定から漏れていて，他システムとの連携確認テストで問題が判明し，大きな手戻りとなった。

ヒアリングによると，過去の追加開発でも上記の前回開発の問題と同様な事象が発生しているとのことだった。

Q 課長は，図 1 に示す前回開発における要求事項の解釈に関わる過程で，(i)と(ii)の過程に問題がある，と考えた。

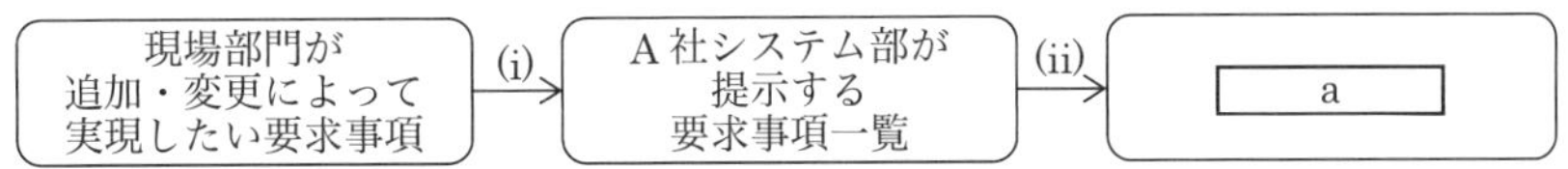

図 1　前回開発における要求事項の解釈に関わる過程

Q 課長はまず，①A 社システム部が提示する要求事項一覧に関する基本的な責任の所在について，A 社システム部と話し合い，合意を得た。その上で，次の(1)～(5)のプロセスで要求事項のレビューを行うことを提案した。

(1) P 社は，要求事項一覧に記載された内容について，A 社システム部に別の観点や表現で問い返したり，疑問点を質問したりして，要求事項の解釈に A 社と違いがないことを確認する。

(2) P 社は，解釈した要求事項について，"なぜ追加・変更するのか"，"何のために追加・変更するのか"という質問を励行する。A 社システム部はその質問を契機として，提示した要求事項が実現したい内容と合っているかどうかを現場部門に確認し，必要であれば実現したい内容に合わせて要求事項の見直しを行う。

(3) P 社は，解釈した要求事項を図表に整理して，要求事項としての漏れや考慮不足がないかどうかを整理する。また，要求事項から導かれる，利用者や他システムへの影響について整理する。A 社システム部はその情報を基に，必要であれば実現したい内容と合わせて要求事項の見直しを行う。

(4) 上記のプロセスを経て完成度を高めた要求事項一覧に対し，P 社はその要求事項をブレークダウンした要件定義書を作成する。A 社システム部は，要件定義書をレビューし，要求事項一覧の内容が正しく P 社に解釈されていることを確認する。

(5) A 社システム部は，要求事項一覧と要件定義書の必要な範囲について，現場部門や他システム担当者とレビューし，要求事項が実現したい内容と合っていること，他システムへの影響が想定されていることを確認する。

A 社システム部はこの提案を受け入れた。

〔顧客報告の改善〕

Q 課長は，P 社の顧客報告に対する A 社システム部の要望をヒアリングした結果に基づいて，R 主任に顧客報告についての改善案を検討するように指示した。R 主任が検討した改善案は，表 1 のとおりである。

表 1　顧客報告についての R 主任の改善案

A社システム部の要望		R主任の改善案
要望1	相互の認識の違いから，進捗や品質の問題が発生している。認識の違いをできるだけ早期に検出し，影響を最小限にしたい。	認識の違いを発生させないために，文章中心の開発ドキュメントに関して，図表を活用して認識誤りの発生を予防するとともに，主に［　b　］工程でのコミュニケーションの質と量を向上させる。
要望2	問題が発生した際に，その問題に対してP社がどのように対応するつもりなのか，不明確なことがあるので，改善してほしい。	問題の報告に当たっては，P社の対応方針を明確にして報告する。対応方針が明確にできない場合にも，複数の選択肢を提示する。
要望3	問題解決のために，システム部やステークホルダの対応が必要になるケースで，その依頼が後手に回ることが多い。早めに相談をしてくれれば，取り得る選択肢も広がるので，善処してほしい。	P社だけでは解決できない問題については，A社システム部及びステークホルダへの依頼事項を検討して，できるだけ速やかに報告する。

Q 課長は，要望 3 に対する改善案について，この内容では A 社システム部及びステークホルダの時間を有効に使う観点からは不十分なので，②見直しを行うように指示した。R 主任は改善案の見直しを行い，Q 課長はこれを承認した。

〔開発チーム内部の改善〕

Q 課長は，開発チームへのヒアリングで，次のような意見を収集していた。

(1) R 主任の意見

・前任の PM は，進捗会議で進捗や品質の問題が報告されると，報告者に対して"原因は何か"，"対策は考えたか"と問い詰め，全員の前で叱責することが多かった。そのためにメンバは，原因分析や対策立案ができていない段階では，問題の発生を報告しにくいと感じていると思う。

・連絡や相談を頻繁にしてくるメンバがいる一方で，ほとんどしてこないメンバもいる。ミーティングでも発言をするメンバとしないメンバに分かれている。意見を言わないメンバともコミュニケーションを取る必要があるが，そのための時間を確保できていない。

(2) メンバの意見

・進捗や品質の問題を発生させたくないので，自分の担当作業を問題なく進めることを最優先にしている。過去に他のメンバの作業が遅れていた時，早めに助言，レビューをしてあげていれば，影響を小さくできていたかもしれない。

・前任の PM も R 主任も，いつも忙しい様子だったので，明らかに問題であると判断したときは相談したが，予兆や"いやな感じ"といった程度では，相談しづらかった。結果として問題になったケースが多く，早めに相談しておくべきだった。

Q 課長は，これらの意見をまとめてメンバに配布した。その際に，“チームとして活動する強みを生かすことが最も大切であり，今後は，問題を起こした個人に着目するのではなく，問題に対して [c] で向き合う姿勢で臨みたい。そのためには，チーム内部の状況を的確に共有することが重要である。その第一歩として，1 週間後にミーティングを開き，全員で改善方針を検討したいので，それぞれの見解や対策を事前に考えてきてほしい”と伝えた。また，Q 課長は，これまでの開発チームのコミュニケーションの状況を踏まえて，各自の事前の検討結果をミーティングの前日までに提出するように指示した。

ミーティングで Q 課長は，前日までに集めた意見を整理した資料を配布した上で，まず③全員に自分の意見を述べさせ，議論を経て，朝夕の短時間ミーティングの開催や，困っているメンバに対する相互支援などの改善方針をまとめた。次に Q 課長は，“これからは，過去の事例に学んで，悪い話ほど早めに，ミーティングなどの場を通じて共有してほしい。問題として明らかになる前でも構わない。そのことが④開発チームの活動を改善することにつながると思う。”と述べて，ミーティングを終えた。

設問 1 〔前回開発の問題を踏まえた改善〕について，(1)～(3)に答えよ。

(1) 図 1 中の [a] に入れる適切な字句を 15 字以内で答えよ。

(2) 本文中の下線①で，Q 課長が得た合意の内容は何か。35 字以内で述べよ。

(3) 本文中の(1)～(5)のプロセスを，図 1 に示す(i)の過程の問題を解決するためのものと，(ii)の過程の問題を解決するためのものとに分類したとき，前者に該当するものを全て答えよ。

なお，両方に該当するものは，解答に含めるものとする。

設問 2 〔顧客報告の改善〕について，(1)，(2)に答えよ。

(1) 表 1 中の [b] に入れる適切な字句を答えよ。

(2) 本文中の下線②について，Q 課長は，どのように見直すべきだと考えたのか。30 字以内で述べよ。

設問 3 〔開発チーム内部の改善〕について，(1)～(3)に答えよ。

(1) 本文中の [c] に入れる適切な字句を答えよ。

(2) 本文中の下線③について，Q 課長は，どのような意図で全員に自分の意見を述べさせたのか。35 字以内で具体的に述べよ。

(3) 本文中の下線④について，Q 課長は，どのような改善につなげようと考えたのか。30 字以内で具体的に述べよ。

7.2 論述式問題を確認する

（1）論述式問題を確認する

記述式問題の演習を終えたら，この章の本題に入ります。この章で題材とした論述式問題では，どのような点が問われるのでしょうか。平成 28 年午後Ⅱ問 2 を確認してみましょう。

プロジェクトマネージャ試験　平成 28 年春　午後Ⅱ問 2

問題文の趣旨

問 2　情報システム開発プロジェクトの実行中におけるリスクのコントロールについて

プロジェクトマネージャ（PM）には，情報システム開発プロジェクトの実行中，プロジェクト目標の達成を阻害するリスクにつながる兆候を早期に察知し，適切に対応することによってプロジェクト目標を達成することが求められる。

プロジェクトの実行中に察知する兆候としては，例えば，メンバの稼働時間が計画以上に増加している状況や，メンバが仕様書の記述に対して分かりにくさを表明している状況などが挙げられる。これらの兆候をそのままにしておくと，開発生産性が目標に達しないリスクや成果物の品質を確保できないリスクなどが顕在化し，プロジェクト目標の達成を阻害するおそれがある。

PM は，このようなリスクの顕在化に備えて，察知した兆候の原因を分析するとともに，リスクの発生確率や影響度などのリスク分析を実施する。その結果，リスクへの対応が必要と判断した場合は，リスクを顕在化させないための予防措置を策定し，実施する。併せて，リスクの顕在化に備え，その影響を最小限にとどめるための対応計画を策定することが必要である。

あなたの経験と考えに基づいて，設問ア～ウに従って論述せよ。

設問文

設問ア　あなたが携わった情報システム開発プロジェクトにおけるプロジェクトの特徴，及びプロジェクトの実行中に察知したプロジェクト目標の達成を阻害するリスクにつながる兆候について，800 字以内で述べよ。

設問イ　設問アで述べた兆候をそのままにした場合に顕在化すると考えたリスクとそのように考えた理由，対応が必要と判断したリスクへの予防処置，及びリスクの顕在化に備えて策定した対応計画について，800 字以上 1,600 字以内で具体的に述べよ。

設問ウ　設問イで述べたリスクへの予防処置の実施状況と評価，及び今後の改善点について，600 字以上 1,200 字以内で具体的に述べよ。

趣旨に書かれている，「～求められる」，「～重要である」，「～必要がある」などの記述に着目して，趣旨で求められている論旨展開を確認しましょう。これらの記述を確認することで，これから収集する論文ネタをどのように使ってどのように論旨展開するかが把握できます。ただし，この章では論文ネタの収集に注力します。

（2）論述式問題の設問文で問われている内容をリストアップする

設問ウで問われている内容については説明を割愛します。設問アとイを対象に，問われている点を次のようにリストアップします。

①プロジェクトの特徴
②プロジェクトの実行中に察知したプロジェクトの目標の達成を阻害するリスクにつながる兆候
③兆候をそのままにした場合に顕在化すると考えたリスクとそのように考えた理由
④対応が必要と判断したリスクへの予防処置
⑤リスクの顕在化に備えて策定したリスク対応計画における対策

これらの点を踏まえて，論文ネタを収集する際の考え方を，順次，説明していきます。ミニ演習という形で話を展開していきますので，理解を深めるために必ず演習を行ってください。なお，解答例を示しますが，ただの例です。論述式問題では正解はありませんから，解答例については，参考程度と考えてください。

さらに，記述式問題には多くの論文ネタが盛り込まれています。ミニ演習だけで終わらせずに，たくさんの論文ネタを収集しましょう。

コーヒーブレーク

「踊る論文指導」2

某企業では，教育の一貫として社内の対象者に，システムアーキテクト，システム監査技術者，IT ストラテジスト，プロジェクトマネージャ試験を合否に関係なく，順番に試験対策セミナーを受講して受験してもらう，ということをやっています。

ある年度の受講者と，B 判定の添削済み論文を相互レビューしているとき，「私は，論文課題は，本気で書いていませんから」と私に言うのです。私は本気で論文添削をしているつもりなので，「次回から君の論文は，手抜きで添削するよ」と言い返しました。正直，手抜きで添削するというのは，難しいです。全力で添削した方が楽です。したがって，「冗談だよ。本気で添削するよ。それに，全力を出さないやつって，嫌いじゃないよ」と話しを終えました。その後，彼は IT ストラテジスト試験に合格したので，めでたし，めでたし，です。

彼の同期で，もう一人，試験終了直後に「岡山先生のおかげで，合格できました」と私に言うのです。初めて IT ストラテジスト試験を受けたのに，無謀なことを言うな，と思っていました。しかも，いつも彼は論文添削では B 判定です。推測ですが，彼も課題論文は手抜きで書いていたのでしょう。結果は一発合格でした。

IT ストラテジスト試験を一発合格した受講者の話のオチは，というと，一番目の彼は，実はその時，「本試験では，先生の指導を思い出して，本気で書きます」と言っていたのです。二番目の彼も，本試験の時は本気で指導内容を思い出して書いたのでしょう。そうです，「思い出す」これです。午後Ⅱ論述式試験が始まる前には，本書で学んだ内容，通信教育などで添削を受けた場合は添削の指示内容，これらをしっかりと思い出し，合格に向けた論文設計のイメージトレーニングすることが重要なのです。

7.3 論文ネタの収集演習をする

では，7.2（2）でリストアップした項目に沿って平成 28 年午後Ⅰ問 2 の問題から論文ネタを収集する演習を行います。

（1）プロジェクトの特徴を挙げる

プロジェクトの特徴を抽出してみましょう。特徴は，簡潔に表現することが重要です。長い内容を説明されても，特徴にならないからです。

ミニ演習 1

話の脈絡を作り 110 字前後でプロジェクトの特徴を挙げよ。

ただし，語尾は，「プロジェクトの特徴としては，～という点を挙げることができる」とし，特徴は簡潔に表現する。

（2）プロジェクトの実行中に察知したプロジェクトの目標の達成を阻害するリスクにつながる兆候を挙げる

予算超過，進捗遅れや品質低下は「問題」です。兆候ではありません。

ミニ演習 2

プロジェクトの実行中に察知したプロジェクトの目標の達成を阻害するリスクにつながる兆候を 50 字以内で二つ挙げよ。

（3）兆候をそのままにした場合に顕在化すると考えたリスクとそのように考えた理由を挙げる

兆候をそのままにした場合に顕在化すると考えたリスクをそのように考えた理由を挙げます。

設問で問われている項目に対して明示的答えることも重要です。「理由」，「リスク」というキーワードを文章の中で使用して明示的に答えるようにしましょう。

ミニ演習 3

「〜という兆候が悪化すると」など，兆候と絡めながら，兆候をそのままにした場合に顕在化すると考えたリスクとそのように考えた理由を，二つ挙げ，それぞれ150字以内で述べよ。ただし，“理由”，“リスク”という言葉を使用すること。

（4）対応が必要と判断したリスクへの予防処置を挙げる

「なぜならば〜」を活用して，専門家としての考えをアピールしてみましょう。連発すると効果が薄れるので，一つだけ「なぜならば〜」としてみましょう。字数は特に指定しませんが，「なぜならば〜」を含む解答は最大 180 字程度になります。

ミニ演習 4

「〜というリスクについては」などと展開して，リスクごとに対応が必要と判断したリスクへの予防処置を述べよ。ただし，“なぜならば〜と考えたからである”を一つ盛り込むこと。

（5）リスクの顕在化に備えて策定したリスク対応計画における対策を挙げる

ここでは，「なぜならば〜」と「ただし，〜」という展開を一つずつ盛り込んで論旨展開してみましょう。字数は一つの解答で 200 字前後が目安です。

ミニ演習 5

リスクごとに，リスクの顕在化に備えて策定したリスク対応計画における対策について述べよ。ただし，“なぜならば〜と考えたからである”と“ただしという新たな課題が生じた”を一つ盛り込むこと。

7.4 論文ネタを確認する

では，解答例を確認しましょう。なお，解答例はただの例です。論述式問題では正解はありませんから，参考程度と考えてください。

(1) プロジェクトの特徴を挙げる

ミニ演習 1 解答例

プロジェクトの対象システムは複数のシステムと連携していることから，プロジェクトの特徴としては，ステークホルダの数が多いという点を挙げることができる。

【解説】

記述式問題の最初の段落に，「このシステムの特徴は～」とシステムの特徴が書かれています。システムとプロジェクトは違いますから，通常はシステムの特徴とプロジェクトの特徴は違います。ただし，この問題で書かれている「ステークホルダが多い」という特徴については，プロジェクトの特徴としても問題ありません。これを特徴として文章を作り，解答例のようになりました。

(2) プロジェクトの実行中に察知したプロジェクトの目標の達成を阻害するリスクにつながる兆候を挙げる

ミニ演習 2 解答例

①A 社のステークホルダはＰ社に不満をもっている

②P 社の開発チームのメンバの中には，自分の意見を明確に言えない者がいる

【解説】

記述式問題の〔前回開発の問題を踏まえた改善〕の直前に書かれている箇条書きから，兆候を抽出しようと考えました。解答例にある「A 社のステークホルダは P 社に不満をもっている」という内容は，プロジェクト実行中の兆候としては問題ないと考えます。ただし，問題文においてこれに続けて列挙されている「P 社の開発チームは，十分なチームワークを発揮できていない」については,このような結論に至る原因の方が兆候として適切と考え，他を探しました。そこで，〔開発チーム内部の改善〕の(1)の内容を踏まえて，「P 社の開発チームのメンバの中には，自分の意見を明確に言えない者がいる」としました。

（3）兆候をそのままにした場合に顕在化すると考えたリスクとそのように考えた理由を挙げる

ミニ演習３解答例

①A 社のステークホルダはＰ社に不満をもっているという兆候が悪化すると，A 社と P 社間のコミュニケーションが悪化する。そのため，A 社と P 社の要求の解釈が違っているために，その違いが現場による受入れテストまで発見できないという理由によって，開発の手戻りが発生するリスクがあった。

②P 社の開発チームのメンバの中には，自分の意見を明確に言えない者がいる，という兆候が悪化すると，チームワークを十分に発揮できない状況に陥る。さらには，チーム内部の状況を的確にメンバ間で共有できないという理由によって，始めの予兆段階で早期に問題を解決できず，大きな問題に発展してしまうというリスクがあった。

【解説】

解答例①は，〔前回開発の問題を踏まえた改善〕の前半部分の箇条書きの 4 つ目の「大きな手戻りとなった」などの記述を参考にして導いています。解答例②は，〔チーム内部の改善〕の(2)の記述などを参考に導いています。

（4）対応が必要と判断したリスクへの予防処置を挙げる

ミニ演習４解答例

①開発の手戻りが発生するリスクについては，要求事項一覧表を基に，P 社が要件定義書を作成して，A 社の情報システム部が要件定義書をレビューし承認する旨を，A 社情報システムから了承を得た。

②大きな問題に発展してしまうというリスクについては，チームワークの改善について，メンバ全員で話し合いの機会を設けた。そこで，問題として鮮明になる前でも構わないので，チームで話し合うことをメンバ全員で確認した。なぜならば，情報共有の促進によって問題を早期に発見することで，問題の悪化を予防し最終的には開発の手戻りを減らせると考えたからである。

【解説】

解答例①のリスクへの予防処置は，記述式問題の下線①の内容や，設問 1 の(2)の解答例を参考にして導いています。このように，論文ネタは問題文のみならず，設問の解答からも収集できます。

解答例②のリスクへの予防処置は，〔開発チームの内部の改善〕の後半の記述を参考にして導いています。この問題では，いろいろな PM としての活動が書いてあるので，論文ネタとして自分にあった PM の活動を選んで，自分なりに表現を変えるのもよいでしょう。

(5) リスクの顕在化に備えて策定したリスク対応計画における対策を挙げる

ミニ演習 5 解答例

①開発の手戻りが発生するリスクについては，要件漏れなどによって開発の手戻りが発生する場合，早期に問題の状況を利用者部門と共有して，早期に問題解決を図る旨を A 社情報システム部に提案して了承を得ることにした。なぜならば，過去の状況から，問題解決のための依頼が後手に回ることが多かった。今後は，早めに利用者部門に相談することで，後手に回るよりも，早期の方が問題解決のための選択肢も増えると考えたからである。

②大きな問題に発展してしまうというリスクについては，情報共有が推進できず，特定のメンバが困難状況にある場合，メンバ間の相互支援ができるように，朝夕の短期ミーティングを実施する対策を計画に盛り込んだ。ただし，ミーティングを開催すれば，問題を効率的に解決できるとは限らないという課題があった。そこで私は，相互支援方針を作成して，困難状況にある特定メンバの支援の仕方をまとめた。具体的には，"クリティカルパス上にある作業を担当するメンバ以外は，特定メンバへの支援を行う" などである。

【解説】

解答例①については，問題にある表 1「顧客報告についての R 主任の改善案」を参考にしました。表の "要望 3" にある「早めに相談してくれれば，取り得る選択肢も広がるので，善処してほしい」という問題文の記述を流用して解答例 1 を作成していることを確認してください。

解答例②については，〔開発チーム内部の改善〕の後半の記述を参考にしています。問題文の最後の段落にある「朝夕の短時間ミーティングの開催や，困っているメンバに対する相互支援などの改善方針をまとめた」という記述が，解答例に流用されていることを確認してみてください。

このようにすることで，記述式問題から論述ネタを収集できることが分かったと考えます。この章に書かれている内容に倣って，他の記述式問題から論文ネタを収集してみましょう。

この章は，午後 I 問題を使って論文を書いてみる，という趣旨で書かれています。では，第 1 部の各章で説明した論述テクニックと，この章で収集した論文ネタを基に，平成 28 年午後 II 問 2 の論文を書いてみましょう。

コーヒーブレーク

「踊る論文指導」3

解答例を確認すると，“記述式問題を丸写し”になっている。

読者の皆さんは，そう思うでしょう。筆者は，皆さんが論文のネタとするときは各自の事例に合わせて表現が違ってくる，と考えています。したがって，この章を読んだ皆さんの本試験の解答が同じになるとは思っていません。丸写しの方が，記述式問題のどこを参考にしたか，分かりやすいと筆者は考えています。

論文のネタの収集については，もし余裕があれば，(1)本試験当日の記述式問題も収集対象になると考えて，記述式問題を解く，(2)記述式試験が終了して，昼食です。次の論述式試験の開始までに記述式問題を見直して論文ネタを収集する，ということもやってみてください。

第8章

本試験に備える

ここでは，試験の前までにしておくべき準備についてお話しします。

論述式試験対策を十分に行っていても，いざ試験となると実力を発揮できない受験者もいることでしょう。この章に書かれたヒントを活用して，ゆとりをもって試験に臨んでください。

8.1 2時間で論述を終了させるために決めておくこと

（1）論述のマイルストーンと時間配分を決める

筆者自身の受験やセミナー経験に基づいて，次のようなマイルストーンを設定しています。

試験中は解答を書くことに精一杯の状態ですから，最小限のマイルストーンにすべきですし，所要時間には個人差があるからです。この例を参考にして，自分用のマイルストーンを設定してみてください。

時刻	内容	説明
14：30	試験開始 ①問題選択 論文設計 設問アの論述	**①　試験開始～35分で設問アの論述を終了する** 問題選択から，論文設計，設問アの論述終了までを35分で終了させます。慣れてくると30分くらいでできるようになるでしょう。
15：05	②設問イの論述 （設問イ，ウで75分）	**②　40分前に設問イの論述を終了して10分前に設問ウを完了する** 論文の中核となる，設問イとウを75分で書きます。設問イが45分，設問ウが30分ほどの配分になるでしょう。 ここまでは，集中して問題に取り組んでください。決して，設問イを書き終えただけでは安心しないでください。
15：50	②設問ウの論述 （設問イ，ウで75分）	
16：20	③2分間の休憩	**③　2分間の休憩** あせって見直しをすると，消しゴムを使う際に，必要な箇所を消してしまったり，きちんと消されていないところに字を書いたりしてしまいます。そのようなことがないように，見直しをする前に2分間かけて気持ちを落ち着かせましょう。
16：22	④5分間の見直し	**④　5分間で論文の見直し** 誤字，脱字，主語と述語の掛かり受けをチェックします。ここでは，しっかりと消しゴムで消して修正します。大幅な修正の場合は，残り時間を確認してから，修正を開始するようにしてください。残り時間がない場合は，修正をしないか，少ない修正で済むように工夫しましょう。 最後に，受験番号の記入，問題番号の選択など，合格に必須な要件をチェックします。答案用紙の間に挟まった消しゴムのカスをきちんと取り除いておきます。
16：27	⑤3分間の予備時間 試験終了	**⑤　3分間の予備時間** 不測事態の発生に備えて，予備時間を3分間，確保しておきましょう。
16：30		

ここがポイント！！！！！！！

★答案用紙のカーボンコピー状態に気を付ける！！

答案用紙は400字の両面です。鉛筆で文字を書いた面を合わせて，裏から書くと，鉛筆で書いた文字が接触している反対側の答案用紙に相互に写ってしまい，読みにくい論点になります。答案用紙は，問題冊子を下敷きにして書くか，重ねて書かずに1枚ずつ書くようにしてください。

(2) 問題の選択優先順位を決めておく

問題の選択は，合否に大きく関わります。別の問題を選択しておけばよかったと後悔しても，どうにもなりません。また，論述式問題では，難易度が高い問題と低い問題間で点数の調整は行われません。

では，問題の選択について考えてみましょう。

試験問題に直面すると，問題は次のパターンに分類できます。

① 準備した論文で対応可能な類似問題

添削済みの論文があり，既に合格レベルの論文を書いた経験がある問題が出題されたケースです。この時点で，かなり合格に近い状況ですが，決して喜ばないことです。私は，安心して論文を書いていて，最後に時間不足になって不合格になった受験者の方を知っています。

② 実務経験に関連した問題

既に経験したことのあるオフショアに関する問題などが出題されたケースが，これに該当します。

③ 工夫した点や能力がアピールできる問題

専門知識や実務経験が豊富で，問題文を読んで，すぐに工夫した点やアピールすべき能力が思いつく問題です。

④ 問題文と専門知識を基に，論述内容をその場で考える問題

特に実務経験もなく，専門知識がない場合，問題文を参考にして，解答を考えなければなりません。できるだけ，問題文にトピックが書かれている問題を選ぶとよいでしょう。

各自の実務経験や専門知識のレベルに応じて，優先順位を事前に決定しましょう。③や④を重視することを決定した上で学習をすると「予想した問題が出題されなかったために不合格だった」という状況を事前に回避できると筆者は考えています。事前に優先順位を決めて学習することで学習効果も高まり，試験当日に迷ったり慌てたりしないで，落ち着いて問題の選択ができます。

問題を選択したら，直ちに答案用紙の表紙の問題番号を選択してください。このとき，受験番号や生年月日も記入済みであること確認するようにしてください。平成 22 年春の午後Ⅱ試験において筆者は時間ぎりぎりまで，受験番号を記入していませんでした。終了時刻の 5 分前に行った論文の見直しで気づきました。

（3）論文の共通部分を事前に用意しておく

一般に「論文の始めの部分，すなわち，設問アの前半の問いに対する答えについては事前に用意しておく」ことが鉄則です。「いざ，試験」という場面で始めからつまずいていたのでは，最後まで論文を書き終えることは難しいからです。

（4）題材の選び方を事前に決めておく

試験の最中に迷いながら論述したり，題材選びを間違って後悔したりしないように，論述する題材の選び方を事前に決めておきます。次の方法があります。

①　問題に対応して複数の題材から臨機応変に選ぶ

あらかじめ三つくらいの題材に絞り込んでおき，そのうちから最適な題材を一つ選んで論述します。これには，工夫した点や能力を最大限にアピールできるというメリットがあります。反面，題材を選ぶのに時間が掛かるというデメリットがあります。

②　事前に一つの題材に決めておく

どのような問題が出題されても，題材は一つと決めておきます。ある一つのプロジェクトを，題材として固定していかなる問題にも対応させます。これには，迷って時間を浪費しないというメリットがあります。反面，問題によっては，工夫した点や能力を最大限にアピールできない場合があるというデメリットがあります。

このように，一長一短ありますから，どちらの方法に決めても結構です。ただし，①の方法に決めた場合は，複数の題材について設問アの前半部分などを事前に用意しておく必要があります。

なお，どちらの方法を選んでも，基本的には，論文設計をしてから設問アを書くようにしてください。ほかの受験者がカチカチと書く音を出して論述している中で論文設計をするとあせってしまい，設計が不完全になるからです。

（5）消しゴムと筆を選ぶ

この段階で，筆，いや，鉛筆，シャープペンシルを選んでいては遅いですから，既に2時間書いても疲れない自分に合ったものが選ばれていると思います。ここで言いたいことは，皆さんの論文の中には，きちんと消してないもの，必要な部分も消してしまっているもの，黒くこすれているだけのもの，などがあるということです。

消しゴムを使って文字を消すときは，きれいに消して，必要なところを消さないように気を付けましょう。そのためには，急いでいてもきれいに消せる消しゴムを選ぶようにしてください。

Point ここがポイント！！！！！！！

★消しゴムを使うときは，黒い部分をこすりとってから使う

前回使ったときに付着した黒い部分が消しゴムに残っていると，答案用紙を汚します。これをこすって取り除いてから，消しゴムを使うようにしましょう。

8.2 試験前日にすること

基本的に試験の前日は，勉強を適度に抑えて，早い時間に睡眠に就きましょう。でも，その前に軽く論文を１本仕上げてください。これで自信が付きます。

（1）実戦的な論文設計方法を確認する

本書の第１章の図表 1-3 の「受験中に書いた論文設計の例」をチェックして，試験本番で，この作業を確実に実施できることを確認しましょう。本番でも，このようにして論文を設計することで，問題の趣旨に沿った論文を完成させることができます。

（2）論文を１本書く

論述式試験を嫌いにならないでください。いろいろな方から話をうかがうと，残念ながら「さんざん論文を書かされたので，試験ではもう論文など書きたくない人」がいることが分かります。論述に慣れていないと最初は８時間くらい掛かります。これを繰返していると自分の時間がなくなるため，はじめは動機付けができたとしても次第に嫌になってきます。この状態で幾ら論文練習をしても，これでは合格は危ういです。なぜなら，最も重要な試験の日には，論文を書くことが嫌いになっているからです。

はじめの動機付けを維持できるように自分をきちんとコントロールすることによって，このような状況に陥ることを回避することができます。**コントロール目標は，少なくとも試験前日に論文を１本書く**ことです。論文練習が嫌になったら，論文を書かないことも大切です。休みましょう。一度きっちりと訓練した人は，試験前日に１本書いただけで合格できたという例もあります。

ある組織では，試験対策として論文を多数書かされたので，誰も試験前日に論文を書く気が起きなかったそうです。結果は，全員不合格でした。このような状態に陥らないように，皆さんには論述することを好きになってもらいたいと思っています。多くの組織では，昇進試験において論文を書くことになります。筆者も昇進試験において論文を書きました。その経験から，ここで訓練した内容は皆さんの昇進試験でも役立つと思います。

Point ここが ポイント！！！！！！！

★前日に論文を書いた人は合格率が違う

ある組織で，前日に論文を書いた人の合格率を調査しました。その結果，50%前後の合格率であったとのことです。

（3）受験環境を整えるアイテムをそろえる

試験会場は，椅子や机が固定の場合は問題ありませんが，中には固定ではない場合があります。この場合に備えて机がカタカタしないように，机の足と床の間に挟んで安定させるための紙を用意しておきましょう。また，長時間の着席でお尻が痛くならないように座布団も用意しておくとよいでしょう。

受験中の姿勢についてですが，長時間，頭を下にしておくと首が疲れます。長時間たっても大丈夫なように，頭の置き方を工夫するとよいでしょう。筆者は，あまり頭を下げないようにしています。

8.3 本試験中に困ったときにすること

1 年に一度しかない試験です。準備のし過ぎということはありません。用意周到で臨む必要があります。

(1) 時間が足りない事態を予防する

時間が足りない事態に陥らないように，論述中は，適宜，経過時間をチェックするようにしてください。万が一，時間が足りない事態に陥ったら，すなわち，設問ウを書けずに試験時間が終了したら，ほぼ不合格です。

時間が足りない事態を予防するには，最悪でも，設問ウに移る時間を決めておいてください。設問アと設問イをどんなに立派に書いても合格できません。事前に決めた時間が経過したら，うまく論旨を展開し，設問イを切り上げて，必ず設問ウも論述してください。

(2) 文字数が足りない事態に対処する

同じことを何回も書いてある冗長的な論文は合格できませんが，論文の主張を二度書いても，重要なポイントを強調していると判断されて，大幅な減点対象とならない可能性があります。したがって，文字数が足りない場合は，設問イや設問ウにおいて，論文の主張を書いて，合格の可能性を残しましょう。

論文の主張は問題文に書いてあります。“重要である”というキーセンテンスで探すことができます。

(3) 時間が余ったら，これを実行して合格を確実にする

最後にきちんと論文を読み直して，誤字脱字，主語と述語の掛かり受けをチェックしてください。

基本的には，消しゴムで修正してください。しかし，段落の途中で修正箇所の文字数が多くなったり少なくなったりした場合は，修正に時間が掛かる場合があります。この場合は，多少の減点覚悟で，吹出しを使って加筆，あるいは消しゴムで消して二重線を引いておいてください。4.2 を参照してください。

(4) 合格のための20か条

合格のために特に重要なポイントを20か条だけ選んで，次に示します。

合格のための20か条

項番	確認項目	チェック
①	試験直前の待ち時間において合格のための20か条を思い出しているか	
②	「である」調で統一しているか	
③	字を濃く，大きく書いているか	
④	設問文に沿って正確に「章立て」をしているか	
⑤	設問文の問いに全て答えた「章立て」をしているか	
⑥	問題文の趣旨にある「～が必要である」，「～が重要である」，「～しなければならない」，「～を踏まえて」などを確認し，問題の趣旨に沿って論文を設計しているか	
⑦	課題に対して，一般論ではない複数の対策案を示し検討する展開，あるいは困難な状況からのブレークスルーという展開を盛り込んで，工夫した点をアピールしているか	
⑧	対策中に発生すると予測できる課題やリスクに対処するという展開を盛り込んで，専門家としての能力をアピールしているか	
⑨	組織内でしか通じない用語を使わずに，一般的な専門用語を活用して簡潔に表現しているか	
⑩	設問アの文字数を700字～800字にしているか	
⑪	設問イとウの論述開始箇所は，答案用紙に指定されたとおりか	
⑫	“具体的には～”などと展開して事例を挙げて主張性を確保しているか	
⑬	定量的に表現して客観性を確保しているか	
⑭	課題を明示してから対策について論じているか	
⑮	“～と考え”，“なぜならば～”という展開を盛り込んで，専門家としての考えや，そのように考えた根拠をアピールしているか	
⑯	プロジェクトの特徴や制約条件を踏まえた論旨展開をしているか	
⑰	設問イの字数は800字，設問ウの字数は600字を確実に超えているか	
⑱	最後を“ー以上ー”で締めくくることを忘れていないか	
⑲	論文を見直して，略字，当て字，誤字脱字をチェックしているか	
⑳	答案用紙の間に挟まった消しカスの除去，受験番号や問題の選択の○印など記入を確認しているか	

(5) 採点者に誠実さを示す

プロジェクトマネージャ試験特有だと思うのですが，論述式試験の終了間際まで解答を確認している受験者が少ないです。あるときは，一生懸命論述している受験者は，筆者だけと感じることもありました。皆さん，余裕で答案用紙を閉じているのです。

余った時間があれば，しっかりと回答を見直し，必要があれば残り時間を考慮した上で回答を修正してください。受験者の誠実さは，回答用紙を介して採点者に伝わります。誠実さが伝われば，採点者も誠意をもって論文を読んでくれます。

Point ここがポイント！！！！！！！

★採点者に誠実さを示す！！

答案用紙に空白マスや文字の挿入があった場合，減点の対象とされても仕方がありません。ただし，脱字や意味が通らない文章を書くよりは，結果的に得点が高くなります。弊社が実施している公開模試を採点する場合ですが，筆者はこのように修正してある論文について，“きちんと見直しをしている”と判断して好印象を受けます。

Point ここがポイント！！！！！！！

★採点者はルール違反しない限り，しっかり読んでくれる！！

情報処理技術者試験ガイドラインのトピックに書かれている内容を紹介します。それによると，採点者が，ある答案用紙を開いてびっくりしたそうです。なんと，論文を縦書きで書いてあったそうです。論述式試験の問題冊子には「横書き」を指示していないので，採点者は時間をかけてしっかり読んだそうです。受験者がルール違反をしない限り，採点者はしっかり解答を読んでくれると考えてください。

第9章

受験者の問題を解消する

最後に，筆者が受験者から受けた質問とその回答を紹介します。

質問者には，セミナーの受講生，株式会社アイテックが行っている通信教育の受講生などがいます。読者の皆さんと共通する質問があるかもしれません。学習の参考はもちろん，困難な状況に陥った際の回復の手助けになると思い，紹介させていただきます。

なお，いろいろな方からの生々しい質問とその回答を集めたＱ＆Ａ集であるために，一部に冗長な内容がある点をご了承ください。

9.1 学習を始めるに当たっての不明な点を解消する

筆者は応用情報技術者試験の対策セミナーの講師も務めていますが，その際，応用情報技術者試験に合格したら，次は何を受験するかという質問をすると，ネットワークやデータベースのスペシャリスト系を目指す方が圧倒的に多いことが分かります。スペシャリスト系以外のシステムアーキテクト，ストラテジ系やマネジメント系などの試験区別を受験しない理由を聞いてみると，実務経験がないから，論文があるから，などの回答をもらいます。しかし，マネジメント系やストラテジ系などの試験を目指さない本当の理由は，論文の書き方や合格レベルなど，論述式試験の実態がよく分からないからだと思っています。

それについては，本書によってかなり理解が進んだと思います。しかし，学習の開始時点，中盤，仕上げ，それぞれの局面において不明な点があると思います。それらを，適宜，解消するために，この章を書いてみました。まずは，学習を始めるに当たっての不明な点を解消していきましょう。

（1）学習を開始するに当たって不明な点を解消する

合格する人の論文って，どのような論文ですか。

オリジナリティが盛り込まれている論文です。

受験する試験区分と，皆さんの実務の分野が合っている場合は，実務経験を基本にして，本書の第1部で紹介している論述テクニックを活用して，第2部の事例にあるトピックを盛り込むなどして論述するとよいでしょう。

受験する試験区分と，皆さんの実務の分野が完全には合っていない場合について考えてみます。システムアーキテクトの実務に携わっている方がプロジェクトマネージャ試験を受験するときは，プロジェクトマネージャとも仕事をしているはずですから，そのプロジェクトマネージャの立場になって，論述すればよいでしょう。また，コンピュータシステムの基盤関連，サーバやネットワーク環境の構築の実務に携わっている方は，システムアーキテクトとも仕事をしているはずです。このようなことは，システムアーキテクト，IT サービスマネージャ，IT ストラテジストなどの試験を受ける多くの方に当てはまると考えます。

受験する試験区分と皆さんの実務の分野が完全に合っていなくとも，立場を変えることで実務経験を論文の題材にして論述できます。したがって，事例の詳細を書けば，論文にオリジナリティを盛り込むことは難しくないと考えます。問題は，実務経験と関係のない試験区分を受験する場合です。例えば，実務経験のない新入社員が受験する場合です。

実務経験のない場合であっても，オリジナリティを盛り込んでいる論文を書ける方は合格できる可能性が高いです。実務経験のない場合，サンプル論文などの事例を参考に題材を考えると思います。その際，サンプル論文をそのまま流用する論文を書いている人よりも，サンプル論文の事例を，自分が考えたオリジナルの題材に適用して論述する人の方が合格の可能性が高いと，経験的に推察します。整理すると次のようになります。

実務経験がない場合，サンプル論文の切貼りをして論文を書くよりも，サンプル論文の事例を自分のものにするために，一時的に完全消化して，その消化したものを，自分の考えた題材に適用するスタイルで論述演習をした方が合格の可能性が高まるということです。**本書の第 1 章図表 1-2 や 1-3 の作業をしているということですね**。サンプル論文の事例を，自分の考えた題材に適用しているので，完成した論文にはオリジナリティがあります。

学習以外に合格に必要な要素は何でしょうか？

動機付けと時間の有効活用です。

ある受験者が「先生，早く論文を書かせてください。去年，同期が合格して，私は不合格，同期には絶対に負けたくはない」と筆者に詰め寄ってきました。すごい気迫です。最終的に，この方は合格しました。でも，自己採点の午前試験がぎりぎりでした。私は，この「同期には絶対に負けたくない」という動機付けが，合格を引き寄せたと思っています。本番では，朝から試験を始めて，午後Ⅱの終盤は，もう夕方になってきます。この時点での踏ん張りを支えるのが，この動機付けです。学習を開始する前に，何を糧に合格を引き込むのかを決めるようにしましょう。

講師をしていて，「あなたは合格できるから大丈夫です」と言ってしまうことがあります。余計なプレッシャーを受講生に与えるので，本来は控えるべきです。それにも関わらず，時間の有効活用をしている受講生を見てしまったとき，これを筆者は言ってしまいます。忙しくて学習時間を確保できない理由は，幾らでもあります。例えば，講義開始を待つ時間が 1 分でもあれば，それを学習時間に回すべきです。

余計なことを言うと，時間の有効活用を突き進めて考えると，“何かを失わないと，新しいものを得ることができない”とも言えます。例えば，同僚との昼食後の会話を少しの期間だけやめて，学習時間を確保するなどを検討する必要があるかもしれません。

（2）論文を設計するに当たって不明な点を解消する

論文は何本も書く必要があるのでしょうか。

少ない人で2～3本書いて合格しています。

合格までに書く論文の数ですが，個人差があるので何とも言えません。本をよく読む人は少ない数で合格できる可能性が高くなると考えています。

本書によって習得してもらいたいことは次の二つであり，重要なことは，これらを分けて考えて欲しいということです。

①論文を設計できるようになること

②設計に基づいて論述できようになること

論述することは時間の掛かる作業です。したがって，①よりも②の作業に時間が掛かると考えるのが一般的でしょう。そこで次のように考えてください。②ができるようになり，いろいろな問題について①を繰返して演習すれば，時間の掛かる②の作業をしなくとも，本番試験における問題に対応でき，効率的に合格の可能性が高められるということです。言い換えれば，設計に基づいて論述できようになれば，"いろいろな問題について論文を設計することで，その問題を解答できることと同じ効果を見込める"ということです。論文設計は論述より時間が掛からないので，効率的ですよね。

問題文には，よく「あなたの経験に基づいて」とありますが，問題文のトピックを論文に引用することを優先すると，経験がない論文の題材について論述することになります。このような場合，次の点について，どちらを優先すべきであり，また採点上有利なのでしょうか？

① 「あなたの経験に基づいて」を重視して，問題文のトピックは無視し，設問に沿った論述をすべきである

② 専門家として，専門知識を基に，問題文のトピックを活用して，設問に沿った論述をすべきである

②を優先すべきであり，②が有利です。

最初に，問題文の趣旨に沿って書くことは必須であることを確認しておきましょう。問題冊子に書いてあるからです。次に問題文に書かれているトピックの活用について検討します。

質問に答える前に，経験に基づいて論文を書ける，書けない，について話をしてみます。

あなたの経験に基づいて書けるなら，①を選択すべきです。ただし，設問に全て解答するとともに，本試験の問題冊子に書かれているとおり，問題文の趣旨にも沿って書くことが求められていると考えてください。経験をそのまま，設問に沿って書いただけでは，合格できないケースがあるということです。合格するためには，問題文の例には従わなくともよいですが，設問のみならず，問題文の趣旨に沿って書かなければならないということです。

経験に基づいて書くことができないなら，②を選択すべきです。すなわち，問題文に挙がっているトピックをなぞる程度に書くのではなく，それらのトピックを基に，さらなる論旨展開をする方法です。このようにして問題文のトピックを活用すると，問題文の趣旨に沿って書くことになりますから，論文が B 判定になる最大の要因を回避できることにもなります。

どちらを優先すべきであるかという点について，経験に基づいた論述の観点から書きましたが，少し分かりにくい点があると思います。どんなに経験がないとはいえ，実際には，専門知識と経験の両方を論文に書くからです。この点を踏まえると，最終的に質問に対しては②を優先すべきと回答します。なぜならば，経験がないとは言え，論述には専門知識と経験の両方を書いてしまうことから，**経験も専門知識として論述のために再利用可能なように整理しておけばよい**からです。自分の経験を基に設問文に答える論文を書けたとしても，本試験では問題文の趣旨に沿って書くことも求められています。筆者の講師経験から①を優先すると，事実に沿って書くために，問題文の趣旨に沿って書くことを軽視しがちになるようです。これでは，問題文の趣旨に沿っていないことを理由に B 判定になります。

どちらが採点上有利なのかという点については，IPA が発表する午後Ⅱ講評をホームページでチェックしてみると分かります。不合格の論文には問題文の趣旨に沿っていない論文が多いです。したがって，2 時間という短い時間内で，問題文の趣旨に沿って書ける②が有利と判断します。

Q 設問アの内容を踏まえて設問イを論述する，あるいは，設問アや設問イの内容を踏まえて設問ウを論述することは，必須なのでしょうか？

A 設問文や問題文に踏まえることを明示している場合は踏まえる展開をしてください。

設問文において，設問イやウで，踏まえることを明示している場合は，必ず踏まえる展開をしてください。設問文に明示していなくとも，問題文の趣旨に書いてある場合も，踏まえる展開が求められていると考えてください。それ以外の場合，合格論文を書くためには，必須，というわけでありません。論文の一貫性がより向上し，説得力が増すと考えてください。踏まえる展開を盛り込むことで，一般的な対応ではなく，状況に応じた対応ができることを採点者にアピールすることができます。これによって，一般論を論じる受験者よりは，アドバンテージがあると考えることができます。

9.2 学習中の問題を解消する

本書を読んだ直後に合格レベルの論文が書けるわけではありません。論述テクニックを，①説明できる，②使うことができる，③使って合格できる，この三つのプロセスを経る必要があります。ここでは学習中の質問について答えてみます。

（1）論文を設計できる

本書の第1部を2回熟読しました。実際，何から始めたらよいのでしょうか？

A

Just Do it！ 関所No. 1～6までをやりましょう。

それが終わったら，新たに解きたい問題について，Just Do it！ 関所 No.4～6までをやってください。

Q

本書に，ワークシートを活用した論文の書き方が紹介されています。しかし，実際の試験においてはワークシートを書いている時間などないはずです。更に，このワークシートによる論文の書き方がどのような場面で役に立つのか，分かりませんでした。

A

ワークシートは論文設計方法を習得するためのツールです。

ワークシートについてですが，論文を書いたことのない，論文の書き方の分からない人のために，“ワークシートに基づいた論文の書き方”を紹介しています。本書では，“工夫のアピール”や“能力のアピール”などの論旨展開を利用して，問題文の趣旨に沿った論文を書けるようになるという意図で説明しています。

論文の書き方が役に立つ場面ですが，本番の試験で問題を見た場面で役立ちます。ワークシートにある，工夫のアピール，能力のアピールなどの論旨展開ができるようになれば，ワークシートを使わなくとも，問題文の趣旨にあるトピックや，自分で追加したトピックを活用して論旨展開ができると考えています。

質問書で“分からない”としか，答えられない質問項目があります。どうしたらよいでしょうか？

“分からない”を選択してください。ただし，分からない理由を簡潔に書くとよいです。

理由を“分からない”の下に書いておくとよいです。質問書はコンピュータ採点ではありませんので，分からない箇所については，採点者に“受験者の誠意”が伝わればよい，と考えてください。“答えようと努力していない”，“記入漏れのミスがある”と採点者に判断されなければ問題ありません。

本書で書いてある内容を全て反映しないと，合格論文にならないのでしょうか？

いいえ。ただし，反映できるようになる必要はあります。

本試験の時間は限られています。短い時間内に合格を引き込むためには，いろいろな論述テクニックを取得しておく必要があります。取得した論述テクニックを時間内に，適宜，引き出して活用すればよいでしょう。多肢選択式問題や記述式問題では，本試験の採点で 60 点以上が合格です。それと同様に，本書の内容の 6 割ほどを本試験で実現できれば，合格レベルに達すると考えています。ただし，専門家としての“考え”をアピールすることは必須と考えてください。

(2) 論述できる

問題文の前の質問書の内容で答えられない項目があり未記入にしておきましたが，減点対象になるのでしょうか？

未記入は，本試験の採点では減点対象になります。

未記入ではなく，少なくとも「分からない」を選択するようにしてください。しかし，論述式試験のある試験区分で「分からない」は，採点者によい印象を与えない可能性があります。そこで，分からない理由を「分からない」の下に小さく書いておくとよいでしょう。質問書はコンピュータ採点ではありませんので，本当に分からない項目については，採点者に“受験者の誠意”を伝えればよい，と考えてください。

“努力もしないで”と採点者に判断されないように，未記入だけはやめましょう。

論文を書く上で，高いレベルの守秘義務についてはいかがでしょうか。

あなたが判断すべきです。

結論を先に言うと，これは，あなたとあなたの会社との契約，あなたの会社と顧客との契約に関係する話なので，私には契約の内容は分かりませんからあなたが判断すべきです。回答者はあらゆる責任を負うことはできません。以上を前提に，これからは一般的な話をさせていただきます。

高いレベルの守秘義務の場合，試験関係者から万一漏えいした場合，重大な社会不安を引き起こす可能性があります。例えば，国防など国家機密に関する題材などは書くべきではないでしょう。

また，宝くじシステムのように，システム名で顧客が一意に決まるシステム名の場合も守秘義務の問題が生じます。そこで私は，例えば，金融商品管理システムという表現で対処するように指導しました。参考にしてみてください。

Q

２部の事例集にある論文のように書かなければ，合格できないのでしょうか？

そのようなことはありません。２部の事例集の主目的は，本書の読者による論文内のトピックの再利用です。

2 部の事例集の論文は，字数も多く，書かれているトピックも多いために，実戦的な合格論文ではないものがあります。本書の読者が，①論文を書く際の体裁を確認するため，②論文を書くためのトピックを集めるため，に事例集の論文を掲載していると考えてください。基本的には，事例集の論文は，事例集の論文に書かれているトピックを問題文の趣旨に合うように再構成することで，論文が書けるようになっています。

では，実戦レベルの合格論文はどのように確認すればよいでしょうか。本書では手書きで書いた論文も掲載していますから，それを参考にしてください。ただし，論文の題材が違います。したがって，本書をしっかりと学習して，規定時間内に自分で論文を書いてみてください。本書を学習すれば，自分の欠点は自分で分かるはずです。その欠点を改善した論文があなたの実戦レベルの合格論文と考えてください。

「なぜならば……」の後の記述について，重要なことは分かりましたが，やはり書けません。

グリコのおまけ法で考えてみては，どうでしょうか。

論文設計する際に重要なことは，“採点者に何をアピールして合格を決めるかを明確化する”ことです。これをキラーメッセージと呼んでいます。キラーメッセージを自分で説明できないと論文を設計した意味がありませんし，合格も難しいでしょう。

キラーメッセージの一つが，“なぜならば”の後の文章です。前述した二段論法や三段論法に加え，ここで一つの発想法としてグリコのおまけ法を考えてみました。通常，見込まれる効果に加えて，副次的な効果をアピールする方法です。次のような例を挙げることができます。

私はグリコのキャラメルと買うことにした。なぜならば，キャラメルも美味しいし，楽しいオモチャも付いているからである。

どうでしょうか。読んでいて納得しませんか。「なぜならば……」の後の文章は難しいです。しかし，その難しさを分かったということは，合格に近づいている証拠です。「私はAを先に行った。なぜならば，AよりもBの方が順番が先だからである」などと書いていては，採点者を納得させることは難しいですからね。

（3）評価を上げることができる

会社の先輩に論文を添削してもらっていますが，試験ではB評価から上がりません。どのような対策を講じればよいでしょうか？

第三者による添削が効果的です。

いろいろな原因が考えられますが，会社の先輩に論文を添削してもらっていることを踏まえると，原因としては，**社内で内輪受けする内容を書いるために第三者が理解できず合格できない**，ということを挙げることができます。ある会社で，社内で相互に論文をレビューしていましたが，論文を5本以上書いても誰も合格できない状況でした。あるとき，本書を基にセミナーを実施したところ，合格率が6割に達しました。内輪で優秀な論文は，第三者が読むと，内容が分かりにくい論文になっているようです。以上の点を踏まえると，先輩ではなく，別の第三者にも読んでもらうことを考えてはいかがでしょうか。

B評価は何が足りないのでしょうか？

基本以外の全てが足りない可能性があると考えるべきです。

論文の内容によって，いろいろと考えられますので，一般的な点から回答させてください。まず，午後Ⅱの評価の分布ですが，不合格のほとんどはB評価です。したがって，**B評価は，もう少しで合格ではない**と考えてください。B評価であっても，もしかしたら，いろいろと改善すべき点があるということです。B評価となる原因と対策について，次に説明します。

① 問題文の趣旨に沿っていない

設問文に答えるだけでは，問題冊子に明記してある，問題文の趣旨に沿って書く，という条件を満たしてないということです。問題文を基にしっかりと論旨展開を設計する必要があります。これは，書ける内容を論述するのではない，ということでもあります。**合格するためには，問題文の趣旨に沿うように，論述内容をその場で考える**ことも重要です。

② 論文としての体裁に欠けている

論文に“思う”は禁物と，20 年以上前に教わりました。それを平成 21 年春のプロジェクトマネージャ試験で試してみました。設問ウで“思う”を連発です。やはり，B 評価となりました。内容はともかく，**“論文としての体裁に欠けている”など，採点者に不合格になる明白な口実を与えてはならない**，と考えるとよいでしょう。

③ 専門家としての“考え”のアピールが不足している

設問イやウでは施策などを問いますが，採点者は施策を導いた根拠や考えを探していると考えてください。なぜならば，施策などはテキストなどに書かれている一般論で書けるからです。専門家としての“考え”は，論文の題材ごとに異なるために，受験者の能力を評価しやすいと考えるとよいでしょう。

④ 専門家としての能力のアピールが不足している

例えば，施策を講じたら成功した，という論旨展開では，採点者は受験者の能力の程度が分かりません。したがって，施策を講じると新たに生じるリスクなど説明し，事前にリスク対策を講じておくという展開の方が，採点者に能力をよりアピールできるでしょう。このような能力アピールの論旨展開をしっかりと設計することが大切です。

⑤ 問題文の記述をなぞっている

論文の“結論”と問題文のトピックを同じにしているケースです。問題のトピックから論旨を展開させることが重要です。

以上，主なポイントを説明しましたが，詳細については論文の設計方法や論述方法が書かれている章で確認してください。

（4）2時間以内に論文を書き終えることができる

論文を2時間で書き終える方法を教えてください。

まず3時間で書き終えるように訓練してください。

時間内に書き終えるために重要なことは，字数を多く書き過ぎないということです。余裕をもたせて規定字数を 3 行ほど超過すればよいです。その上で，まずは 3 時間ほどで書き上げることができればよいと考えてください。

自宅において3時間で書ければ，本試験で2時間以内に書けるという根拠は，ただの経験則です。筆者も自宅では，なかなか 2 時間で書き終えることができません。しかし，本試験では2時間以内で書いています。

(5) 通信教育の課題を書ける

通信教育の論文の課題に取り掛かっているのですが，提示されている課題に関して経験がなく，全く書くことができずにお手上げの状態です。

知識を基に論述してください。

本書では，問題文を膨らませて論文を書く方法を推奨しています。さて，この膨らませるための知識を，具体的にはどこからもってくるかが，問題になります。基本的には，専門知識，実務経験からもってきます。ポイントは，経験も知識の一部として，再利用可能な状態に整理することです。質問では，実務経験がない，ということですね。したがって，専門知識からもってくるしか方法はありません。このような場合，私はセミナーなどで，次の方法を指導しています。

① 専門知識の学習
② 事例集のトピックの専門知識化，すなわち，論文へのトピックの流用
③ 問題文を基にした実務経験者へのインタビュー

最近のセミナーでは，特に③を推奨しています。インタビュー技法を確認した上で，いろいろな経験者にインタビューしてみてください。インタビュー技法に関する専門知識も，論述に必要になるかもしれません。

なお，論述に最も重要なことは，筆者がいただいた合格者からのメッセージから分かります。それは，問題文の趣旨に沿って書くために，問題文を膨らませますが，**その際に最も重要なことは一生懸命考えること**です。論文設計は，そのための訓練と考えてください。

（6）論文添削の結果を有効に活用できる

Q 通信教育の論文添削を受けました。論文を書き直したいのですが，効果的な方法を教えてください。

A 添削内容を漏れなく反映するために，書き直す前に，添削内容に基づいて青色のペンで添削後の論文を修正しましょう。

添削しても添削内容が書き直した論文に反映されていないケースが多いです。これでは効果的な学習とはいえません。添削結果を基に，どのように書き直したいのかを，赤の添削内容の近くに青色のペンで書いてみましょう。そのようにすることで，添削内容を有効に論文に反映できます。その上で，論文を別の用紙に書いてみるとよいでしょう。

Q 論文課題の実施は，時間はあまり気にせずに，完成度を優先した方が効果的でしょうか。それとも，制限時間内で書くようにした方が効果的でしょうか。

A 合格レベルの論文を書くことを優先してください。

合格レベルの論文を書くことが重要です。時間短縮は，その後に訓練してください。

自宅で，3 時間で書けるようになると，本番において 2 時間で書き終えられ可能性が高まります。なお，本試験における時間管理の方法は，本書の説明を参考にしてください。

9.3 試験前の問題を解消する

ひと通り学習が終わると，新たな疑問が出てくると思います。次は，学習後の質問に答えてみます。

（1）問題の選び方を説明できる

Q どのように問題を選択したらよいでしょうか？

A 一つの方法としては，問題文にトピックがより多く挙がっている問題を選ぶという方法があります。

どのような問題が出題されても合格論文を書けるように，問題文を活用して論述する方法を取得してください。これができれば，最短で合格できる可能性が高くなります。

（2）問題の趣旨に沿って書ける

Q 実務経験がないために，問題文の趣旨に沿って書けません。対処方法を教えてください。

A トピックを収集して再利用可能なように整理しましょう。

実務経験があっても，問題文の趣旨に沿って書くことは難しいです。実務経験がない場合，論述に必要なトピックは，前述のとおり，次のようにして，収集する方法があります。

① 専門知識の学習
② 事例集のトピックの専門知識化，すなわち，論文へのトピックの流用
③ 問題文を基にした実務経験者へのインタビュー

トピックを収集したら，論文で再利用できるように，自分の言葉で整理することが大切です。問題文の趣旨に沿って，トピックを組み合わせて，足りない分についてはその場で考えて論述しましょう。合格者からのメールによると，経験の少ない若手の受験者は，この方法で合格しているようです。

Q 事例集を基に，トピックの整理が終わりました。論文を書く回数が多いほどよいのでしょうか？

A 論述に慣れたのならば，論文設計だけでもよいでしょう。

既にトピックをもっているので，イメージトレーニングをするとよいです。問題文を読みながら，手持ちのトピックを頭の中でまとめて，論文を設計するイメージトレーニングをしてください。その際に，簡単な論文設計書を書いてもよいでしょう。最終的に，これが本試験における論文設計方法になります。

（3）論文添削の結果が60点未満の場合の対処方法を説明できる

Q 通信教育の第2回目の添削結果が60点未満で合格レベルに達することができませんでした。効果的な対処方法を教えてください。

A “急がば回れ”で，本書を，再度，学習してみることを薦めます。

筆者のケースですが，ある顧客の本試験合格者の添削時の点数は，50 点以上であったことが分かりました。添削時点で 50 点以上ではないと合格の可能性が極端に低くなることを意味しています。そこで 50 点を境にして，それぞれについて対処方法を書いてみます。

第 2 回目の添削結果が 50 点未満の方は，“急がば回れ”で，本書を，再度，学習してみることを薦めます。改善点が見つかると思います。

50 点以上の方は，添削結果を基にして，60 点に達しなかった原因を，本書を参考に分析してみてください。原因が分かったら，どのように書き直したらよいかを検討して，再度，論文を書き直すようにしましょう。

9.4 不合格への対策を講じる

残念ながら合格できなかった方からの相談や質問をまとめてみました。次の試験で合格するために，改善すべき点だけは早めに整理するようにしましょう。

(1) 想定した問題が出題されなくとも合格できる

Q 想定した問題が出題されなかったのですが，来年度も同じように，想定した問題が出題されなかった場合，不合格になってしまいます。どのような対策を講じたらよいでしょうか？

A どのような問題が出題されても論述ができるように，問題文の論旨展開やトピックを活用して論述する方法の取得を薦めます。

本番では，想定した問題が出ないと私は指導しています。これを受け入れて論文練習しましょう。問題冊子に書いてあるとおり，問題の趣旨に沿って書くことが重要です。設問文の全てに答えるようにして，問題文の趣旨に，経験や専門知識を盛り込んで，論文を完成させる訓練をしてください。第 1 章第 1 節にある図表 1-2 が示している論文の書き方を実践するとよいでしょう。

仮に想定した問題が出題されたとしましょう。私は，ウキウキ状態になって論文を書き，最終的に時間不足になり，字が荒れて不合格になった人の話を聞いたことがあります。この話から分かることは二つあります。

一つ目は，後半になって字が荒れると，その焦りが採点者に移ってしまうということです。**段々と字の荒れてくる論文を読んでいると，採点者も読み方がおざなりになります**。採点者をこのような状況にしてしまっては，合格できません。これを回避するためには，一定の品質を保った字を書くことが重要です。

二つ目は，本当に不合格になった理由は時間不足か，ということです。類似問題ということで，過去問題の内容をそのまま書いた結果，問題文の趣旨に沿っていない論文になったのではないでしょうか。**類似問題であっても，問題文の趣旨に沿って再構成する**必要があると考えてください。

（2）論文全体の字数のバランスを考慮して論述できる

Q 本試験で規定字数には達しましたが，最後まで書き終えることができませんでした。何が悪いのでしょうか？なお，二度の論文添削を受けましたが，1回目は44点，2回目は57点でした。

A 時間不足の原因の一つには，字数不足を早めに回避するために設問イの前半でがんばり過ぎることを挙げることができます。

2 回目で 60 点に達していない点が気になります。60 点に達していない理由が添削内容に書いてあれば，それを基に改善してください。

時間不足の状況としては，設問イの前半に注力し過ぎていることがよくあります。字数不足が不安となるため，前半から風呂敷を広げ過ぎてしまうパターンです。具体的には，課題の挙げ過ぎです。これでは後半で収拾がつかなくなります。課題が一つでも，合格した方は多いです。工夫と能力のアピールなどを十分に行い，設問イは特に後半に注力するようにしてください。

Q 想定したボリュームが多過ぎ，書き終えることができませんでした。字数については，どのくらい超過すればよいのでしょうか？

A 規定字数を3行超過すればよいです。

論文のボリュームですが，字数は設問文にある規定字数を，余裕をもたせて 3 行超過すれば問題はありません。筆者が受験した平成 22 年春の試験では，設問イは 3 行超過しただけですが，A 評価でした。ただし，設問ウでは 1,100 字程書いています。

なお，第 2 部の事例集の論文は字数が多いものもあります。できるだけトピックを盛り込むことで，トピックを本書の読者に再利用してもらいたいからです。

（3）問題文をなぞった記述から脱却する

IPAの講評には，“問題文をなぞっただけの記述”とありますが，これを回避する方法を教えてください。

問題文の記述を基にして，そこから論旨を展開してください。

問題文の内容と論文の“結論”が同じ場合，問題文の記述をなぞっただけの記述と評価されます。それを回避するためには，問題文の記述を基に論旨を展開して，話を先に進めるようにしましょう。

（4）来年も受験する

Q

情報処理試験で，以下の結果のとおり，不合格でした。
平成XX年度 X期　XX試験　成績照会
受験番号　XXXX-XXXX の方は，　不合格　です
午前Ｉ得点 ***.**点
午前II得点 72.00点
午後Ｉ得点 75点
午後II評価ランクB

初めての高度試験で，ここまでの結果を残せたのは、アイテックの合格ゼミに参加したお陰だと思っております。ありがとうございます。来年も参加しますのでよろしく，お願いします。

悔しいです。

午後II評価ランク B ということで，私の力も今一歩足りなかったのでは，と思っています。来年は必ず合格を決めたいと思います。つきましては，ランク B の論文を再現して，今年度の添削論文とともに次年度のセミナーに持参していただけると，より効果的，効率的に弱点を克服できると思います。

午後Ｉ得点 75 点については立派だと思います。次回のセミナーのときに，選択した問題をぜひ教えてください。なお，論述について 1 年間のブランクという状態を回避するため，次回は，別の試験区分を受験してはどうでしょうか。論述力の維持・向上のためです。では，次回も，一緒にがんばりましょう。

第2部

論文事例

表　年度別 問題掲載リスト

年度	問番号	問題タイトル	著者	章	カテゴリ	ページ
31	1	システム開発プロジェクトにおけるコスト超過の防止について	岡山　昌二	3	費用管理	251
			落合　和雄			256
	2	システム開発プロジェクトにおける，助言や他のプロジェクトの知見などを活用した問題の迅速な解決について	岡山　昌二	1	進捗管理	175
			満川　一彦			180
30	1	システム開発プロジェクトにおける非機能要件に関する関係部門との連携について	岡山　昌二	6	リスク管理	307
			長嶋　仁			312
	2	システム開発プロジェクトにおける本稼働間近で発見された問題への対応について	岡山　昌二	1	進捗管理	187
			満川　一彦			191
29	1	システム開発プロジェクトにおける信頼関係の構築・維持について	岡山　昌二	4	組織要員管理	271
			長嶋　仁			276
	2	システム開発プロジェクトにおける品質管理について	岡山　昌二	2	品質管理	211
			佐々木章二			216
28	1	他の情報システムの成果物を再利用した情報システムの構築について	岡山　昌二	2	品質管理	221
			長嶋　仁			226
	2	情報システム開発プロジェクトの実行中におけるリスクのコントロールについて	岡山　昌二	6	リスク管理	319
			佐々木章二			324
27	1	情報システム開発プロジェクトにおけるサプライヤの管理について	岡山　昌二	5	調達管理	295
			長嶋　仁			300
	2	情報システム開発プロジェクトにおける品質の評価，分析について	岡山　昌二	2	品質管理	231
			佐々木章二			236
26	1	システム開発プロジェクトにおける工数の見積りとコントロールについて	岡山　昌二	6	リスク管理	329
			長嶋　仁			334
	2	システム開発プロジェクトにおける要員のマネジメントについて	岡山　昌二	4	組織要員管理	283
			落合　和雄			288
25	1	システム開発業務における情報セキュリティの確保について	岡山　昌二	6	リスク管理	341
	2	システム開発プロジェクトにおけるトレードオフの解消について	岡山　昌二	1	進捗管理	197
	3	システム開発プロジェクトにおける工程の完了評価について	満川　一彦	2	品質管理	243
24	1	システム開発プロジェクトにおける要件定義のマネジメントについて	岡山　昌二	6	リスク管理	347
	2	システム開発プロジェクトにおけるスコープのマネジメントについて	長嶋　仁	3	費用管理	263
	3	システム開発プロジェクトにおける利害の調整について	岡山　昌二	1	進捗管理	203

問題ごとに掲載した事例論文の後に，IPA が発表した試験の採点講評を掲載しています。採点者はどのような視点で論文を採点しているのか，合格論文に近づくためには，どのよう点を改善すればよいのかについて書いてあります。学習の参考にしてください。

なお，ページ数が増えて持ち運びに支障ないように，講評の掲載箇所に若干の移動があります。

第1章

進捗管理

平成 31 年度 ▼ 問2

システム開発プロジェクトにおける，助言や他のプロジェクトの知見などを活用した問題の迅速な解決について

プロジェクトマネージャ（PM）には，プロジェクト推進中に品質，納期，コストに影響し得る問題が発生した場合，問題を迅速に解決して，プロジェクトを計画どおりに進めることが求められる。問題発生時には，ステークホルダへの事実関係の確認などを行った上で，プロジェクト内の取組によって解決を図る。

しかし，プロジェクト内の取組だけでは問題を迅速に解決できず，プロジェクトが計画どおりに進まないと懸念される場合，PM は，プロジェクト内の取組とは異なる観点や手段などを見いだし，原因の究明や解決策の立案を行うことも必要である。このような場合，プロジェクト外の有識者に助言を求めたり，他のプロジェクトから得た教訓やプロジェクト完了報告などの知見を参考にしたりすることがある。

こうした助言や知見などを活用する場合，PM は，まず，プロジェクトの特徴のほか，品質，納期，コストに影響し得る問題の内容，問題発生時の背景や状況の類似性などから，有識者や参考とするプロジェクトを特定する。次に，有識者と会話して得た助言やプロジェクト完了報告書を調べて得た知見などに，プロジェクト内の取組では考慮していなかった観点や手段などが含まれていないかどうかを分析する。そして，解決に役立つ観点や手段などが見いだせれば，これらを活用して，問題の迅速な解決に取り組む。

あなたの経験と考えに基づいて，設問ア～ウに従って論述せよ。

設問ア　あなたが携わったシステム開発プロジェクトにおけるプロジェクトの特徴，及びプロジェクト内の取組だけでは解決できなかった品質，納期，コストに影響し得る問題について，800 字以内で述べよ。

設問イ　設問アで述べた問題に対して，解決に役立つ観点や手段などを見いだすために，有識者や参考とするプロジェクトの特定及び助言や知見などの分析をどのように行ったか。また，見いだした観点や手段などをどのように活用して，問題の迅速な解決に取り組んだか。800 字以上 1,600 字以内で具体的に述べよ。

設問ウ　設問イで述べた特定や分析，問題解決の取組について，それらの有効性の評価，及び今後の改善点について，600 字以上 1,200 字以内で具体的に述べよ。

システム開発プロジェクトにおける，助言や
他のプロジェクトの知見などを活用した問題の迅速な解決について（1/5）

論文事例1

平成31年度　問2

岡山　昌二

設問ア

memo

第1章　プロジェクトの特徴及び問題

1．1　プロジェクトの特徴

G社は中堅の土木工事業の企業である。最近は，東南アジア諸国の経済発展に伴い，海外における土木工事の受注が増えている。G社の経営陣は，工事遂行能力の更なる強化を目的として，IoTを活用した工事管理システムを構築することを決定した。G社はX国新工事に対して，G社の新工事管理システムを適用して従来よりも短期間で工事を完了させることを提案して受注に至った。したがって，当該プロジェクトの特徴として納期厳守を挙げることができる。

私は当該プロジェクトを受託したA社のプロジェクトマネージャである。

1．2　プロジェクト内の取組だけでは解決できなかった問題

当該プロジェクトでは，要件定義を準委任契約で受託し，外部設計以降を請負契約で受託する予定である。

問題は要件定義において利用者から要求を収集している段階で発生した。利用者からの要求が多く，これらを全て要件としてまとめてしまうと，開発規模が増大して，開発費用がG社の予算を超過し外部設計以降の請負契約ができない，契約ができたとしても納期に間に合わないという問題が発生した。

私は，プロジェクトマネージャの立場から，利用者側のキーマンに対して，成果物スコープを縮小するなどの方法を提案した。しかし，G社側の窓口となる企画部側は，利用者の要求として重要である，など一方的に提案が拒否される状況であり，この問題はプロジェクト内の取組だけでは解決することが難しい状況であった。

100字 200字 300字 400字 500字 600字 700字 800字

設問イ

memo

第2章　助言や他のプロジェクトの知見などを活用した問題の迅速な解決

2．1　有識者やプロジェクトの特定及び分析

プロジェクト内の取組だけでは問題の解決が難しい状況において私は，先輩のプロジェクトマネージャに助言を求めた。その結果，過去に報告された，新人プロジェクトマネージャのプロジェクト完了報告書を参考に解決策を練る旨の助言を得た。

その助言内容，納期厳守というプロジェクトの特徴，利用部門のキーマンが提案を受け入れないという問題の背景，要件定義における要求の肥大という問題の状況から，私は参考となるプロジェクトを特定した。そのプロジェクトは，要件定義において開発規模が予定の3倍になったプロジェクトである。

私はそのプロジェクトの完了報告書を基に，①話の分かる利用者側のキーマンを新たに参画させた上で要件定義をやり直し，②G社側のプロジェクトオーナとのインフォーマルなコミュニケーションによる根回し，が参考とした類似プロジェクトの成功要因であったと分析した。

2．2　見いだした観点や手段及びそれらの活用による問題の迅速な解決

分析の結果から見いだした観点は，G社側のプロジェクトオーナとのインフォーマルなコミュニケーションである。このような取組を当該プロジェクトでは考慮していなかった。そこで私は，A社内でG社のプロジェクトオーナと深いかかわりをもつBプロジェクトマネージャと連絡をとり，現状について助言を得ることにした。真の狙いは，G社のプロジェクトオーナとのインフォーマルなコミュニケーションをとり当該プロジェクトの状況を説明し，何らかの支援を得ることである。

本来ならば，私の上司からG社側のプロジェクトオーナに接触すべきである。私は，その旨をBプロジェクト

マネージャに説明した。Bプロジェクトマネージャは納期厳守というプロジェクトの特徴を理解し，私の上司の了承を得た上で，G社のプロジェクトオーナとのインフォーマルなコミュニケーションを承諾してくれた。

私とプロジェクトオーナとのインフォーマルなコミュニケーションでは，当該プロジェクトの状況を説明し，話の分かる利用者側のキーマンを新たに参画させることの重要性を説明した。

以上のインフォーマルなコミュニケーションによって，プロジェクトオーナは，プロジェクトの進捗報告会に参加した。そして，私が伝えたかった“話の分かる利用者側のキーマン”の参画をG社の企画部に指示した。

900字 1000字 1100字 1200字 1300字 1400字 1500字 1600字

memo

ここに注目！

納期厳守というプロジェクトの特徴を踏まえて論旨展開することで，論文としての一貫性を採点者にアピールして，なおかつ，“問題の迅速な解決”という趣旨に沿うようにしています。

設問ウ

memo

ここに注目！

設問で問われている"特定や分析"，及び"問題解決の取組"について，これらのキーワードを使って明示的に論じている点がよいです。

第３章　有効活用の評価及び今後の改善点

３．１　有効活用の評価

話の分かる利用者側のキーマンの参画によって，要件の膨張は抑えられ，プロジェクトはスケジュールどおりに本稼働した。新工事管理システムによって，X国新工事も納期を守ることができた。

類似プロジェクトの特定や，プロジェクト報告書の分析について，特定や分析は有効であったと判断する。もし，特定や分析が不適切であった場合，例えば，要求が多いまま，要件の優先順位付けによる要件の絞り込みなどを行い，要件定義に時間を要したと判断する。加えて，インフォーマルなコミュニケーションによる根回しを行い，話の分かる利用者側のキーマンを参画させることは難しかったと判断する。

問題解決の取組については，話の分かるキーマンを参画させ，利用者側からの要求に優先順位を付けるなど，事前の要求の絞り込みに注力してもらい，要件の肥大を事前に抑えることに成功した。もし，このような取組を行わずに話の分かるキーマンが不在の場合，要求が膨らみ，要件の絞り込みに時間を要したと判断する。成功要因は，迅速な問題解決のための活動である。

したがって，有効性の評価としては成功であったと判断する。ただし，前述のとおり，"本来ならば，私の上司とプロジェクトオーナが連絡を取り合うべきである"という反省点がある。

３．２　今後の改善点

反省点を踏まえ，日ごろからプロジェクトオーナとインフォーマルなコミュニケーションをとることが今後の改善点である。具体的には，プロジェクトの状況の概要などを，プロジェクト進捗報告会の議事録などを参考資料として渡しながら，説明したいと考えている。このようなインフォーマルなコミュニケーションが，迅速な問

memo

題解決につながると考えている，なぜならば，問題が深刻化すると解決策の選択肢は限られ，問題が発生して，早い段階ならば早いほど，解決策の選択肢が多いからである。

900字

－以上－

1000字

1100字

1200字

論文事例2

システム開発プロジェクトにおける，助言や
他のプロジェクトの知見などを活用した問題の迅速な解決について（1/5）

平成31年度　問2

満川　一彦

設問ア

memo

1　プロジェクトの特徴，プロジェクト内の取組みでは解決できなかった問題

1．1　プロジェクトの特徴

　私はシステムインテグレータＰ社に所属するプロジェクトマネージャである。論述の対象とするプロジェクトは，ヨガやバレエなどのレッスンスタジオを展開するＡ社における，レッスンのWeb予約システム（以下，Ｓシステムという）の構築プロジェクトである。

　次年度より開始するＡ社の新しいサービスメニューであるWeb配信のレッスンの開始時期までにＳシステムを稼働させることが必須の条件となっている。過去の同等規模のプロジェクトと比較して，構築期間が90％と短くなっていることがプロジェクトの特徴である。

1．2　プロジェクト内の取組みでは解決できなかった問題

　Ｐ社ではPMBOKに準拠したプロジェクトマネジメント手法（以下，Ｑ標準という）が定められており，今回のプロジェクトにおいてもＱ標準を採用している。私は，構築期間を踏まえたプロジェクトの計画を立案した上で，プロジェクトを開始した。プロジェクトは基本設計まで計画どおりに進んだが，詳細設計に入って３週間が経過したとき，進捗会議において遅れが顕在化した。進捗遅れが際立っているのは画面の詳細設計で，かつ，Ｓシステムに類似したシステムの構築経験のないメンバ（以下，未経験メンバという）の担当範囲であることが分かった。具体的には，未経験メンバを含むチーム内のレビューで指摘事項が多く，対応に手間取っている状況である。私は，詳細設計のインプットとなる基本設計書に誤りがないことをＡ社の利用部門に確認した上で，レビュー単位を小さくして，レビュー頻度を増やすように指示したが，状況は変わらなかった。この状況でプロジェクトを継続すると，納期に影響が出ると私は判断した。

ここに注目！

このように問題が発生した時点を明確に表現することで，採点者が論文の内容を，よりイメージしやすくなります。

設問イ

memo

2　参考とするプロジェクトと有識者，問題解決への取組み

2．1　参考とするプロジェクトと有識者

　私は，プロジェクト内での取組みだけでは問題が解決しないと考え，社内のPMOに相談し，同様の問題が発生した過去のプロジェクトを洗い出してもらった。PMOからは，候補となる20件弱のプロジェクトが示され，私は候補の中から，今回のプロジェクトと同様の納期の短いプロジェクトであること，プロジェクトの規模が同等であること，プロジェクトのメンバに構築するシステムの未経験者が含まれることという条件でプロジェクトを3つまで絞り込むことができた。さらに，Q標準が4年前に改訂されていることを踏まえ，直近4年間のプロジェクトに限定することによって，Xプロジェクトを参考とした。

　PMOからは，Xプロジェクトのプロジェクトマネージャの Y氏を有識者として紹介してもらうことができた。

2．2　問題解決への取組み

(1)プロジェクト完了報告書から得た知見と問題解決への取組み

　プロジェクト完了報告書によると，Xプロジェクトにおいても詳細設計に入った段階ではレビューに時間を要していた点は今回と同様であった。プロジェクトメンバが基本設計書を適切に読み取ることができず，基本設計書についての補足資料を追加することにより，プロジェクトメンバの理解度が上がり，詳細設計および詳細設計のレビューの効率が向上したことが分かった。

　私は，PMOに依頼し，Xプロジェクトの基本設計書と補足資料を入手し，進行中のプロジェクトの基本設計書との比較を試みた。比較の結果，進行中のプロジェクトの基本設計書は，顧客承認済みであり基本設計書として遜色はないが，基本設計書を利用するメンバにおいて，

memo

関連する業務知識が少なかったり，用語についての理解が不十分であったりすると，基本設計書から適切に情報を読み取れない可能性があると判断した。

　進捗の遅れの原因は，メンバの技量および経験の少なさに寄るところが大きく，私は，経験年数を指標にしたチーム編成を見直し，未経験メンバが含まれるチームには，Ｓシステムに類似したシステム構築の経験度合いの大きいメンバを加えるようにした。

⑵有識者の助言の分析と問題解決への取組み

　私は，Ｙ氏との会合を設定し，Ｙ氏に進行中のプロジェクトの状況とレビューにおいて生じている問題点を説明するとともに，Ｘプロジェクトの経験を踏まえた助言を仰いだ。Ｙ氏によると，進行中のプロジェクトのレビューは対象とする範囲が広く，かつ，レビューにおける指摘事項の粒度がチームごとにバラバラになっているということであった。

　プロジェクトはＱ標準に則って進めているが，レビューにおける細かな運用ルールなどは規定されておらず，チーム内レビューの効率が悪く，期待した結果が得られていないものと判断した。

　私は，新たなチーム編成を踏まえ，チーム内レビューをペアレビュー形式に変更することとした。具体的には，Ｓシステムに類似したシステム構築の経験者をレビュアとし，未経験メンバをレビュイとする。レビュアとレビュイの人数に開きのあるチームについては，チームレビューの頻度を増やすことによって対応することとした。

ここに注目！

“レビューにおける細かな運用ルールなどが規定されておらず”ということが，PMとしてすぐに分からなかったのか？　などと，採点者に誤解されないように，表現を工夫すると，更によくなります。

設問ウ

memo

3　有効性の評価，今後の改善点

3．1　有効性の評価

(1)参考とするプロジェクトの有識者

　社内のプロジェクトに関する情報を全て掌握しているPMOの支援を受けることによって，効率よく参考とするプロジェクトを特定することができた。また，参考とするプロジェクトを特定するための条件を適切にPMOへ提示できたものと考えている。私が行なったプロジェクトの特定は十分に有効であったものと評価している。

　今回助言を仰いだ有識者は，参考とするプロジェクトのプロジェクトマネージャY氏であった。Y氏との会合において，率直に問題点や悩み事を伝えることによって適切な助言を得られたと考えている。私は，プロジェクトに関して全体を掌握しているY氏を有識者としたことは，問題の解消に有効に機能したと評価している。

(2)問題解決への取組み

　私は，参考とするプロジェクト，及び有識者の助言を踏まえて，未経験メンバの作業がボトルネックになっているものと判断した。未経験メンバに対応するため，追加の資料を作成し，チームの再編成を行った。問題解決への取組みを推進した結果，プロジェクトの進捗遅延は解消でき，計画どおりにプロジェクトを完了することができた。私の採用した問題解決への取り組みは十分に有効であったものと評価している。

3．2　今後の改善点

　今回のプロジェクトでは，当初，システム構築の経験年数に着目したチーム編成をとったため，詳細設計のフェーズで進捗に遅延が発生することとなった。問題解決のために得られた知見を基にして，今後は，開発対象のシステム，もしくは開発対象のシステムと同等システムについての構築の経験度合いを踏まえたチーム編成を行うこととする。

論文事例2

システム開発プロジェクトにおける，助言や
他のプロジェクトの知見などを活用した問題の迅速な解決について（5/5）

平成31年度　問2

memo

ここに注目！

問題文のタイトルにある"問題の迅速な解決"に寄せて，改善点を論じると，より趣旨に沿った論文になります。

　プロジェクトはQ標準に則って進めることは当然であるが，プロジェクトの特徴やプロジェクトメンバの特徴を踏まえ，柔軟にプロジェクト運用ルールの追加・見直しを行い，補足説明資料なども柔軟に作成することにより，プロジェクトメンバの経験の少なさに起因するプロジェクトの進捗阻害要因を極力少なくしていく所存である。

900字

－以上－

1000字

1100字

1200字

■IPA発表採点講評■

（システム開発プロジェクトにおける，助言や他のプロジェクトの知見などを活用した問題の迅速な解決について）では，プロジェクト内の取組だけでは解決できそうにない問題が発生した場合，有識者や参考とするプロジェクトの特定，助言や知見などの分析，問題の迅速な解決への取組について，具体的に論述できているものが多かった。一方，計画時にプロジェクト目標の達成を危うくしそうな問題を認識していたにもかかわらず，対処が不十分なままプロジェクトを開始してしまったというような，PMとしての判断が不適切と推察される論述も見られた。

Memo

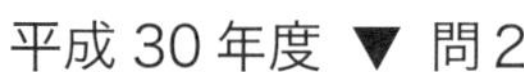

平成30年度 ▼ 問2

システム開発プロジェクトにおける本稼働間近で発見された問題への対応について

プロジェクトマネージャ（PM）には，システム開発プロジェクトで発生する問題を迅速に把握し，適切な解決策を立案，実施することによって，システムを本稼働に導くことが求められる。しかし，問題の状況によっては暫定的な稼働とせざるを得ないこともある。

システムの本稼働間近では，開発者によるシステム適格性確認テストや発注者によるシステム受入れテストなどが実施される。この段階で，機能面，性能面，業務運用面などについての問題が発見され，予定された稼働日までに解決が困難なことがある。しかし，経営上や業務上の制約から，予定された稼働日の延期が難しい場合，暫定的な稼働で対応することになる。

このように，本稼働間近で問題が発見され，予定された稼働日までに解決が困難な場合，PMは，まずは，利用部門や運用部門などの関係部門とともに問題の状況を把握し，影響などを分析する。次に，システム機能の代替手段，システム利用時の制限，運用ルールの一時的な変更などを含めて，問題に対する当面の対応策を関係部門と調整し，合意を得ながら立案，実施して暫定的な稼働を迎える。

あなたの経験と考えに基づいて，設問ア～ウに従って論述せよ。

設問ア　あなたが携わったシステム開発プロジェクトにおけるプロジェクトの特徴，本稼働間近で発見され，予定された稼働日までに解決することが困難であった問題，及び困難と判断した理由について，800字以内で述べよ。

設問イ　設問アで述べた問題の状況をどのように把握し，影響などをどのように分析したか。また，暫定的な稼働を迎えるために立案した問題に対する当面の対応策は何か。関係部門との調整や合意の内容を含めて，800字以上1,600字以内で具体的に述べよ。

設問ウ　設問イで述べた対応策の実施状況と評価，及び今後の改善点について，600字以上1,200字以内で具体的に述べよ。

システム開発プロジェクトにおける本稼働間近で発見された問題への対応について（1/4）

論文事例 1

平成 30 年度　問 2

岡山　昌二

設問ア

第１章　システム開発プロジェクトの概要

１．１　プロジェクトの特徴

　論述の対象となるプロジェクトは，電子部品製造・販売業であるA社の新築の物流センタで稼働する物流管理システムである。A社は，５拠点に分散している物流倉庫を１か所に統合するために，既存の物流管理システムを改修して，新物流センタで稼働させることが決まり，当該プロジェクトが立ち上がった。

　当該プロジェクトは，新物流センタの稼働に合わせて旧物流倉庫の稼働を停止し借地を返却するため，プロジェクトの特徴としては，本稼働日を延期できないという制約があるという点を挙げることができる。

１．２　困難であった問題及び解決が困難と判断した理由

　システム適格性確認テストの際，出荷伝票の出力が，８枚以上連続した場合に，途中からずれて印刷された一部の帳票が使えないという問題が発生した。この問題は，EDIなどで大量の注文が入り，大量に出荷伝票が連続して出力する際に顕在化する。そのため，電話注文などで少量の注文が入る状況では現れない問題であり，それが問題の発見を遅らせていた。

　印刷は，物流センタ内に設置された分散サーバで稼働する端末エミュレータを介して行われる。そのため，端末エミュレータ，印刷装置のファームウェアが絡み，更に印刷装置と端末エミュレータのそれぞれの製造会社が異なる。したがって，それぞれの製造会社と当社が協力して問題を解決する必要がある。これが問題の解決を困難と判断した理由である。

　私は物流管理システムの改修を請け負ったB社のプロジェクトマネージャとして，次のように考えて暫定的な対策を講じることにした。

memo

100字

200字

300字

400字

500字

600字

700字

800字

設問イ

memo

第2章　問題の状況の把握方法，影響分析，対応策

2．1　問題の状況の把握方法と影響分析

問題の状況の把握方法は，問題が発生する状況を再現することで把握した。状況を把握したうえで，問題の原因は，①プリンタのファームウェア，②エミュレーションソフトウェア，③アプリケーションプログラムのどれかにあると考え，次の方法を指示してテスト結果をまとめるように担当チームリーダに指示をした。なお，この時点で私は問題の影響分析を開始したが，これについては後述する。

⑴エミュレーションソフトウェアを介さないで印刷

問題が発生した環境において，エミュレーションソフトウェアを介さないように変更した環境でテストの実施を指示した。

⑵プリンタを互換機種に入替えて印刷

同様にプリンタだけを入替えた環境でのテストを指示した。

⑶改修前のアプリケーションソフトウェアで印刷

アプリケーションソフトウェアだけ改修前に戻した環境でのテストを指示した。

その結果，⑴・⑵・⑶で問題が発生しないことから，エミュレーションソフトウェアに問題があることが判明した。そこで私は，当該ソフトウェアの製造会社の担当者に連絡をして，テスト結果を渡し，迅速な問題の解消を依頼する旨を担当チームリーダに指示をした。

問題の影響分析については問題の状況の把握を並行して行い，マスタスケジュールを基に分析した。問題の状況が把握できた時点で本稼働までは30日しかない状況であった。本稼働日を延期できないというプロジェクトの特徴を踏まえると，バグ修正が間に合わなかった場合を想定して，本稼働までの対処を検討する必要があることが判明した。

2．2　関係部門との調整，合意内容，当面の対応策

　担当チームリーダに暫定的な対処方法を確認した。その結果，問題は連続印刷時のずれであるため，大量印刷時には，逐次，再印刷することで対処可能であることが分かった。そこで私は，A社のシステム開発の担当者及びシステム運用部門の担当者と調整に入ることにした。

　まず，関係部署に問題と問題の影響について説明した後，再印刷用のプリンタの準備と，再印刷にかわる操作をする要員の確保をシステム開発部門とシステム運用部門に打診した。その結果，システム運用部門から再印刷用のプリンタを用意する旨の合意を得ることができた。しかし，要員についてはA社からの支援は難しい旨の回答を得た。したがって，当面の対応策としては，帳票の印刷ずれが報じたときは，当社が確保した要員がA社の準備したプリンタを使って再印刷することとした。

memo

ここに注目！

設問で問われている"調整"，"合意"，"当面の対応策"について，明示的に論じている点がよいです。当面の対応策は，問題が解消しない，暫定的な対応策になる必要があります。

設問ウ

memo

第3章　対応策の実施状況と評価，今後の改善点

3．1　対応策の実施状況と評価

　エミュレーションソフトウェアのバグ修正を待たず，システム受入れテストの段階から，再印刷の要員とプリンタを確保した。なぜならば，大量印刷時に暫定的な対処方法で問題が生じないかを確認するためである。

　本番同様のトランザクションを発生させ，大量印刷時の再印刷作業による遅れを計測したところ，大量印刷の頻度が日中に3回発生することから，どうにか業務の遅れが発生しないことを確認できた。

　実際には，本稼働から2週間後にエミュレーションソフトウェアのバグ修正が完了した。バグ修正を待つだけで当面の対応策を怠っていた場合を想定すると，バグ修正が遅れた場合，本稼働後の業務の遅れは必至だったと判断する。したがって，今回の対応策は成功であったと評価する。

　問題の状況の把握後に，原因をある程度まで特定してバグ修正の依頼を迅速に提出できた点も成功要因として評価できる点である。ただし，今回は，うまくいったが，原因の特定はマスタスケジュールへの影響を把握した後に実施すべきである。問題の状況把握に時間をかけすぎた点が今後の課題である。

3．2　今後の改善点

　バグ修正の依頼を早めるために，今回は問題の状況把握に時間をかけすぎたという反省がある，問題の状況把握において，一部の原因究明作業まで実施してしまった。今後は，状況把握作業を絞り込んで，迅速に影響分析を行うことで，スケジュールへの影響を，より早期に把握する，更に，より迅速にステークホルダとの調整に入り，暫定的な対応策を策定することが改善点である。

－以上－

ここに注目！

設問ウで評価について問われた場合，設問イで述べた施策について，施策を実施したケースと実施しなかったケースを対比させて評価するという方法があります。

論文事例2

平成30年度　問2

満川　一彦

設問ア

memo

1　プロジェクトの特徴，本稼働間近で発見され解決が困難であった問題，解決が困難であると判断した理由

1．1　プロジェクトの特徴

私は，システムインテグレータのP社に所属するプロジェクトマネージャである。今回，オンライン専門の旅行代理店A社におけるチャットボットによる顧客サービスシステム（以下，Wシステムという）のシステム開発プロジェクトを，私が取りまとめることとなった。A社は，きめ細かな個別対応の手配旅行を特徴とし，相談には経験豊富なオペレータが対応している。A社では，サービスメニューの一つとして，24時間対応のチャットボットを導入することになった。過去の同等規模のプロジェクトでは構築期間は12か月であったが，今回のプロジェクト期間は10か月と短くなっている点が特徴である。本稼働が新年度の4月と決定されており，顧客へ幅広く告知済みで，稼働日を延期することはできない。

1．2　本稼働間近で発見され解決が困難であった問題

本稼働の2か月前，システム適格性確認テストにおいて，チャットボットの性能が確保できていないという問題が発生した。チャットボットからの回答に想定以上の時間を要するという問題である。ただし，常に時間を要するわけではなく，数秒で回答される質問もあって，原因の分析に時間を要することが予想された。

1．3　解決が困難であると判断した理由

私は，Wシステムの開発に携わっているシステムアーキテクトのQ氏に，解決のために必要となる期間の概算を依頼した。Q氏の回答によると，過去の同様な案件では，調査・分析，対策，検証に1か月程度は要するということであった。本稼働までは後2か月，残作業を多少圧縮できても0.5か月程度であるため，私は，問題を本稼働までに解決することが困難であると判断した。

論文事例2 システム開発プロジェクトにおける本稼働間近で発見された問題への対応について（2/5）

平成30年度　問2

設問イ

memo

2　問題の状況の把握，影響の分析，当面の対応策

2．1　問題の状況の把握

私は，性能が確保できていないという報告を受け，利用部門であるA社の顧客サービス部門の責任者と具体的な状況を確認した。システム適格性確認テストでは，現状の顧客サポートデータベースに蓄積されている問合せ履歴を使用している。A社の情報システム部門の支援を受けながら，顧客サービス部門のオペレータが，実際の問合せ内容に沿って，チャットボットを実際に操作し，A社の顧客の視点でチャットボットからの回答の妥当性と，回答が得られるまでの時間を検証した。

回答内容については，性能が確保できていない問合せについても不適切な内容はなく，回答の妥当性については問題がなかった。回答が得られるまでの時間については，A社のオペレータの協力を得ながら，適切な性能を確保できる問合せと，性能が不十分な問合せを分類してみることとした。分類の結果，5件以上の複雑な条件を指定して旅行商品を検索することが必要な問合せについて，想定の1.5〜2倍の時間を要していることが明確になった。

2．2　影響の分析

A社のオペレータが対応した問合せ内容と回答は，過去5年分がデータベースに記録されており，5年を超える履歴はアーカイブに保存されている。A社の顧客サービス部門の責任者であるB氏に確認すると，利用者の旅行形態の変化に伴って，利用者の問合せ内容も変化してきており，過去5年分のデータを分析すれば，利用者の問合せの傾向が明確になるということであった。

私は，再度A社のオペレータの協力を仰ぐこととした。過去5年分のデータのうち，チャットボットが回答するという前提で，性能が確保できない問合せの件数は，全体の7％程度であることを明らかにすることができた。

　A社のオペレータによると，同じ利用者からの問合せ内容は，類似する傾向があるということであったため，影響を受ける利用者の割合を調査すると，全体の５％の利用者に対して性能問題の影響があることが分かった。

２．３　当面の対応策

　設問アで述べたように，本番稼働日までに性能問題を解決することは困難である。チャットボットからの回答は，旅行の決済業務や，先着順に確保される座席の予約業務などに比較すると，性能面での要求度合が低い。

　私は，回答のレスポンスが悪くなると問合せがあった場合，最初にチャットボットから「少し時間が掛かります」という旨のメッセージを付け加えることを考え，システムアーキテクトのＱ氏に実現性の調査を依頼した。Ｑ氏からの回答によると，どのような問合せ内容にメッセージを付け加えるかが明確であれば技術的に問題なく，チャットボットが使用するデータベースに少しの修正を加えることによって実現できるということであった。Ｑ氏に追加で確認したところ，修正には10日人程度の工数見積りであり，工数を追加することによって十分対応可能ということであった。併せて，私は，工数を追加しても開発工程の延長はないことを確認して，当面の対応策は十分であると判断した。

　私はＢ氏との会合を設定し，計画どおり本番稼働を迎えるためには，性能問題を解決するための時間が不足すること，影響を受ける利用者が全体の５％程度であることを踏まえ，利用者に不快な思いをさせないように事前にメッセージを付け加える方策を提案し，性能問題の解決は本番稼働の約１か月後になることを説明した。

　Ｂ氏からは，メッセージの内容を十分吟味し，Ａ社の承認を得ること，メッセージを追加したテストを十分に行うことを条件にして，当面の対応策について合意が得られた。

memo

ここに注目！

設問で問われている"関係部門との調整"に，もう少し寄せて論じると，より趣旨に沿った論文になります。

設問ウ

memo

3　対応策の実施状況と評価，今後の改善点

3．1　対応策の実施状況と評価

対応策の実施状況は次のとおりである。

・Wシステム開発状況について

10人日程度の工数見積りであったが，当面の対応策の範囲とする質問項目の絞り込みに想定以上の工数が必要となり，実工数は15人日となった。コスト面ではプロジェクトバッファで吸収し，開発工程の延長は見積りどおり発生しなかった。テスト項目を追加して，性能が確保できない問合せの前には，当面の対応策として追加したメッセージがチャットボットから発せられることを確認できた。

・メッセージ内容の吟味とA社の承認について

性能が確保できていない状況で，利用者に不快感を与えたり，利用者がA社から離れたりすることが発生しないようにすることが必要である。Wシステムの開発担当者以外に，P社社内の顧客サポートチームの協力を得て，文面を相応に吟味することができた。A社にも支援を仰ぎ，A社のオペレータにメッセージのレビューを受けることができた。最終的にA社の顧客サービス部門の承認を得ることができた。

Wシステムは，当面の対応策を施して計画どおりの日程で本番稼働を迎えることができた。大きなトラブルもなく，利用者からのクレームなどもないため，私の立案した当面の対応策は十分評価できるものと考えられる。

3．2　今後の改善点

本稼働間近で発見されたのは，性能面についての問題であった。短時間に影響範囲を特定し，検討した当面の対応策を顧客に提示し，顧客の承認を得た後に実行に移すことができた。今回の問題は，リアルタイム性の要求が小さい部分であるという特徴をもっていたため，当面の対応策を短時間に組み立てることができた。性能要求

が厳しいものであったり，複雑な機能面での問題であったりする場合は，短時間で対策を検討することが困難なことも考えられる。

P社では，システム開発標準手順が定められており，手順に従って開発作業を進めれば，問題が発生しないことになっている。ただし，何らかの不可抗力によって，今回のように本稼働間近で問題が発生することも考えられる。私は，本稼働間近で問題が発生したときに備えるため，場当たり的な対応にならないようにすることが重要と考えている。具体的には，想定される問題をいくつかの場合に分類し，対処のための標準手順や，工数の算出手順などをドキュメントにまとめておき，今後の他の案件において本稼働間近で問題が発生したときに適切に対処できるようにする所存である。

－以上－

memo

ここに注目！

想定できる問題ならば，もっと早い段階でPMとして予防処置などを実施すべきでは？などと，採点者に誤解されないように，表現を工夫するとよいでしょう。

■IPA発表採点講評■

（システム開発プロジェクトにおける本稼働間近で発見された問題への対応について）では，予定されたシステムの稼働日の延期が難しい状況のときに，本稼働間近で予定された稼働日までに解決が困難な問題が発見された場合，暫定的な稼働を迎えるために立案，実施した当面の対応策について具体的に論述できているものが多かった。一方，PMとしてやるべきことを怠っていたと推察される論述，例えば，本稼働間近より前の工程で当然発見され，解決されなければならない問題を本稼働間近で発見したような論述も見られた。

平成 25 年度 ▼ 問2

システム開発プロジェクトにおけるトレードオフの解消について

プロジェクトマネージャには，プロジェクトの遂行中に発生する様々な問題を解決することによって，プロジェクト目標を達成することが求められる。

プロジェクトの制約条件としては，納期，予算，要員などがある。プロジェクトの遂行中に発生する問題の中には，解決に際し，複数の制約条件を同時に満足させることができない場合がある。このように，一つの制約条件を満足させようとすると，別の制約条件を満足させられない状態をトレードオフと呼ぶ。

プロジェクトの遂行中に，例えば，プロジェクトの納期を守れなくなる問題が発生したとき，この問題の解決に際し，制約条件である納期を満足させようとすれば予算超過となり，もう一つの制約条件である予算を満足させようとすれば納期遅延となる場合，納期と予算のトレードオフとなる。この場合，制約条件である納期と予算について分析したり，その他の条件も考慮に入れたりしながら調整し，トレードオフになった納期と予算が同時に受け入れられる状態を探すこと，すなわちトレードオフを解消することが必要になる。

あなたの経験と考えに基づいて，設問ア～ウに従って論述せよ。

設問ア　あなたが携わったシステム開発プロジェクトにおけるプロジェクトの概要とプロジェクトの制約条件について，800 字以内で述べよ。

設問イ　設問アで述べたプロジェクトの遂行中に発生した問題の中で，トレードオフの解消が必要になった問題とそのトレードオフはどのようなものであったか。また，このトレードオフをどのように解消したかについて，工夫した点を含めて，800 字以上 1,600 字以内で具体的に述べよ。

設問ウ　設問イのトレードオフの解消策に対する評価，残された問題，その解決方針について，600 字以上 1,200 字以内で具体的に述べよ。

システム開発プロジェクトにおけるトレードオフの解消について（1/5）

論文事例

平成25年度　問2

岡山　昌二

設問ア

memo

第１章　プロジェクトの概要及び制約条件

１．１　プロジェクトの概要

論述の対象となるプロジェクトは，建設資材の原材料を製造・販売するＡ社におけるERPパッケージの導入プロジェクトである。当該プロジェクトにおいてＡ社は，以下に述べる問題が発生する時点では情報処理・提供サービス業のＢ社と要件定義では準委任契約を締結しており，外部設計以降は請負契約を結ぶ予定であった。

Ａ社の基幹システムは老朽化が進み，保守コストの増大や保守期間の増加という問題が表面化していた。そのような背景の下，Ａ社の経営陣は，基幹システムの導入・保守コスト削減を採用目的として，ERPパッケージ導入を決定した。

私は，要件定義の終盤において，設問イにおいて述べる問題が発生した時点で，前プロジェクトマネージャ（以下，前PMという）に代わって新たに任命されたＢ社のプロジェクトマネージャ（以下，PMという）である。

１．２　プロジェクトの制約条件

Ａ社の経営陣は，原価管理システムを刷新して，月次決算を３営業日短縮することを株主総会で公表している。したがって，納期面での制約条件は納期厳守という点を挙げることができる。

一方，Ａ社では，基幹システムの導入・保守コスト削減を採用目的としている。そのため，Ａ社では予算に余裕がない状況でＢ社にパッケージ導入を委託している。その結果，外部設計以降の請負契約の金額についても余裕がない状況であった。したがって，予算面での制約条件は，外部設計以降のＡ社予算に余裕がないという点を挙げることができる。

以上の制約条件の中で，要件定義の終盤で発生した，トレードオフにある問題を，私はPMの立場で，次のようにして解消して，プロジェクトを成功に導いた。

設問イ

memo

ここに注目！

トレードオフの関係を簡潔に表現しています。

第2章　問題，トレードオフ及び解消方法

2．1　解消が必要となった問題とトレードオフ

　前PMの下では，要件定義において実施したフィットギャップ分析において，ギャップ部分が膨らみ，外部設計以降のシステム開発規模がA社の予算に換算すると，予算の2倍に膨張してしまった。このままではA社の予算不足によって外部設計以降の請負契約を締結することができないために要件定義書が承認されないという問題が発生した。

　そこで私はステークホルダにヒアリングを行うことで問題を詳細に分析することとした。予算面での制約条件である，外部設計以降のA社予算に余裕がないという点を踏まえA社の予算内で請負契約した場合，B社で利益のない，赤字ぎりぎりのプロジェクト予算を組んだ場合でさえ，制約条件である納期厳守を実現できる結果に至らなかった。

　一方，納期面での制約条件である納期厳守のスケジュールを組んだ場合，プロジェクト予算超過の赤字プロジェクトとなってしまう分析結果となってしまい，外部設計以降のA社予算に余裕がないという制約条件を満足させられない

2．2　トレードオフの解消方法

　以上のトレードオフの状態を解消する解決策を探るために，私は再度，前PMにヒアリングすることにした。開発規模が膨張した原因を究明して，トレードオフの打開策を検討するためである。ヒアリングの結果，要件が膨張した原因は，ユーザの要望を抑える仕組みが機能しなかった点にあることが判明した。その結果，要件が膨張して開発規模がA社の予算の2倍になってしまった。

　以上の点を踏まえ次の解消方法を実施することにした。

①納期厳守を約束する代わりにA社の予算の増額を依頼

　株主に新システムのリリースを公表している以上，要

件定義の進捗の停滞という今の状態を継続していては，納期厳守は難しくなる。そこで私は，直ちに，プロジェクトオーナに対して納期厳守を約束した。

　なぜならば，これから交渉をするにおいて相手が一番実現してほしいことを約束することで，交渉の展開を有利に進められると考えたからである。その代わりに，予算面で赤字が想定できるプロジェクトの状況を伝え，Ａ社の予算の増額を依頼するように，交渉の展開を工夫することにした。

②フィットギャップ分析のやり直し

　開発規模を抑えることも必要である。そこで前PMからのヒアリング結果を踏まえ，要件の優先順位付けのルール徹底，要件の承認体制の強化を行ったうえで，フィットギャップ分析をやり直すことにしＡ社のプロジェクトオーナの承認を得ることにした。

③話の分かるＡ社要員の参画の依頼

　このようなトレードオフを解消するために工夫した点としては，話の分かるＡ社要員をプロジェクトに参画してもらうように，Ａ社のプロジェクトオーナに依頼することが重要と考えた。なぜならば，開発規模を抑えるにしても，Ａ社の予算を増額してもらうにしても，このような要員がプロジェクトに参画していないと話を進めることができないと考えたからである。

　以上の工夫をしてＡ社のプロジェクトオーナと交渉して，相手を説得することに成功した。

memo

設問ウ

第3章　解消策へ評価及び残された問題とその解決方針

3．1　解消策に対する評価

A社側の予算の増額は認められなかった。したがって，当初の予算のままで，外部設計以降の請負契約を締結することになった。

要件定義のやり直しについては，納期遅延リスクのリスク要因となるが，トレードオフを解消するためには必須であったと判断する。開発規模が2倍のまま，プロジェクトを継続しても，最悪のケースでは，納期遅延，予算超過の赤字プロジェクトになる可能性もあったからである。

A社に対する話の分かる要員の参画依頼については，レベルの高い要員であるX氏がA社のシステム開発部から参画してもらうことに成功した。X氏は，要件の抑制策について積極的に提案を行い，効果的な要件の優先順位付けの仕組みや承認体制を構築することができた。X氏が参画しなかった場合，開発規模を2倍から1.5倍に抑えることはできなかった。以上の点から，話の分かる要員の参画依頼の施策は成功であったと判断する。

3．2　残された問題とその解決方針

今回のプロジェクトでは，前PMが問題を引き起こしたが，残された問題としては，要件定義の終盤になって，開発規模が膨張してしまうという問題が急に顕在化した点である。この問題については，類似プロジェクトにおけるフィットギャップ分析の結果を参照しながら，開発規模の膨張傾向をモニタリングして，兆候があれば原因を究明して対策を施すという解決方針があると考えている。

解決策の評価から導ける，残された問題については，A社側からの予算増額を取り付けられなかった点である。この点について，該当年度の予算の増額にこだわり過ぎたという反省がある。解決方針としては，次年度の予算

ここに注目！

設問ウで問われている"解決方針"というキーワードを文中で使用して，明示的に書いています。

memo

を含めて，増額を依頼すれば，A社側も予算増額の余地があったと判断する。その場合，要件の緊急度による開発範囲の見直しを行い，緊急度の低い要件については，次年度開発という解決方法もあったと考えている。900字

－以上－

1000字

1100字

1200字

■IPA発表採点講評■

（システム開発プロジェクトにおけるトレードオフの解消について）では，トレードオフの解消が必要になった問題に関し，トレードオフの状態と解消策，解消策の評価，残された問題とその解決方針については具体的な論述が多かった。一方，トレードオフという言葉を用いながら，トレードオフの状態が不明確な論述やトレードオフの状態でない問題についての論述も見られた。

平成 24 年度 ▼ 問3

システム開発プロジェクトにおける利害の調整について

プロジェクトマネージャ（PM）には，システム開発プロジェクトの遂行中に発生する様々な問題を解決し，プロジェクト目標を達成することが求められる。問題によってはプロジェクト関係者（以下，関係者という）の間で利害が対立し，その調整をしながら問題を解決しなければならない場合がある。

利害の調整が必要になる問題として，例えば，次のようなものがある。

・利用部門間の利害の対立によって意思決定が遅れる

・PM と利用部門の利害の対立によって利用部門からの参加メンバが決まらない

・プロジェクト内のチーム間の利害の対立によって作業の分担が決まらない

利害の対立がある場合，関係者が納得する解決策を見いだすのは容易ではない。しかし，PM は利害の対立の背景を把握した上で，関係者が何を望み，何を避けたいと思っているのかなどについて十分に理解し，関係者が納得するように利害を調整しながら解決策を見いださなければならない。その際，関係者の本音を引き出すために個別に相談したり，事前に複数の解決策を用意したりするなど，種々の工夫をすることも重要である。

あなたの経験と考えに基づいて，設問ア～ウに従って論述せよ。

設問ア　あなたが携わったシステム開発プロジェクトにおける，プロジェクトとしての特徴，利害の調整が必要になった問題とその際の関係者について，800 字以内で述べよ。

設問イ　設問アで述べた問題に関する関係者それぞれの利害は何か。また，どのように利害の調整をして問題を解決したかについて，工夫したことを含め，800 字以上 1,600 字以内で具体的に述べよ。

設問ウ　設問イで述べた利害の調整に対する評価，利害の調整を行った際に認識した課題，今後の改善点について，600 字以上 1,200 字以内で具体的に述べよ。

論文事例

平成24年度　問3

岡山　昌二

設問ア

memo

第1章　プロジェクトの特徴と利害の調整

1．1　プロジェクトとしての特徴

論述の対象は，A地方銀行における外為業務統合パッケージの導入プロジェクトである。A銀行でも，外為業務に強みをもつ銀行が導入していることから，外為業務統合パッケージを導入することを決定し，外為業務の強化に関するリリース開始日を公表している。以上の点から，納期厳守というプロジェクトの特徴を挙げることができる。

情報処理・提供サービス業であるB社がA銀行と，要件定義について準委任契約で結んでおり，外部設計以降は請負契約で結ぶ予定である。私はこのプロジェクトにおいて要件定義の終盤から，B社のプロジェクトマネージャ（以下，PMという）として，前PMと交代することになった。途中交代のPMという点も，プロジェクトの特徴として挙げることができる。

1．2　利害の調整が必要となった問題とその際の関係者

問題は要件定義の終盤で発生した。パッケージにおけるフィットギャップ分析の結果，要件が膨張してしまい，外部設計以降の開発規模がA銀行の予算の2倍に膨れ上がってしまい，外部設計以降の請負契約が結べないという問題が発生した。結果として私がPMに任命された。

問題の関係者は次のとおりである。私を任命した上司（以下，上司という）は，A銀行については，パッケージの機能について十分に説明している状況であった。前PMは，定評のあるパッケージであることを根拠に難易度の低いプロジェクトであることを上司から言われた新任のPMであった。A銀行のプロジェクトオーナ（以降，オーナという）は，定評のあるパッケージであることを根拠に低予算で導入できることをB社から説明を受けているという状況であった。

100字 200字 300字 400字 500字 600字 700字 800字

設問イ

memo

第２章　関係者の利害と問題解決

２．１　関係者の利害

　最初に前PMにヒアリングした。その結果，上司に言われるとおりにプロジェクトを進めたところ，開発規模が膨れ上がるという問題が発生した。利用者部門からの要件が多く，その問題をプロジェクトとして調整することができない状況であった。

　私はPMに任命された際に上司から説明を受けたが，その説明を基に関係者にヒアリングを行うことにした。

　最初にオーナにヒアリングを行った。その際に留意したことは，相手が何を望み，何を避けたいかという点である。ヒアリングの結果として判明したことは，Ｂ社側の説明では低予算で外為業務を強化できることをアピールしているにもかかわらず，外部設計以降の開発規模がＡ銀行の予算の２倍に膨れ上がっている点に憤りを感じている点である。このままでは，Ａ社とＢ社間の信頼関係も失われかねないという状況であった。

　ただし，オーナは公表したとおりの時期に新外為業務リリース開始を望んでおり，遅延だけは避けたいと考えていることが判明した。

　最後に上司にヒアリングを行い，私はＡ銀行との信頼関係だけは失いたくない点を確認した。

２．２　利害の調整と問題解決

　ヒアリングの結果，今回のプロジェクトでは，納期厳守である点を確認することができた。現状は要件定義で止まっていることから，早く要件定義を再開することが重要であると考えた。

　利害の調整として，問題解決をするよう，次の順序で利害の調整を考えた。

①納期厳守を約束

　オーナは納期厳守を望んでいる。したがって，この点を約束することが重要であると考えた。オーナとの交渉

ここに注目！

“利害の調整”を，相手に対する“譲歩”と“説得”という観点から論じています。

memo

では，最初にこれを保証することで問題解決が進むと考えた。

②上司からのプロジェクト予算超過の承認

　開発規模が当初の2倍になっている点を踏まえると，プロジェクトの予算超過は回避できないと考えた。更に問題を迅速に解決するために，プロジェクト予算に関する全権を私に譲渡してもらうように交渉しなければならないと考えた。

③A銀行のシステム部門や利用者部門のキーマンの参画

　B社側の予算面での譲歩だけでは，このプロジェクトを成功させることは難しい。なぜならば，この状況を解決してプロジェクトを進めるためには，A銀行側に話の分かるメンバが不可欠と考えたからである。更に，オーナにA銀行のシステム部門や利用者部門のキーマンの参画を説得して，フィットギャップ分析を再度行うことが必要であると考えた。

　以上の考えの下で，上司及びオーナと交渉することにした。オーナとの交渉では，順番としては，譲歩から始まり，説得で終わるように構成した。ただし，納期厳守を約束する代わりに，A銀行側でも，可能な限り予算を増やしてもらうことを依頼した。

設問ウ

memo

ここに注目！

“評価”において，“課題”という言葉を使って課題を明示して，それぞれについて“今後の改善点”へ論旨を展開しています。

第３章　評価と認識した課題と今後の改善点

３．１　利害の調整に対する評価と認識した課題

上司との交渉では，当初のプロジェクト予算の1.5倍まで使えるように承認を得ることができた。結果的に，1.5倍までという上限があることから，全権を得られないままでオーナと交渉することになった。

A銀行とB社の信頼関係が失墜した場合のデメリットを中心に説明したにもかかわらず，上司を説得できない点が課題となった。この点については今後の改善点でも述べる。

オーナとの交渉では，全権のないままで，プロジェクトの納期厳守を保証して交渉を進めた。なぜならば，A銀行側のキーマンの参画によって，開発規模を２倍から1.5倍に抑えることができると考えたからである。オーナとの交渉自体は，相手が求めるものを確約したために交渉は，どうにか成立することができた。A銀行側でキーマンを参画させてもらう点についても確約をしてもらった。

ただし，私が求めるレベルのキーマンの参画を得ることができなかったため，再度実施したフィットギャップ分析は難航した。ギャップの優先順位付けを強化した結果，プロジェクト予算の1.5倍に抑えることでき外部設計以降の請負契約を結ぶことができた。

課題としては，十分なレベルのキーマンの参画が得られなかった点である。

３．２　今後の改善点

上司を説得できなかった点については，プロジェクト予算を1.5倍に抑えることを上司に確約した上で，全権を委譲してもらう交渉を上司とすべきであったと考える。A銀行とB社間の信頼関係の失墜という避けたい点を交渉において強調しすぎた。自社であっても，交渉では相手が望んでいることを確約する方向性で調整する。以上

memo

が今後の改善点である。
　十分なレベルのキーマンの参画が得られなかった点に関する課題については，オーナにヒアリングする際に，キーマンの参画について根回しをしておくべきであったと考える。前PMへのヒアリングからキーマンの参画の必要は分かっていたので，オーナへのヒアリングの際に，A銀行の外為業務に詳しい人に精通する人を紹介してもらうべきであった。この点を今後の改善点とする。

－以上－

900字
1000字
1100字
1200字

■IPA発表採点講評■

（システム開発プロジェクトにおける利害の調整について）では，プロジェクト関係者の間で対立した利害を調整しながら問題を解決したことについての具体的な論述が多かった。一方，利害が不明確あるいは利害が対立していない論述や利害調整という言葉を使いながら実態は単なる話し合いにすぎない論述も見られた。

第2章

品質管理

平成 29 年度 ▼ 問2

システム開発プロジェクトにおける品質管理について

プロジェクトマネージャ（PM）は，システム開発プロジェクトの目的を達成するために，品質管理計画を策定して品質管理の徹底を図る必要がある。このとき，他のプロジェクト事例や全社的な標準として提供されている品質管理基準をそのまま適用しただけでは，プロジェクトの特徴に応じた品質状況の見極めが的確に行えず，品質面の要求事項を満たすことが困難になる場合がある。また，品質管理の単位が小さ過ぎると，プロジェクトの進捗及びコストに悪影響を及ぼす場合もある。

このような事態を招かないようにするために，PM は，例えば次のような点を十分に考慮した上で，プロジェクトの特徴に応じた実効性が高い品質管理計画を策定し，実施しなければならない。

・信頼性などシステムに要求される事項を踏まえて，品質状況を的確に表す品質評価の指標，適切な品質管理の単位などを考慮した，プロジェクトとしての品質管理基準を設定すること

・摘出した欠陥の件数などの定量的な観点に加えて，欠陥の内容に着目した定性的な観点からの品質評価も行うこと

・品質評価のための情報の収集方法，品質評価の実施時期，実施体制などが，プロジェクトの体制に見合った内容になっており，実現性に問題がないこと

あなたの経験と考えに基づいて，設問ア～ウに従って論述せよ。

設問ア　あなたが携わったシステム開発プロジェクトの特徴，品質面の要求事項，及び品質管理計画を策定する上でプロジェクトの特徴に応じて考慮した点について，800 字以内で述べよ。

設問イ　設問アで述べた考慮した点を踏まえて，どのような品質管理計画を策定し，どのように品質管理を実施したかについて，考慮した点と特に関連が深い工程を中心に，800 字以上 1,600 字以内で具体的に述べよ。

設問ウ　設問イで述べた品質管理計画の内容の評価，実施結果の評価，及び今後の改善点について，600 字以上 1,200 字以内で具体的に述べよ。

論文事例1

平成29年度　問2

岡山　昌二

設問ア

第1章　プロジェクトの特徴，品質面での要求事項及び品質管理計画を策定する上で考慮した点

1．1　プロジェクトの特徴

論述の対象は，ネット上でポイントカードサービスを提供しているA社において，複数のポイントカードを1台のスマートフォン上に集約するアプリケーション（以下，アプリという）を開発するプロジェクトである。アプリケーションのアイディアはA社の企画部から出たものである。そのため，外部設計において企画部の意向を汲み入れて合意形成できるかどうかが，プロジェクトの成否につながるという点が，プロジェクトの特徴である。

1．2　品質面での要求事項

このアプリでは，ユーザにとっての使い勝手の良し悪しがビジネスの成功・失敗に結び付く。したがって，品質面での要求事項としては，ユーザインタフェースにおいて高い操作性が求められるという点を挙げることができる。

1．3　品質管理計画を策定する上で考慮した点

このアプリを使ってポイントカードを発行する顧客を募っているため，スケジュール遅延の場合，発注者側の企業は顧客に違約金を払わなければならない。プロジェクトの目標は5か月間という短納期でシステムをリリースすることである。ただし，企画部の意向を汲み入れて合意形成することがプロジェクトの成否につながるというプロジェクトの特徴を踏まえると，予定どおりにリリースすることも重要であるが，企画部の意向を盛り込んだシステムを構築するという点が重要である。そこで私は，要件定義及び外部設計における企画部の意向の汲入れを考慮し，次に述べるように，当該プロジェクトをマネジメントすることにした。

memo

100字 200字 300字 400字 500字 600字 700字 800字

設問イ

memo

第2章　品質管理計画の策定及び品質管理の実施

2．1　品質管理計画の策定

企画部の意向の汲入れを考慮した点を踏まえ，主にユーザの観点からの機能を設計する外部設計に注力して，品質をマネジメントすることにした。

①プロジェクトの品質管理基準の設定

開発標準では，外部設計において，レビューへの投入時間と指摘件数の基準値を設定した上で設計品質を評価し，必要な品質向上策を実施することを規定している。そこで私は，ユーザインタフェースに高い操作性が求められるという品質面での要求事項を踏まえて，外部設計における，プロジェクトの品質管理基準を，画面定義書など成果物の種類ごとに設定することとした。

例えば，成果物の種類には，スマートフォンの画面（以下，画面という）がある。画面などの成果物に対する評価指標値の目標範囲として，画面定義書のレビュー時間と許容指摘件数について，それぞれ上限値と下限値を設定した。上限値あるいは下限値から逸脱した場合，異常値と判断し，品質に関わる分析を行うこととした。

②定性的な観点からの品質評価

バグの増幅作用を考えると，上流工程のバグの混入は，早い段階で摘出する必要がある。外部設計では，特に要件定義におけるバグの混入に留意する必要がある。そこで外部設計で摘出したバグを定性的に分析して，上流工程に遡ったレビューの必要性などを評価することが重要である。

以上の点を盛り込んだ品質管理計画を策定した。

2．2　品質管理の実施

外部設計のレビューの中盤において，PMとして私は，レビューが終了した分の画面定義書，入力チェック仕様書及び帳票定義書のレビュー状況を確認し，次の品質管理を実施した。

①基準値の逸脱理由の精査

　Aチームにおいて，画面定義書のレビュー時間が基準値よりも少ない状況であることが判明した。チームリーダからの報告書では，業務に精通したメンバがいるために効率的に作業が進んだと記されていた。

　私は，業務に精通したメンバがいるならば，他の成果物である入力チェック仕様書や帳票定義書も，レビュー時間が少なくなければいけないと考え，短い時間で作業が終了した理由は他にある旨を，チームリーダに説明して真の原因を探るように指示をした。その結果，類似した画面が多いことが理由で，画面のレビュー時間が少なくて済んだことが判明した。

②定性的な品質評価

　定量的な品質評価のみならず，定性的な品質評価も重要である。そこで私は，外部設計のレビューの指摘内容を分析して，要件定義の内容に起因する指摘の発生状況を調査した。その結果，類似プロジェクトの実績と同程度であることを確認し，当該時点では，要件定義に遡ったレビューの再実施を行う必要はない旨を判断した。

　以上の品質管理について，次のように評価する。

memo

ここに注目！

問題の文の趣旨にある「欠陥の内容に着目した定性的な観点からの品質評価」についても論じている点を確認しましょう。

設問ウ

memo

第3章　品質管理計画の評価，実施結果の評価及び今後の改善点

3．1　品質管理計画の評価

プロジェクトの品質管理基準の設定において，画面定義書などの成果物の種類ごとに設定した。もし，このような詳細な品質管理計画を策定しなかった場合，設問イで述べたような，基準値の逸脱理由の精査ができなかったと判断する。その場合，真の逸脱理由を究明することができず，最悪の場合，要件定義において組み込まれたバグを早期摘出できなかったと判断する。したがって，品質管理計画の評価としては，成功と判断する。

3．2　実施結果の評価

定性的な品質評価の実施について，上流工程において組み込まれたバグが，①類似プロジェクトと比較してどのような状況か，②要件定義に遡って作業を行う必要があるか，など，定性的な品質評価を実施した。これによってプロジェクトにおいて大きな開発の手戻りなどは発生せず，安定した品質管理を実施できたと判断する。

もし，定性的ではなく定量的な評価を中心に品質管理を実施した場合，レビュー結果の内容面での評価が疎かになり，最悪の場合，要件定義のやり直しなど，開発の手戻りが遅れ，バグの増幅作用によって進捗の大幅遅延も発生すると考える。したがって，品質管理計画の実施結果の評価としては，成功だったと判断する。

ここに注目！
設問イで述べた活動を実施していなかったケースと比較して，評価について論じています。

3．3　今後の改善点

当該プロジェクトでは，企画部の意向を汲み入れて合意形成することがプロジェクトの成否につながるという，プロジェクトの特徴に応じた品質管理を実施するために，品質管理の単位を詳細化した。結果としては，企画部の意向の盛り込みに関わる達成度を高い次元で維持でき，プロジェクトの目標を達成することができた。

しかし，品質管理の単位を小さくすることは，プロジ

memo

ェクトの進捗やコストに影響を与える。今回はユーザインタフェース部分に対象を限定することで，コスト増などを抑制できたと判断する。

　今後は範囲を更に狭めることで，コスト増を最小化できる余地があると考えている。言い換えると，品質面での要求事項を基に，コスト増の原因となる品質管理の単位を詳細化する対象範囲を更に減らすことで，プロジェクトにおけるコスト増を抑制することが，今後の改善点である。

－以上－

900字
1000字
1100字
1200字

■IPA発表採点講評■

（システム開発プロジェクトにおける品質管理について）では，品質管理計画の策定内容及び実施状況などについて具体的に論述できているものが多かった。一方，設問が求めたのは，品質面の要求事項を達成するために，プロジェクトの特徴に応じて考慮した点を踏まえて，どのような品質管理計画を策定して，実行したのかについてであったが，プロジェクトの特徴を的確に把握できていないもの，品質管理計画の内容が不明確なもの，品質管理基準の記載はされていても表面的で具体性に欠けるものなど，品質管理に関するPMの対応内容としては不十分な論述も見られた。

論文事例2

システム開発プロジェクトにおける品質管理について（1/4）

平成29年度　問2

佐々木　章二

設問ア

memo

ア－1　プロジェクトの特徴

　中堅のソフトウェア会社であるE社は，W社のペットケア用製品のソフトウェア開発を受託した。

　本製品は，カメラ，小型モニタ，気温・湿度等の各種センサ，マイク，スピーカ，無線LAN通信機能，自動給餌機能などからなる。無線LAN経由でインターネットに接続し，利用者は遠隔地からでも当該機器を操作することができる。自動給餌機能は，指定時間又は利用者からの操作によって，あらかじめセットされているペットフードをペットに与える機能である。

　W社は，当該製品を中期経営計画において主力商品として位置付け，今後はシリーズ化して販売していく計画である。また，ペット市場の拡大化，及び社会状況としてペットに対する保護や責任意識の向上も勘案して製品を開発していく方針である。

　このような方針から，本製品は高機能・高品質を目指している。本プロジェクトで開発するソフトウェアにおいても「高品質」が求められ，これがプロジェクトの特徴である。

ア－2　品質面の要求事項

　品質面において，特に以下の要求事項が重要となる。

・信頼性：意図しない停止や誤作動がないこと

・保守性：シリーズ化を鑑み，拡張・改変等が容易であるあること

・セキュリティ：不正な第三者からネットを介して操作される，などに対策を施すこと

ア－3　品質管理計画を策定する上で考慮した点

　私が品質管理計画を策定する上で考慮した点は，品質の確認・評価のための実施時期，実施体制がプロジェクトの体制に見合った内容になっており，実現性に問題がないこと，である。

設問イ

memo

イ－1　策定した品質管理計画

　E社とW社は，外部設計は委任契約，内部設計から結合テストまでを請負契約で締結した。私はE社に所属し，本プロジェクトのプロジェクトマネージャを担った。

　受託したソフトウェアは，制御部と操作部の二つで構成されている。制御部は，製品の各構成要素をコントロールするもので，主にC言語で開発する。操作部は，製品の利用者が本製品を操作するインタフェースの部分で主にJava言語で開発する。

　私は，内部設計の開始に先立ち，内部設計から結合テストまでの品質管理計画を立案した。この際，プロジェクトの特徴に応じた実効性の高い品質管理計画となるよう意識し，以下のような品質管理計画を立案した。

　まず，テスト工程の準備開始時点でテスト実施チームを設置する体制とした。テスト実施チームは，単体及び結合テストの管理と実施を担当し，摘出された欠陥の改修は設計及び実装を担当したチーム（設計・実装担当チーム）が行う。テスト実施チームのリーダには，制御部及び操作部の両方の開発環境やセキュリティ対策に精通し，十分な経験を有するG主任を任命した。

　次に，G主任にテスト工程開始の5週間前からプロジェクトに参加し，設計書を読み込み，設計・実装担当チームからヒアリングを行い，仕様と設計を理解して，テスト計画書やテスト仕様書の作成などの単体・結合テストの準備を進めるよう指示した。内部設計や，製造とテスト工程の準備が並行して実施でき，製造工程に遅れが生じてもテスト工程の準備に影響しないなどの効果があると考えたからである。

　また，テストの品質を高めるために，G主任に対してツール類を活用してテストを実施することを指示した。

イ－2　品質管理の実施状況

　G主任を中心としたテスト実施チームは，当初のスケ

memo

ここに注目！

欠陥の話で終わっている項目もあるので，もう少し，品質管理に寄せて論じると，更によくなります。

ジュール通りにテスト計画書を完成させ，テスト工程に着手した。また，各種のテストツール類を活用してテストを実施した。その際に抽出した欠陥などには，以下のようなものがあった。

・セキュリティ上の脆弱性の検出：SQLインジェクションやクロスサイトスクリプティングへの対応不足

・オープンソースコードの混入：コードの使用は認めるが，改変は禁止する旨のライセンスを定めたオープンソースコードを利用している部分があった。今後のシリーズ製品の開発において障害となる可能性があり，修正を指示した。

・欠陥の可能性のある部分の検出：メモリリークの可能性がある，到達不可能な部分が存在する，といった信頼性等に影響のあるもの

・再検討が必要なメトリクス：モジュール内やクラス内の複雑度（サイクロマチック数）が高い，モジュール間の結合度が強い，など。実現する機能にもよるので一概には基準を設けず，G主任を中心に特に注意して再レビューをするよう指示し，必要なものについては設計・製造チームに修正を指示した。

設問ウ

ウ－1　品質管理計画の内容の評価

本プロジェクトでは品質管理計画の内容として，内部設計・製造とテストの担当を分離した体制とした。これによって，内部設計及び製造時には発見しにくい欠陥などの摘出を高いレベルで実現できることができた。また，テスト工程の開始時期が遅れるリスクを低減することができた。

これらによって，私は本プロジェクトの品質管理計画の内容は評価できると考える。

ウ－2　品質管理計画の実施結果の評価

本品質管理計画に沿い，おおむね滞りなく計画に従ってプロジェクトを進行することができ，欠陥などの摘出も順調で，当初定めた摘出基準数を満たした。

W社からは，1章で述べた品質面での要求事項等を満たしていると評価された。また，当該製品が発売後，ソフトウェア面において改修が求められるような障害や事故等は発生していない。後続のシリーズ製品の開発も順調に進んでいる。

これらによって，私は本プロジェクトの品質管理計画の実施結果は評価できると考える。

ウ－3　今後の改善点

今回のプロジェクトにおいては，設計・実装担当チームに比較的経験の浅いメンバが含まれていた。そのこともあり，テスト時に基本的な事項を満たしていない欠陥が摘出されることがあった。

このようなことから，G主任又はテスト実施チームのメンバにもう少し早くプロジェクトに参加してもらい，設計に誤り，矛盾，曖昧さがないか，単体・結合テストでの検証が正確かつ容易に実施できるか，といった観点で内部設計書をレビューさせる，という改善点が挙げられる。

－以上－

100字 200字 300字 400字 500字 600字 700字 800字

memo

ここに注目！

いいところばかりをピックアップした論文構成にならないように，例えば評価で課題を述べて，その課題を踏まえて，今後の改善点を論じるという論旨展開も，よいでしょう。

平成 28 年度 ▼ 問 1

他の情報システムの成果物を再利用した情報システムの構築について

情報システムを構築する際，他の情報システムの設計書，プログラムなどの成果物を部分的又は全面的に再利用することがある。この場合，品質の確保，コストの低減，開発期間の短縮などの効果が期待できる一方で，再利用する成果物の状況に応じた適切な対策を講じることをあらかじめ計画しておかないと，有効利用することが難しくなり，期待どおりの効果が得られないことがある。プロジェクトマネージャ（PM）は，成果物の有効利用を図る上での課題を洗い出し，プロジェクト計画に適切な対策を織り込む必要がある。

そのためには，PM は，再利用を予定している成果物の状況を，例えば，次のような点に着目して分析し，情報システムの構築への影響を確認しておくことが重要である。

・成果物の構成管理が適切に行われ，容易に再利用できる状態になっているか。

・本稼働後の保守効率の観点から，成果物を見直す必要がないか。

・成果物を再利用するに当たって，成果物の管理元の支援が受けられるか。

成果物の有効利用を図る上での課題が見つかったときには，有効利用に支障を来さないようにするための対策を検討する。これらの結果を基に，成果物の再利用の範囲を特定した上で，再利用の方法，期待する効果などを明確にし，成果物の再利用の方針として取りまとめ，プロジェクト計画に反映する。

あなたの経験と考えに基づいて，設問ア〜ウに従って論述せよ。

設問ア　あなたが携わった情報システム構築プロジェクトにおけるプロジェクトの特徴，並びに他の情報システムの成果物を再利用した際の再利用の範囲・方法，及びその決定理由について，800 字以内で述べよ。

設問イ　設問アで述べた成果物の再利用に関し，期待した効果，有効利用を図る上での課題と対策，及び対策の実施状況について，特に工夫をした点を含めて，800 字以上 1,600 字以内で具体的に述べよ。

設問ウ　設問イで述べた期待した効果の実現状況と評価，及び今後の改善点について，600 字以上 1,200 字以内で具体的に述べよ。

論文事例1

平成28年度　問1

岡山　昌二

設問ア

memo

第1章　プロジェクトの特徴と成果物の再利用

1．1　プロジェクトの特徴

　対象とするプロジェクトは，テレフォンショッピングによって商品を通信販売する通信販売会社A社におけるCTIシステムの再構築プロジェクトである。CTIシステムでは，交換機などの電話機器を販売するB社が中心となって，B社の顧客であるA社にCTIシステム一式を販売した。そのため，私が所属するC社は，電話機器会社B社からCTIシステムのソフトウェア部分の開発を受注した。私はC社に勤務する当該プロジェクトのプロジェクトマネージャである。

　以前のA社のCTIシステムはB社製でなく，X社製品である。A社がX社製からB社製に乗り換えた理由は，保守期間が長くなり，保守コストも高額になったことが挙げられる。したがって，プロジェクトの特徴としては，保守効率の高いシステムを構築することである。

1．2　再利用の範囲・方法及びその決定理由

　プロジェクトの計画段階において成果物の再利用の範囲を明確化する必要があった。X社からB社に乗り換えた形であるため，以前のCTIシステムに関する開発ドキュメントはX社がメンテナンスしている状況であった。そこで，当該プロジェクトでは，X社のプロジェクトで構築，保守された設計書を，B社経由で当社が流用してシステムを開発することが決まった。

　具体的には，要件定義から外部設計までの工程で，再利用の範囲は，要件定義書と外部設計書とした。再利用の方法としては，既存の設計書にある要件や機能定義を取捨選択し，必要に応じて要件や機能追加を行うこととした。決定理由は，CTIというシステムの特徴を踏まえると，ユーザインタフェースが重視されるため，それが以前のシステムから不必要に変更されて，操作性が低下することを回避したいと考えたからである。

ここに注目！

1，2節のタイトルのキーワードを，明示的に使用しています。

設問イ

memo

第2章　期待した効果，有効利用を図る上での課題と対策，及び対策の実施状況

2．1　期待した効果

　期待した効果を次に挙げて説明する。

①開発の手戻りの予防

　既存の類似システムの要件定義書や外部設計書をひな形にすることで，必要最小限な内容が書かれていることから，要件や機能漏れの予防となり，開発の手戻りをなくせると考えた。

②開発要員によるシステムへの理解度向上

　事前に設計書をレビューすることで，開発要員によるシステムへの理解度が高まると考えた。

　これらの効果を踏まえると，次の課題があることが判明した。

2．2　有効利用を図る上での課題と対策

　プロジェクトの計画段階において，期待効果を引き出すに当たって，保守効率の高いシステムを構築するというプロジェクトの特徴を踏まえ，成果物をどの程度見直す必要があるかという観点で，既存の設計書をレビューした。その結果，第三者には分かりにくい記述があることが判明した。

ここに注目！

「〜というプロジェクトの特徴を踏まえ」という論旨展開を，鮮明に盛り込んでいます。

　要件定義書や外部設計書が，第三者に分かる用語で書かれていないために，弊社の開発メンバでも，理解できない状況であった。B社に問い合わせた結果，CTIシステムのハードウェア担当が記述した設計書であることに起因していることが判明した。したがって，設計書の読みやすさを改善するという課題があった。

　そこで私は，①要件定義書の設計書の見直しをB社に依頼する，②当社で見直す，③B社と当社の両社で見直す，という案を検討し，①を選択した。なぜならば，要件定義や外部設計は委任契約であることから，B社は，弊社からの協力要請を受ける可能性が高いと考えたから

である。

ただし，B社は業務の委託元であるため，その委託元は，容易に作業を受けない可能性が高いと考えた。そこで私は，設計書の読みやすさが開発の手戻りを抑制し，最終的には，システムの保守効率アップを実現し，A社の顧客満足につながることをB社の担当者に説明して，承諾を得ることに成功した。

要件定義書や外部設計書をひな形にして要件定義や外部設計の作業を行い，流用する設計書の見直しをB社で行うという方針を含めたプロジェクト計画書を企画し承認を得て，プロジェクトを実施段階に移した。

２．３　対策の実施状況

実施段階における要件定義書や設計書の見直しは，CTIに関わる用語辞書の作成から開始することにし，これについては，B社からもメンバを参画させることにした。当社とB社で共同作業をすることで，連帯感も醸造されるという副次的効果も期待したからである。

memo

ここに注目！

①複数の案を検討する，②困難な状況からのブレークスルーを表現する，という二つの論旨展開で，採点者に論述構成の工夫をアピールしています。

設問ウ

memo

ここに注目！
自画自賛にならないように根拠を十分に述べてから評価することが重要です。

第3章　期待した効果の実現状況と評価及び今後の改善点

3．1　期待した効果の実現状況と評価

　要件定義書の分かりやすさは，A社の利用部門のメンバに対する業務要求のヒアリングの際に明らかになった。メンテナンスされた要件定義書をヒアリング前に事前配布しておく指示を出したが，業務要件についての質問が少ないという報告を受けた。

　ヒアリングにおいて質問が少ない場合，業務要件の理解度が低いために質問できないことがある。そこで私は，こちらから理解度について確認する質問をする指示をメンバに出した。結果，的確に回答していることから，要件定義書への理解は十分であることが判明した。

　業務要件を基にフィットギャップ分析を行った際も，理解度の観点から問題は生じなかった。外部設計書についても同様な状況であった。

　要件定義書や設計書の読みやすさの確保は，保守性の高いシステム構築の達成につながると判断する。したがって，B社へ設計書類の書き直しを依頼する，その際に用語辞書を整備するという施策は成功であったと判断する。

3．2　今後の改善点

　今回のプロジェクトで使用するCTIシステムは，ハードウェア機能がB社製の新ハードウェアとX社製の旧ハードウェアで異なる。そのため，内部設計～プログラミング工程については，改修部分が多いと判断し，成果物の流用はしない方針で開発を進めた。しかし，成果物の流用の範囲や方法を工夫することで，流用の効果を出すことも可能であったと考える。

　このような点を踏まえ，今後も再利用の範囲を増やすように活動することが重要である。ただし，要件定義書，設計書，プログラムソースは，再利用を考慮して作成す

memo

ると，最初の制作時にはコスト高になり，流用した際にコスト削減になるという傾向がある。この点を考慮して，成果物の再利用を推進することが今後の改善点である。

－以上－

900字

1000字

1100字

1200字

■IPA発表採点講評■

（他の情報システムの成果物を再利用した情報システムの構築について）では，再利用する成果物の状況の分析，再利用に当たっての方針の策定などについて，具体的に論述できているものが多かった。一方，設問が求めたのは，期待どおりの効果が得られるように，成果物の有効利用を図る上での課題を的確に捉え，プロジェクト計画に適切な対策を織り込むことであったが，問題が起きた後の対応に関する論述や，再利用に伴う修正作業の内容に関する論述など，プロジェクト管理の視点に基づくPMの対応としては不十分な論述も見られた。

論文事例2

平成28年度　問1

長嶋　仁

設問ア

memo

1－1　情報システム構築プロジェクトの特徴

　卸売業D社の販売管理を中心とする基幹業務向け情報システムの構築プロジェクトについて述べる。プロジェクトの特徴は，当社として新業務領域を含むことと，保守性に関する品質要求が高いという2点である。

　1点目の新業務領域については，当社では卸売業向けの情報システム構築の実績はあったが，D社のような園芸関係の商材を含む卸売業務のシステム構築は初めてであった。そのため，スコープには当社では新規に設計・開発を行う業務機能が含まれていた。

　2点目の品質要求については，D社では，商材の変化や事業提携を含めて業務プロセスの変更頻度が高い。本稼働後にも，機能の追加や変更が想定されるため，保守性を重視していた。そのため，初期導入の構築期間やコストだけではなく，ライフサイクルを見据えての，システム変更の柔軟性や変更コストの低減を考慮することが求められた。

1－2　再利用した他の情報システムの成果物の範囲・方法・決定理由

　再利用した他の情報システムの成果物は，当社が所有する卸売管理システムの設計書及びプログラムである。このシステムは，パッケージ商品として販売しているものではなく，各案件に適用するためのベースとなるプロダクトである。

　再利用の範囲と方法は，成果物の状況に応じて，設計書とプログラムを合わせた再利用と，設計書だけの部分的な再利用とした。決定理由は，短期構築というプロジェクト目標を達成させることと，保守性を考慮することを両立させたからである。この成果物の状況分析と範囲の特定については2－3節で具体的に述べる。

設問イ

memo

2－1　成果物の再利用に関し，期待した効果

　期待した効果は，短期開発への対応と品質の確保である。本システムの構築は，要件定義から第１フェーズの本稼働までの工程が６か月で，特段とはいえないが，規模的に見て通常の短期プロジェクトである。

　私は，新規の業務機能の開発が必要だが，ベースのプロダクトの８割以上が機能的に再利用可能と見込んだ。プログラム単位で再利用できれば，開発・テスト工数を大幅に低減できるとともに，テスト項目数が少なくなる分，品質目標を達成しやすい。

2－2　有効利用を図る上での課題と対策

　成果物の有効利用を図る上での課題を，Ｄ社が重要視している，保守性に関する品質の確保と考えた。

　その理由は，ベースのプロダクトが複雑化しているからである。ベースのプロダクトは，事業部内の各プロジェクトが活用しており，オリジナルのプログラムを分離せずに，長年にわたって繰り返し変更が加えられている。そのため，プログラムは汎用性が高くなっている反面，肥大化して複雑になっている。私は，複雑化したプログラムの再利用と保守性はトレードオフの関係にあり，長期的には品質リスクになり得ると考えた。

　対策として，複雑化したプログラムについては，設計書だけの再利用とし，プロダクトから分離して再開発する方式をＤ社に提案・承諾いただいた。

2－3　対策の実施状況

⑴状況の分析

　前述のとおり，分析で着目した点は，複雑化して保守性の低くなっているプログラムがないかどうかである。

　分析で工夫した点として，プログラムのサイズなどで単純に判断するのではなく，過去の改修工数や品質を定量的に評価した。事業部で共有されている過去のプロジェクト情報を用いて，工数やバグ発生数を基準に候補と

memo

ここに注目！

人間の総合的な判断力が妥当性を担保できる根拠も含めると，更によくなります。

なるプログラムを抽出した。さらに，プロダクトの利用経験の多い開発メンバにヒアリングを実施した。数値情報だけでは妥当性を担保できず，人間の総合的な判断力も重要だと考えたからである。

　分析の結果，顧客企業によって業務プロセスの差の大きな，売価管理，与信管理，棚卸管理などの分野が複雑化していることが明らかになった。

(2)再利用に当たっての方針の策定

　分析の結果を基に，再利用の範囲と方法を特定した。範囲については，次の方針をプロジェクト計画として策定した。

・機能的に適用可能なプログラムを原則再利用する。
・分析の結果として，既に複雑化の弊害が生じているプログラムは対象外とする。
・インタフェースの多いプログラムは，機能適合性の品質を重視し，例外として再利用する。

　プロジェクトではこの方針に従って，再利用の対象外として再開発するプログラムを決定した。

設問ウ

memo

3－1　期待した効果の実現状況と評価

　期待した効果の短期開発への対応と品質の確保については，まず本稼働までの開発では十分に実現できたと考える。結果として，プロダクトの約2,000本のプログラムのうち，再利用したものが約1,200，再利用せずに対象外として再開発したものは30であった。また，新業務機能実現のための新規開発は50であった。再利用率は高く，再開発と新規開発のプログラムに注力できたことから，工程，品質ともプロジェクト目標を達成できた。

100字

200字

ここに注目！

定量的に論じている点がよいです。
再利用率の目標と，実績から達成率を論じると，更によくなります。

　本稼働後の保守性については，再開発したプログラムに対する変更作業が既に発生しており，迅速な対応ができていることから，保守性の向上に効果が出ていると考える。

300字

　評価としては，今回は試験的な取組みであったことから，無理をせずに再開発プログラムを絞り込んだ。絞り込んだものの，変更作業で効果が出ているので，再利用と再開発のバランスは妥当だったと考える。また，プロジェクト情報では抽出されず，ヒアリングで開発メンバから指摘された“問題プログラム”を今回再開発した。これによって，今後の保守性が向上すると見込まれるので，ヒアリングを実施したことが良かったと考える。

400字

500字

3－2　今後の改善点

　本プロジェクトでは，成果物の分析において，開発工数と品質実績という数値情報と，開発メンバの経験則という定性的情報を用いた。再利用と再開発の判断は，まだまだ試行錯誤の段階と考えている。そのため，今後の改善点として，分析するためのキー情報の吟味や，判断及び妥当性検証を継続して，より適切な判断基準を策定していきたいと考える。

600字

700字

－以上－

800字

平成 27 年度 ▼ 問2

情報システム開発プロジェクトにおける品質の評価，分析について

プロジェクトマネージャ（PM）には，開発する情報システムの品質を適切に管理することが求められる。そのために，プロジェクトの目標や特徴を考慮して，開発工程ごとに設計書やプログラムなどの成果物の品質に対する評価指標，評価指標値の目標範囲などを定めて，成果物の品質を評価することが必要になる。

プロジェクト推進中は，定めた評価指標の実績値によって成果物の品質を評価する。特に，実績値が目標範囲を逸脱しているときは，その原因を分析して特定する必要がある。 例えば，設計工程において，ある設計書のレビュー指摘密度が目標範囲を上回っているとき，指摘内容を調べると，要件との不整合に関する指摘事項が多かった。その原因を分析して，要件定義書の記述に難解な点があるという原因を特定した，などである。また，特定した原因による他の成果物への波及の有無などの影響についても分析しておく必要がある。

PM は，分析して特定した原因や影響への対応策，及び同様の事象の再発を防ぐための改善策を立案する。また，対応策や改善策を実施する上で必要となるスケジュールや開発体制などの見直しを行うとともに，対応策や改善策の実施状況を監視することも重要である。

あなたの経験と考えに基づいて，設問ア～ウに従って論述せよ。

設問ア あなたが携わった情報システム開発プロジェクトの目標や特徴，評価指標や評価指標値の目標範囲などを定めた工程のうち，実績値が目標範囲を逸脱した工程を挙げて，その工程で評価指標や評価指標値の目標範囲などをどのように定めたかについて，800 字以内で述べよ。

設問イ 設問アで述べた評価指標で，実績値が目標範囲をどのように逸脱し，その原因をどのように分析して，どのような原因を特定したか。また，影響をどのように分析したか。重要と考えた点を中心に，800 字以上 1,600 字以内で具体的に述べよ。

設問ウ 設問イで特定した原因や影響への対応策，同様の事象の再発を防ぐための改善策，及びそれらの策を実施する上で必要となった見直し内容とそれらの策の実施状況の監視方法について，600 字以上 1,200 字以内で具体的に述べよ。

論文事例1

平成27年度　問2

岡山　昌二

設問ア

memo

第1章　プロジェクトの特徴と目標及び実績値が目標範囲を逸脱した工程

1．1　プロジェクトの特徴と目標

論述の対象は，ネット上でポイントカードサービスを提供しているA社において，複数のポイントカードを1台のスマートフォンに集約するアプリケーションを開発するプロジェクトである。ユーザにおける使い勝手の良し悪しがビジネスの成功・失敗に結び付くことから，プロジェクトの特徴としては，ユーザインタフェースに高い品質が求められるという点を挙げることができる。 100字 200字

このアプリを使ってポイントカードを発行する顧客を募っているため，スケジュール遅延の場合，発注者側の企業は顧客に違約金を払わなければならない。プロジェクトの目標は5か月間という短納期でシステムをリリースすることである。アプリケーションのアイディアは発注企業の企画部から出たものであるため，外部設計において企画部の意向を汲み入れて合意形成できるかどうかが，プロジェクトの成否につながると考えた。 300字 400字

1．2　実績値が目標範囲を逸脱した工程

外部設計において設計レビューを実施した際，設計を担当する3チームのうちのBチームが，画面定義書のレビューにおけるレビュー時間及び指摘件数が目標値の上限を逸脱していることが判明した。 500字

開発標準では，外部設計においてレビューへの投入時間と指摘件数の基準値を設定した上で設計品質を評価し，必要な品質向上策を実施することを規定している。そこで，ユーザインタフェースに高い品質が求められるというプロジェクトの特徴を踏まえて，類似プロジェクトの品質実績報告書を基に，画面定義書など成果物の種類ごとに品質基準を設定することとした。画面ごとに，評価指標の目標値として，画面定義書のレビュー時間と許容指摘件数について，それぞれ上限値と下限値を設定した。 600字 700字 800字

設問イ

memo

第2章　原因の分析方法と判明した原因及び影響の分析方法

2．1　原因の分析方法と判明した原因

　実績値が目標範囲を逸脱した原因を，次のようにして分析した。

①評価指標の目標値についての妥当性の確認

　評価指標の目標値を厳しく設定したことが原因で，評価指標を逸脱した可能性がある。そこで，Bチーム以外のチームの評価指標値を確認すると，いずれも目標値に収まっていた。その結果，目標値の妥当性は確保できていると判断した。

②Bチームリーダへのヒアリング

　ヒアリングの結果，次の事実が判明した。①画面定義書については，企画部のレビューアが多忙で，ほとんどのレビューに都度異なる代役が参加したため，その場で意思決定できなかった。②企画部での意見の調整後，再度レビューが必要となったためレビュー時間が増えた。③意見を調整した結果，取下げとなった指摘も含めたため指摘件数が増えた。

　根本原因は企画部のレビューアが外部設計のレビューに直接参画していないことであった。

2．2　影響の分析方法

　原因が判明した段階で，現状の調査，プロジェクトへの影響を次のように分析した。

①企画部の参画状況の調査

　代役を立てている企画部の要員が他にいるかを調査した。その結果，代役を立てていることの多い要員が他に1名いることが判明

②代役を立てている企画部の要員が参画している外部設計作業の成果物への影響調査

　該当する2名の要員が参画しているチームの外部設計の成果物を洗い出し，成果物への影響を確認した。

③外部設計を基に作成する資料への影響調査

　システムテスト計画書など，外部設計を基に作成する資料への影響を確認する必要があると考えた。

　影響の分析では，該当する成果物への影響だけではなく，原因を究明した上で，他にも，どのような事態が発生している可能性を盛り込んで，影響分析することが重要である。

memo

ここに注目！

このような影響分析における三つの考え方を頭に入れて，今後の論述に役立てましょう。

設問ウ

第3章　原因への対応策，影響への対応策，改善策，見直し内容及び実施状況の監視方法

3．1　原因への対応策

外部設計には，代役を含めて，その場で意思決定できる要員を参画させることを企画部の部長に申し入れた。表面的な了承では再発する可能性がある。そこで私は，意思決定できない代役を立てると設計作業の効率が低下することを説明し，最悪の場合，短納期というプロジェクトの目標を達成できないことを説明し，了承を得た。

3．2　影響への対応策

代役を立てていた要員が参画するチームが作成した成果物へのレビューにおける品質評価のやり直しを，チームリーダに指示をした。品質評価に問題はなかったが，外部設計書を基に作成したシステムテスト計画書の再レビューを指示した。Bチームリーダのマネジメントスキルの面で，問題への対応が遅いなどの問題があると判断したからである。

3．3　改善策

従来の開発標準では，要員の代役について言及していなかった。そこで，スケジュールに余裕がない場合，代役を立てる場合は，①事前にチームリーダの許可を得ること，②その場で意思決定できる要員を代役とすること，を追加して開発標準を改定した。

3．4　見直し内容

私は，対応策を実施するに先立って，マスタスケジュールを確認して，マイルストーンへの影響度を都度，確認した。Bチーム以外のチームから要員を選抜して一時的にBチームに参画させて指示を出した。更に，マネジメントスキルでの問題が生じないように，Aチームのリーダに，Bチームのリーダを補助するように指示を出した。

3．5　実施状況の監視方法

　実施状況の監視方法については，次のとおりである。

①代役の事前承認

　代役を立てる場合は，チームリーダに事前承認することとし，事前承認メールのCCにPMを加えることを指示した。

②代役を立てた場合の意思決定レベルについてPMからチームリーダへのヒアリング

　CCで送られたメールを基に，後日，チームリーダにヒアリングを行い，代役の意思決定レベルについて問題がないことを確認した。

　このプロジェクトのように，ユーザの意向を汲み入れて合意形成することが短期間で求められる場合，自社のプロジェクト要員のみならず，ユーザ側の参画要員の管理も状況に応じて適切に行うことが重要である。

－以上－

memo

ここに注目！

この設問ウでは，五つの項目が問われています。それぞれ明示的に論じましょう。

論文事例2

情報システム開発プロジェクトにおける品質の評価，分析について（1/5）

平成27年度　問2

佐々木　章二

設問ア

memo

ア－1　プロジェクトの目標と特徴

法人向け研修を提供しているB社は，基幹システムである学習支援システムを再構築するプロジェクトを立ち上げた。再構築の目的は二つあり，一つは現システムにおいて不足している機能等の追加である。もう一つは，同業他社とのデータ交換用フォーマットの仕様が更新されたので，それに対応するためである。

このデータ交換用フォーマットは，法人向け研修を提供している8つの企業が，受講者や成績などのデータの互換性を図るために策定しているもので“8社フォーマット”と通称されている。これによって，研修を利用する法人は，どの企業の研修を実施してもデータの統合などが簡便に行うことができる。8社フォーマットは，政府の助成金制度や各種資格試験の制度改定などにも対応できるように今回大幅な改定を行う（新8社フォーマット）。

よって，本プロジェクトの特徴は『新8社フォーマットに対応した初めてのシステム開発』であることが挙げられる。また，本プロジェクトの目標は『品質，特に機能適合性を満足させること』である。

私は，B社のシステム部門に属しており，本プロジェクトのプロジェクトマネージャに任命された。

ア－2　目標範囲を逸脱した工程と設定方法

評価指標値の実績値が目標範囲を逸脱した工程は結合テスト工程である。

評価指標はエラー摘出密度である。評価指標値は自社における過去の類似プロジェクト及び独立行政法人が発行したソフトウェア開発データ白書を参考にし，各機能の難易度を加味して設定した。目標範囲は，評価指標値の0.5倍から2倍とした。

設問イ

memo

イ－1　目標範囲の逸脱状況及び原因の分析と特定

　結合テストでは，受講者管理機能のエラー摘出密度が目標範囲を上回るという状況が複数の結合テストケースで発生した。 100字

　私は，まずエラーの発生原因の傾向分析をすることが重要と考えた。その理由として，エラーの多発においては同一の原因からエラーが発生している場合が多く，その原因を把握できればエラー修正を効率的に作業できる 200字 からである。私は，エラー摘出密度が目標範囲内に収まっている機能のテストケースも含め，全てのエラー報告書に記載されたエラー原因についてパレート分析を行った。 300字

　分析の結果，報告されたエラーの80％が新８社フォーマットの処理に関するものであることが判明した。新８社フォーマットは，様々な項目に対応できるように定められている分，各項目間での整合性も考慮してデータを 400字 作成する必要がある。例えば，ある助成金制度に関する項目に“使用する”を設定した場合，「履修時間」の項目は必ずデータを設定しなければならない。設計書には正しく記載されていたが，特に新８社フォーマットで大 500字 きく改定された部分において，以前のプログラムを流用・改変している場合に不備が多かった。

　以上の結果から，私は『流用したプログラムにおいて，新８社フォーマットへの変換に関わる処理の修正が正し 600字 くできていないものがある』ことを原因と特定した。

イ－2　影響の分析

　私は，特定した原因による他の成果物への波及の有無などの影響ついて分析することにした。特にテスト仕様 700字 書及びテストデータについて精査することが重要であると考えた。その理由として，以前のテストケース及びテストデータを流用している場合，プログラムにおけるエラー発生原因と同様に，新８社フォーマットの改定に合 800字

memo

ここに注目！

よい展開です。新8社フォーマットの改定に合わせた修正が正しくできていない可能性が高いと考えた根拠を含めると，更によくなります。

わせた修正が正しくできていない可能性が高いと考えたからである。また，テストケース及びテストデータが正しく設計されていない場合，プログラム等の不備を発見できない割合が高くなり，品質の低下に直結すると考えた。

分析の結果，一部のテスト仕様書及びテストデータについても不備が発見された。

設問ウ

memo

ウ－1　特定した原因と影響への対応策

以前の成果物を流用したプログラム及びテストケースが新8社フォーマットへ正しく対応できていない，という事象に対して，私は新8社フォーマットの仕様に精通しているメンバ2名を選抜し，当該成果物のチェックを行うという対応策を実施した。

ウ－2　同様の事象の再発を防ぐための改善策

私は同様の事象の再発を防ぐための改善策として，結合テスト未実施部分に対する，テストケース及びプログラムのチェックを指示した。この際，統合開発環境の支援機能を活用して，同様のロジックが存在する部分を探索するなど，効率的にチェックができるような工夫も指示した。

また，システムテスト及び運用テストの仕様書およびテストデータについても見直しを指示し，同様の原因による事象の再発防止とした。

ウ－3　対応策と改善策の実施における見直しの内容

私は，対応策及び改善策の実施に当たって，スケジュールと開発体制を見直した。

スケジュールについては，新8社フォーマットに関わる処理部分について先行してテストを行うように変更した。開発体制としては，上述の選抜した2名を新8社フォーマット関連のチェック要員とした他，テスト仕様書に従ったテストの実施と確認を行う役割として3名の要員を追加した。また，障害管理表等のドキュメント及び修正状況の管理をする負荷が高まるため，それに対応する要員を1名追加した。

ウ－4　対応策と改善策の監視方法

私は，新8社フォーマット関連のチェック要員とした2名に作業日報を作成し報告することを指示し，これによって対応策を監視した。

結合テスト未実施部分に対するチェック，及びシステ

ここに注目！

設問ウで問われている項目に，明示的に論じている点がよいです。

memo

ムテストと運用テストの仕様書等の見直しという再発防止のための改善策の監視方法としては，チェック及び見直し担当者と日々打ち合わせを実施し，状況を監視した。その際，修正が必要になった部分の傾向を問いただし，新たに見直しが必要となるような兆候がないかを確認することに注意した。

－以上－

■IPA発表採点講評■

（情報システム開発プロジェクトにおける品質の評価，分析について）では，開発工程において定めた品質の評価指標の目標範囲からの逸脱の状況，逸脱の原因の分析について具体的に論述できているものが多かった。一方，逸脱による影響の分析について，プロジェクトの目標や特徴との関連で具体性に欠ける論述や，原因や影響への対応策，再発を防ぐための改善策について，それらの策と実施状況の監視方法との関係がプロジェクトマネージャの視点で不適切な論述も見られた。

Memo

平成 25 年度 ▼ 問3

システム開発プロジェクトにおける工程の完了評価について

プロジェクトマネージャ（PM）には，プロジェクトの品質，予算，納期の目標を達成するために，プロジェクトの状況を継続的に評価し，把握した問題について対策を検討し，実施することが求められる。

特に，各工程の完了に先立って，作業の実績，成果物の品質などの項目について，その工程の完了条件に基づいて評価する。また，要員の能力や調達状況などの項目について，次工程の開始条件に基づいて評価する。評価時に把握されるプロジェクト遂行上の問題としては，例えば，設計工程では，次のようなものがある。

・工程の成果物の承認プロセスが一部未完了

・次工程の開発技術者が，計画上の人員に対して未充足

PM はこのような問題を把握して，次工程にどのような影響を与えるかを分析し，対応策を検討する。問題によっては，プロジェクトの納期は変えずにスケジュールの調整を行うなどの対応策が必要になる場合もある。そして，必要な関係者にその工程の完了及び次工程の開始の承認を得る。

また，類似の問題が発生しないように問題の背景や原因を把握して，再発防止策を立案することも重要である。

あなたの経験と考えに基づいて，設問ア〜ウに従って論述せよ。

設問ア　あなたが携わったシステム開発プロジェクトのプロジェクトとしての特徴と，完了評価を行った工程の一つについて，その概要，その工程の完了条件と次工程の開始条件を，800 字以内で述べよ。

設問イ　設問アで述べた工程の完了評価の結果はどのようなものであったか。その際，把握した問題と次工程への影響，検討した対応策について，800 字以上 1,600 字以内で具体的に述べよ。

設問ウ　設問イで述べた問題の背景や原因，再発防止策とその評価，及び残された問題について，600 字以上 1,200 字以内で具体的に述べよ。

論文事例

システム開発プロジェクトにおける工程の完了評価について（1/5）

平成25年度　問3

満川　一彦

設問ア

memo

1　システム開発プロジェクトの特徴，完了評価を行った工程の概要，完了条件，及び次工程の開始条件

1．1　システム開発プロジェクトの特徴

私は，独立系のシステムインテグレータＰ社に所属するプロジェクトマネージャである。今回，私が取りまとめたプロジェクトは，日用品や雑貨の通信販売を営むＡ社の販売管理システムの再構築プロジェクトである。

Ａ社では，販売管理システムの一つの機能を利用して，以前からWebインタフェースの通信販売を行っていた。今回の再構築では，従来のシステムに対する利用者からの意見を取り入れ，使い勝手の向上とスマートホンやタブレットなどの新しいデバイス（以下，スマートデバイス）にシステムを対応させるものである。経営陣は競争力強化のために新しいサービスの早期提供を社外に表明しており，サービス開始は10か月後と決められている。同等規模のプロジェクトに比較して２か月程度プロジェクト期間が短い点が，本プロジェクトの特徴となっている。

1．2　完了評価を行った工程の概要，完了条件，及び次工程の開始条件

今回，論述の対象とする工程は，基本設計工程である。基本設計では，画面設計に代表されるユーザインタフェース設計や，システムで実現する機能の設計，データベースモデリングなどのデータベース論理設計を行う。基本設計の完了条件は，社内の設計標準で定められている。条件中，全ての設計ドキュメントが完成しており，かつＡ社の責任者の承認を得られていることが最重要である。本論述では，この２点について言及する。

次工程は，性能設計やセキュリティ設計などの内部を設計する詳細設計工程であり，次工程の開始条件は，基本設計工程が完了していることと，詳細設計を担当する技術者が確保されていることである。

設問イ

memo

2　基本設計の完了評価結果と把握した問題，次工程への影響と対応策

2．1　基本設計の完了評価結果と把握した問題

私は，マイルストンとして設定されている基本設計完了のタイミングにおいて，事前に定められた手順に従って基本設計の完了評価を行った。

(1)設計書の完成について

設計ドキュメントについては，WBSで定められているアウトプットが全て作成されていることが完成の判断基準になる。設計書の枚数を重視する判断基準ではないため，設計書の枚数については参考程度とすることになっている。私が完了評価を行ったところ，一部を除き設計書は完成していることが分かった。完成している設計書については，A社の責任者の承認も得られており，基本設計の完了と判断できた。

完成していない設計書はスマートデバイスに関連する設計書である。スマートデバイスに関連する設計書のうち，完成が遅れており，A社の責任者の承認が得られていない設計書は，スマートデバイスについてのユーザインタフェースに関連する部分である。私は，スマートデバイスを担当しているチームリーダにヒアリングを行った。設計書の完成が遅れている直接の原因は，A社の希望で行っている，A社の顧客へのヒアリング結果の回収が遅れているというものであった。A社ではスマートデバイスをサポートすることが初めての経験であったため，A社の顧客の属性に関する情報を基に，スマートデバイスに興味をもつ100名程度の顧客に対して，新しいスマートデバイスに関するユーザインタフェースのアンケート調査を行った。80％程度の回答が得られればアンケートを終了させる予定であったものの，予定期間を過ぎても回収率が40％弱にとどまっており，予定の半分程度の回収となっていた。A社側の設計担当者は回収期間を延

memo

長しており，アンケート結果を設計に反映させる部分で遅延が生じている。

⑵次工程の開始条件について

　次工程の詳細設計では，性能設計やセキュリティ設計などシステムの内部の作りこみが主要なタスクとなる。スマートデバイスを利用したシステムはＰ社にとって経験が少なく，スマートデバイスについての設計ができる技術者の確保はプロジェクトを成功させるための重要なファクタとなる。私はプロジェクト計画の時点において必要な技術者を確保しておいた。しかし，該当の技術者が直前に担当していたプロジェクトの遅延によって，本プロジェクトに割ける工数が当初の半分程度となることが判明した。スマートデバイスのサポートは新システムのトピックであり，失敗することは許されない。

２．２　次工程への影響と対応策

　このままでは，「基本設計を完了」と評価できないことが判明した。しかし，プロジェクト期間がタイトであることから，早急に詳細設計に着手すべきであると判断した。基本設計が未完成になっているのはスマートデバイスのユーザインタフェースに関する部分だけである。PCなどに比較するとスマートデバイスはリソースの制約が大きく，PCのような複雑なユーザインタフェースは不必要で，性能面での要求も小さいものとなる。私は，スマートデバイスのユーザインタフェースについては独立性が高いため，未完成部分の基本設計の継続と詳細設計を並行して進めることができると判断した。Ａ社責任者に説明をした結果，了解を取り付けることができ，詳細設計工程に着手した。スマートデバイスの技術者の工数が確保できないことについては，当該技術者に関わる費用が少なくなる点とプロジェクト予備費の一部を割り当てることで費用をねん出し，外部の技術者を参加させることで決着させた。

900字
1000字
1100字
1200字
1300字
1400字
1500字
1600字

ここに注目！
対応策をスケジュールの調整に寄せて論じると，より趣旨に沿います。

設問ウ

memo

3　問題の背景や原因，再発防止策と評価，残された問題

3．1　問題の背景や原因，再発防止策と評価

⑴設計書の完成遅延について

今回，Ａ社の顧客にスマートデバイスに関するユーザインタフェースについてのアンケート実施に際し，Ａ社とＰ社で合意して進めていたものの，アンケート回収については，Ａ社の顧客情報に関連するため基本的にＡ社に一任していた。Ｐ社としてはアンケートの回収状況についても注意しておくべきであったが，アンケート以外の設計が順調に進んでいた背景があり，回収状況の確認を疎かにしてしまったことが直接的な原因である。また，回収率よりも回収期限に重きをおき，アンケートを進めなければならなかったと考えている。アンケート対象者の選定についても，「スマートデバイスを使用している人」，「スマートデバイスに興味がある人」という条件で抽出したため，実際にスマートデバイスから通販を利用するという顧客と微妙にずれが生じていたのではと考えている。

再発防止策としては，「スマートデバイスを使って商品を購入したい」という顧客を抽出することが考えられる。スマートデバイスを利用する購入意欲のある顧客であれば，積極的な回答を寄せてくれると期待でき，再発防止策として有効である。

ここに注目！
“回収状況の確認を疎かにしてしまったことが直接的な原因である”と書いてあるので，この原因に，もっと絡めて再発防止策を論じると，もっとよくなります。

⑵技術者の確保について

今回のプロジェクトでは，スマートデバイスの技術者がボトルネックとなると判断し，早い時期から要員の確保に努めた。しかし，別プロジェクトの進捗にまで注意を払わなかったことによって，実際に技術者が必要となる時点で工数不足が露呈してしまったことが直接的な原因である。Ｐ社では，スマートデバイスを利用するシステムの構築案件が少なく，十分な要員が確保されていな

memo

い点が今回のトラブルの背景と考えられる。

　再発防止策としては，技術者の育成には時間を要するため，協力関係のある企業や技術者派遣業者などとの連携が考えられる。実績のある技術者を早急に確保することが可能になり，十分な効果が期待できる。

900字

3．2　残された問題

　今回，基本設計が予定どおり完了しなかったことについて，A社の「顧客の声」を生かした設計作業に大きな一因があると考えられる。「顧客の声」はシステムの利用者の声であり，欠かすことはできない。ただし，適切な「顧客の声」を発してもらえるような顧客を抽出することは容易ではない。私は，「顧客の声」に代わるスキルをもった経験豊富な要員の確保などが残された課題であると考えている。

1000字

1100字

－以上－

1200字

■IPA発表採点講評■

（システム開発プロジェクトにおける工程の完了評価について）では，工程の完了評価の結果，把握した問題と次工程への影響，検討した対応策，問題の背景や原因を踏まえた再発防止策については具体的な論述が多かった。一方，工程の完了条件と次工程の開始条件が不明確な論述や，工程の完了評価以前に対処すべき問題についての論述も見られた。

第3章

費用管理

平成 31 年度 ▼ 問 1

システム開発プロジェクトにおけるコスト超過の防止について

プロジェクトマネージャ（PM）には，プロジェクトの計画時に，活動別に必要なコストを積算し，リスクに備えた予備費などを特定してプロジェクト全体の予算を作成し，承認された予算内でプロジェクトを完了することが求められる。

プロジェクトの実行中は，一定期間内に投入したコストを期間別に展開した予算であるコストベースラインと比較しながら，大局的に，また，活動別に詳細に分析し，プロジェクトの完了時までの総コストを予測する。コスト超過が予測される場合，原因を分析して対応策を実施したり，必要に応じて予備費を使用したりするなどして，コストの管理を実施する。

しかし，このようなコストの管理を通じてコスト超過が予測される前に，例えば，会議での発言内容やメンバの報告内容などから，コスト超過につながると懸念される兆候を PM としての知識や経験に基づいて察知することがある。PM はこのような兆候を察知した場合，兆候の原因を分析し，コスト超過を防止する対策を立案，実施する必要がある。

あなたの経験と考えに基づいて，設問ア～ウに従って論述せよ。

設問ア　あなたが携わったシステム開発プロジェクトにおけるプロジェクトの特徴とコストの管理の概要について，800 字以内で述べよ。

設問イ　設問アで述べたプロジェクトの実行中，コストの管理を通じてコスト超過が予測される前に，PM としての知識や経験に基づいて察知した，コスト超過につながると懸念した兆候はどのようなものか。コスト超過につながると懸念した根拠は何か。また，兆候の原因と立案したコスト超過を防止する対策は何か。800 字以上 1,600 字以内で具体的に述べよ。

設問ウ　設問イで述べた対策の実施状況，対策の評価，及び今後の改善点について，600 字以上 1,200 字以内で具体的に述べよ。

論文事例 1

平成31年度　問1

岡山　昌二

設問ア

第１章　プロジェクトの特徴及びコスト管理の概要

１．１　プロジェクトの特徴

　X社は，中堅のソフトウェア企業である。X社では，保険会社が提供するロードサービスに関するコールセンタシステム（以下，CCシステムという）の開発を受託した。今回，CCシステムについてX社が新たに受託した改修案件は，開発期間６か月の請負契約であり，新機能の提供開始時期が決まっているため，スケジュール面では大きな手戻りを許す余裕はなかった。

　X社は，以前にCCシステムの開発を委託したサプライヤに委託を打診したが，受託案件が手一杯という理由で断られる状況であった。そこで，開発の一部を，X社からの委託した経歴がないA社に準委任契約で内部設計から結合テストまでを委託することになった。したがって，プロジェクトの特徴として，委託実績のない会社に開発の一部を委託するという点を挙げることができる。

１．２　コスト管理の概要

　コスト管理についてはプロジェクトの計画と実行中に分けて管理される。プロジェクトの計画時に，WBSを作成して，それぞれの活動ごとにコストを割当て積算する。加えてにリスク分析を行い，コンティンジェンシ予備を算出して，これを積算結果に加えて予算とした。さらに，予算の５％をマネジメント予備とした。

　プロジェクトの実行中はEVMを採用して，毎週，提出される作業報告書をプロジェクト管理チームが集計して，SPIやCPIなどを算出している。これらの指標を基にコスト超過などの状況を評価する。

　私はX社に勤務する当該プロジェクトのプロジェクトマネージャ（PM）として次のようにコスト管理を行った。

memo

100字 200字 300字 400字 500字 600字 700字 800字

設問イ

第2章　コスト超過の兆候と対策

2．1　コスト超過につながる兆候と懸念した根拠

内部設計が開始してから2週間が経過したとき，A社に委託した部分の品質状況に関する報告のうち，次の兆候を発見した。

レビュー対象となる内部設計書のページ数に対して，レビュー時間，レビューによる欠陥摘出件数が，基準値を大きく下回っている。これに対する品質状況に関する記載は，“内部設計書の品質が高いために，レビュー時間や欠陥摘出件数が下回っている。品質には問題なし”となっていた。私はX社がA社に対して試験的行ったレビューでは，適切なレビュー時間と欠陥摘出件数が報告されていたことを根拠に，欠陥指摘数が下回ることは何かしらの問題の兆候であると考えた。具体的には，コスト超過につながる兆候があると懸念した。なぜならば，納期は決まっているため，品質の問題からスケジュールが遅延した場合，その挽回策のための人員の追加など，追加費用が必要になる可能性が高いからである。

2．2　兆候の原因と立案したコスト超過の防止策

X社に実績のない会社に開発の一部を委託する，というプロジェクトの特徴を踏まえると私は，X社がA社に対して事前に説明したX社の品質管理基準の遵守が不十分の可能性があると考え，A社の開発要員に対してヒアリングを実施した。その結果，設計者とレビュー者が自席で随時行う対面レビューのレビュー時間と欠陥指摘件数を報告に含めていないことが判明した。A社が遵守しなければならないX社の品質管理基準では，自席で行う対面レビューも報告に含めなければならない。A社のキーマンに対しては，X社の品質管理基準の理解度を確認していることを根拠に，兆候の原因はA社におけるマネジメントへの遵守性の低さであると判断した。そこで私は，次のコスト超過防止策を講じることにした。

①X社品質管理基準遵守の必要性の説明会実施

説明会を実施して，基準の遵守を徹底するだけでは，一時的な改善になってしまい，形骸化する可能性があった。そこで私は，A社の開発要員に対して，定量的な品質分析に加えて定性的な品質分析を行って品質管理を行っているX社の実態を説明して，必要性を納得してもらった上で，X社の品質管理基準を遵守するように指示した。

②品質管理基準の遵守状況の監視

直接的な原因への対策として，自席で行う対面レビュー時間を別途，報告させるなどの改善策も検討した。しかし，X社の品質管理基準にないこと，また，この改善策が形骸化する可能性があることを根拠に，この案を採用しなかった。ただし，品質管理基準への遵守を徹底する必要はある。そこで私は1か月間，レビュー時間を中心に口頭による確認などによって，品質管理基準全般の遵守状況を監視するようにプロジェクト管理チームに指示を出すことにした。

以上のように私は，品質面から，スケジュール遅延の挽回策としての人員追加などによる追加費用の発生を抑えるコスト超過の防止策を講じた。

900字 1000字 1100字 1200字 1300字 1400字 1500字 1600字

memo

ここに注目！

設問イの終盤では，問題のタイトルにある“コスト超過の防止”というキーワードを使って，趣旨に沿って論じていることを，採点者にアピールしています。

設問ウ

memo

第3章　対策の実施状況，評価及び今後の改善点

3．1　対策の実施状況

説明会の実施では，X社における品質管理のスキルの高さをA社にアピールすることができた。これによってA社の開発要員のスキルも上がったと判断する。

品質管理基準の遵守状況の監視については，兆候と同様な報告が上がった。同様に，原因を調査した結果，内部設計の品質が高いことが判明し，品質管理基準の遵守，及びマネジメントへの遵守性については問題がない状況であった。

3．2　対策の評価

予定どおり新機能がリリースされてプロジェクトの目標が達成されたこと，CPIも1.06であったことを根拠に前述の2つの対策は成功であったと評価できる。

説明会の実施については，X社における定性的な欠陥分析について，A社の開発要員が理解したことで，積極的な品質管理への参画が得られたと判断する。もし，X社の品質管理基準の遵守が不十分であった場合，欠陥が後行程で発見されるなど，開発の手戻りが発生し，コスト超過に陥っていた可能性もあったと判断する。したがって，説明会の実施は成功であったと評価できる。

品質管理基準の遵守状況の監視については，A社に対して，品質管理基準の継続的な徹底というX社の姿勢を示すことができた。継続的な徹底には，A社のマネジメント力が不可欠であることから，継続的な徹底はA社におけるマネジメント力の強化を支援したと評価できる。したがって，成功要因としては，X社によるA社のマネジメント力の強化支援に重点を置いたこと，という点を挙げることができる。

ただし，今回のプロジェクトでは，プロジェクトの予算超過につながる課題，すなわち，A社のマネジメントへの遵守性の低さを事前に察知できなかったという課題

ここに注目！

CVがマイナスはコスト超過です。アイテックの公開模擬試験では，CVがプラスでコスト超過としている論文が散見されます。

があった。

3．3　今後の改善点

今回のプロジェクトではA社のマネジメント力への遵守性の低さを事前に察知できなかったという課題については，委託先における，X社品質管理基準に準拠した，パイロット的なレビューにPMとして参加するなどという開発現場中心に活動を行うという改善点があると考えている。

このような開発業務の一部をパイロットに試験的に参画することで，委託先におけるマネジメント力の評価の精度を上げ，予算超過の予防策とすることが今後の改善点である。

－以上－

memo

論文事例2

システム開発プロジェクトにおけるコスト超過の防止について（1/5）

平成31年度　問1

落合　和雄

設問ア

memo

1．プロジェクトの特徴とコスト管理の概要

1．1　プロジェクトの特徴

私は中堅SIベンダA社の開発部に属している。A社は，関東周辺に約120店舗のスーパーマーケットを運営する小売業B社から，宅配システムの開発を請負い，私がプロジェクトマネージャに任命された。顧客からHP経由で注文を受け，店員が品物を揃え，顧客の自宅まで宅配する仕組みである。

この宅配サービスの開始時期は，既に顧客にアナウンスされていることもあり，スケジュールの遅れは絶対に許されないという制約があった。また，今回の取り組みはB社にとって初めての取り組みであり，どのくらいの注文が来るか正確には予想できないために，まずは最低限の機能で試行的に始めるという事情もあった。したがって，今回の開発内容も宅配に必須の機能に出来る限り限定し，コストも押さえて欲しいという強い要望も上がっていた。このために，A社としてもコスト管理も厳しく行う方針でプロジェクトが開始された。

1．2　コスト管理の概要

今回の開発では，進捗管理及び費用管理のために，アーンドバリュー・テクニックを使用することとした。具体的には，行うべき作業をWBSとして定義し，プロジェクトマネジメント・ソフトウェアに登録し，開始日や作業期間も登録し，この内容をベースラインとして登録した。

そして，実際に作業を行ったら，各WBSごとに作業時間を登録し，アーンドバリューの基本値であるAC（実コスト），EV（出来高）が計算されるようにした。これと計画値であるPVの3つの値を使用して，進捗管理，費用管理を定量的に行い，現在のプロジェクトの状況を正確に把握できるようにした。

設問イ

2．察知したコスト超過の兆候とコスト超過を防止する対策

2．1　察知したコスト超過の兆候

開発が開始して2か月経ったとき，各メンバの残業時間を調べたところ，前月よりも一人当たりの残業時間が平均で約10時間増加していることが判明した。過去の経験では，残業時間が増えて来ると，スケジュールやコストの超過がその後発生することが多いことが判明しているので，今回もコスト超過の可能性が高くなっていないか調査することにした。そこで，アーンドバリュー・テクニックによって，スケジュールとコストの状況を確認したところ，スケジュールの進捗度を表すSVは，マイナス10万円とわずかな遅れであったが，コストの超過を表すCVはマイナス20万円で，こちらもわずかな超過であった。全体予算は3000万円なので，普通であれば，この程度であれば問題にすべきほどの差ではないが，一応人員別にCVがどうなっているかを調べてみた。その結果，CVがマイナスになっているのは，HP作成チームのメンバであることが分かった。残業時間に関しても，残業が増えているのは，HP作成チームのメンバが多いことが分かった。

2．2　兆候の原因とコスト超過を防止する対策

HP作成チームにヒアリングを行って，残業が増えている理由を聞いたところ，顧客から商品検索に関して，様々な要望が新たに上がってきていることが判明した。宅配サービスは，今回は試行的に開始するもので，その機能も最低限に絞るというB社との取決めがあったが，それが顧客の担当者には十分に伝わっておらず，必要そうな機能を漏れなく要望していることも判明した。

そこで私は，B社のこのプロジェクトの責任者であるC部長を訪問して，改めて今回のプロジェクトでは最低限の機能に絞るということに変わりはないことを確認した。この点については，C部長の賛同も得られたので，

memo

ここに注目！

“兆候”というキーワードを使って論じると更によくなります。

memo

C部長，B社の担当者，HP開発チーム・メンバ，そして私で会議を開催し，今回のプロジェクトの開発方針を再度徹底した。この会議では，B社の担当者からは，多少の不満は挙がってきたが，今後，宅配システムを開始して実際の注文状況を見た上で，再度このシステムの改善プロジェクトを立ち上げる予定であることをC部長から説明してもらった。担当者が欲している要求は改善プロジェクトで反映できる機会があるということで，最後は担当者も納得してもらうことができた。

設問ウ

3．対策の実施状況，対策の評価及び今後の改善点

3．1　対策の実施状況

今回の対策を実施した後，残業時間の状況を確認したところ，従来の残業時間のレベルに戻っていることが確認出来た。また，HP作成チームにインタビューした結果，その後追加の要望が多く発生することはなくなったということであった。これらのことから，今回とった対策は有効に機能していることが判明した。

3．2　対策の評価

残業時間がコスト超過の兆候であることは，A社内では少し前からいわれていたことであるが，今回改めてそれが有効であることが証明できたと思っている。

さらにアーンドバリュー・テクニックを使ったことによって，従来であれば見逃してしまったようなわずかな差異も把握できるようになったために，従来よりも迅速に対策が打てたことは大きな成果であると思われる。また，コスト差異が発生していることを人別，チーム別にも把握できるため，原因の調査に関してもアーンドバリュー・テクニックは有効に機能したことも大きな成果であると考えられる。特に，個人別のアーンドバリューの出力は効果があり，誰の作業が遅れていて，誰の作業がコスト超過になっているかを一目で把握できることは，問題の早期発見に非常に有効であった。

3．3　今後の改善点

残業時間のチェックとアーンドバリュー・テクニックの使用によって，コスト超過の兆候が早期に発見でき，早期に対策が打てた点は非常に良かったと思っている。

一方，反省しなければいけないことは，顧客の要求が膨らんでしまうことを未然に防止できなかった点である。要求が膨らむことは，コスト超過につながる可能性が非常に高いので，この防止については事前にもっと注意を払うべきであった。これに関しては，顧客の担当者も含

memo

ここに注目！

今後の改善点において，問題のタイトルにある“コスト超過”というキーワードを絡めて論じている点がよいです。

memo

めたキックオフ・ミーティングを開催し，プロジェクトの方針や，プロジェクトのスコープを関係者に明確に伝えることを今後は徹底していくことを心掛けていきたいと思う。

900字

－以上－

1000字

1100字

1200字

■IPA発表採点講評■

（システム開発プロジェクトにおけるコスト超過の防止について）では，コストの管理を通じてコスト超過が予測される前に，PMとしての知識や経験に基づいて察知した，コスト超過につながると懸念した兆候，懸念した根拠，兆候の原因と立案したコスト超過を防止する対策について具体的に論述できているものが多かった。一方，兆候とは問題の起こる前触れや気配などのことであるが，PMとして対処が必要な既に発生している問題を兆候としている論述も見られた。

Memo

平成 24 年度 ▼ 問2

システム開発プロジェクトにおけるスコープのマネジメントについて

プロジェクトマネージャ（PM）には，システム開発プロジェクトのスコープとして成果物の範囲と作業の範囲を定義し，これらを適切に管理することで予算，納期，品質に関するプロジェクト目標を達成することが求められる。

プロジェクトの遂行中には，業務要件やシステム要件の変更などによって成果物の範囲や作業の範囲を変更しなくてはならないことがある。スコープの変更に至った原因とそれによるプロジェクト目標の達成に及ぼす影響としては，例えば，次のようなものがある。

・事業環境の変化に伴う業務要件の変更による納期の遅延や品質の低下
・連携対象システムの追加などシステム要件の変更による予算の超過や納期の遅延

このような場合，PM は，スコープの変更による予算，納期，品質への影響を把握し，プロジェクト目標の達成に及ぼす影響を最小にするための対策などを検討し，プロジェクトの発注者を含む関係者と協議してスコープの変更の要否を決定する。

スコープの変更を実施する場合には，PM は，プロジェクトの成果物の範囲と作業の範囲を再定義して関係者に周知する。その際，変更を円滑に実施するために，成果物の不整合を防ぐこと，特定の担当者への作業の集中を防ぐことなどについて留意することが重要である。

あなたの経験と考えに基づいて，設問ア〜ウに従って論述せよ。

設問ア　あなたが携わったシステム開発プロジェクトにおける，プロジェクトとしての特徴と，プロジェクトの遂行中に発生したプロジェクト目標の達成に影響を及ぼすスコープの変更に至った原因について，800 字以内で述べよ。

設問イ　設問アで述べた原因によってスコープの変更をした場合，プロジェクト目標の達成にどのような影響が出ると考えたか。また，どのような検討をしてスコープの変更の要否を決定したか。協議に関わった関係者とその協議内容を含めて，800 字以上 1,600 字以内で具体的に述べよ。

設問ウ　設問イで述べたスコープの変更を円滑に実施するために，どのような点に留意して成果物の範囲と作業の範囲を再定義したか。成果物の範囲と作業の範囲の変更点を含めて，600 字以上 1,200 字以内で具体的に述べよ。

論文事例

平成24年度　問2

長嶋　仁

設問ア

memo

1－1　システム開発プロジェクトの特徴

　私がIT企業のPMとして携わったのは，弁当の製造販売業のA社向けに2年前に納入した基幹業務システムのうち，受注及び配送システムに関わる第2期開発プロジェクトである。

　今回の開発では，Webサイトから受注する，配送システムへデータ連携する，回収した弁当容器の食べ残しデータを配送担当者が携帯端末で入力する，データを統計分析するといった機能拡張を実施する。

　プロジェクトとしての特徴は，特に納期が重要な制約条件という点である。その背景として，A社がWeb受注を前提とした商品構成の多様化に取り組んでおり，商品企画，製造，配送の各部門が新しい体制に向けての準備に着手していることがあった。

1－2　スコープの変更に至った原因

　プロジェクトの遂行中に発生してスコープの変更に至った原因は，A社と同業のB社との事業連携の決定である。決定の発表時，プロジェクトは要件定義が完了し，基本設計が開始された状況であった。

　A社とB社の商圏は一部が重なっていただけなので，事業連携によって両社の商圏拡大が期待できる。また，A社が和食中心の商品構成，B社が洋食中心の商品構成という特徴があるため，商品ミックスによって顧客の注文頻度の増加を狙うという説明がなされた。

　事業連携による業務プロセスの変更点として，受注業務と食材の仕入業務がA社側に一本化されることが判明した。弁当の製造は，当面は現状通り両社別々に行うが，将来的には工場を統合する。この業務プロセスの変更に伴い，業務要件やシステム要件を修正すると，プロジェクトの納期や予算の目標達成に影響することが想定された。

設問イ

memo

2－1　プロジェクト目標の達成への影響

私は，業務要件の見直しに伴うシステム要件の見直しや，プロジェクトの範囲外であった仕入システムへの影響を踏まえて，スコープの変更要否の検討が必須と考えた。

A社では事業の連携開始時期について，第2期システムの稼働開始に合わせる意向であった。新たな業務要件を取り込んでスコープの変更を行う場合，成果物の範囲や作業工数は減ることはなく，増加することは自明である。私は，プロジェクト目標の達成において，重要な目標の納期が遅延する影響が出ると考えた。そこで，プロジェクト目標の再確認を含めて，プロジェクトのスコープの変更要否を具体的に検討するために，関係者と協議することにした。

2－2　スコープ変更の要否の検討

私は，B社の関係者が新たにプロジェクトに関わることを考慮して，ステークホルダの特定から見直しを行い，次の手順で検討を進めた。

(1)ステークホルダの再特定
(2)業務要件の見直し
(3)システム要件の見直し
(4)優先順位の検討とスコープ変更の要否判断

四つの手順に沿って，スコープ変更の要否判断をどのように進めたかについて，関係者との協議内容を含めて以下に論述する。

(1)ステークホルダの再特定

当初のステークホルダに，A社の仕入部門，B社の仕入部門と受注部門を追加した。

(2)業務要件の見直し

基本設計が進行中であったことを考慮して，短時間で集中的に実施することを考えた。そこで，新しいステークホルダを含む要件定義の参加者に，ワークショップ形

ここに注目！

業務要件の見直しを論じる“局面”を明示して，それを考慮して，論旨を展開している点がよいです。局面が異なれば，PMとしての活動も違ってきます。

memo

式による見直し作業への協力を依頼した。更に，ワークショップの冒頭において，A社とB社のトップから作業の重要性を参加者に直接話してもらうようにした。作業の結果，一本化する業務と両社が独自に行う業務の流れを整理することができた。

⑶システム要件の見直し

　システム要件は，当社の開発メンバが主導してまとめ直した。追加すべき機能をリスト化して，それを基に開発工数の増加量を見積もった。

⑷優先順位の検討とスコープ変更の要否判断

　続いて，ベースラインとの比較資料をまとめた後，A社側のプロジェクトリーダであるY専務をはじめとするプロジェクトメンバとスコープ変更の要否を検討した。

　私は，当初の納期でのシステム稼働には品質面のリスクがあることを説明した。それに対して，事業連携は両社にとって最優先課題であることがあらためて表明された。そこで，新システムで実現する機能に優先順位を付けて，事業連携に必須の機能を先に開発し，残りの機能は次期フェーズで対応することを提案して，了承された。そして，スコープ変更が必要という決定を下した。

900字 1000字 1100字 1200字 1300字 1400字 1500字 1600字

設問ウ

memo

3－1　スコープの変更と成果物及び作業の範囲の再定義

　スコープの変更がA社から承認されたのを受けて，スコープの変更を実施した。私は，スコープの変更を円滑に実施するために，次の2点に留意した。

⑴新たにプロジェクトに加わった仕入担当者の支援
⑵上流のドキュメントの保守

　まず，⑴に関しては，トップの激励も後押しして積極的な姿勢で参加していたが，仕入システムが当初の範囲外だったこともあり，要件のレビュー方法やドキュメントに不慣れな様子が見られた。そこで，システム要件定義のレビュー作業について，持ち帰りではなく，当社のメンバが同席して短時間で進め，負荷がかからないように配慮した。

　次に，⑵に関しては，業務要件定義書とシステム要件定義書を修正保守しなければならない。ドキュメントを作成した担当者は，基本設計作業を行っており，ドキュメントの保守を並行して行うことは難しいと判断した。そこで，プロジェクトのスコープから外して次期フェーズに持ち越す，統計分析機能を担当する予定だったメンバをドキュメント保守に割り当てて，他のメンバが進行中の作業に集中できるようにした。

ここに注目！
問題文の趣旨にある“特定の担当者への作業の集中を防ぐことなどについて留意することが重要である”という記述に沿っている点がよいです。

　プロジェクトでは，スコープの変更を実施し，成果物の範囲と作業の範囲を再定義した。その変更点を以下に列記する。

【成果物の範囲の変更点】
・受注情報を会社別に管理する機能の追加
・受注情報をB社工場へデータ連携する機能の追加
・仕入情報を会社別に管理する機能の追加
・データ連携に関する操作マニュアル作成の追加
・携帯端末での食べ残しデータ入力機能の除外
・データの統計分析機能の除外

【作業の範囲の変更点】
・B社の各種マスタデータ移行の追加
・B社を含めた総合テストの範囲拡大
・A社仕入部門及びB社を含めたユーザ教育の範囲拡大 900字
本プロジェクトでは，メンバの協力を得て，基本設計作業と並行してスコープの変更作業を円滑に進めることができた。

－以上－ 1000字

1100字

1200字

memo

■IPA発表採点講評■

（システム開発プロジェクトにおけるスコープのマネジメントについて）では，スコープの変更に至った原因とそれによるプロジェクト目標の達成に及ぼす影響，スコープの変更の要否の決定，スコープの再定義の際の留意点についての具体的な論述が多かった。一方，スコープ変更に至った原因を明確にせず，結果だけの論述や，成果物の範囲と作業の範囲の変更点が不明確な論述も見られた。

第４章

組織要員管理

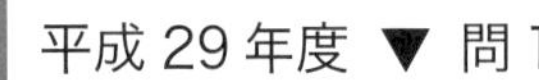

システム開発プロジェクトにおける信頼関係の構築・維持について

プロジェクトマネージャ（PM）には，ステークホルダとの信頼関係を構築し，維持することによってプロジェクトを円滑に遂行し，プロジェクト目標を達成することが求められる。

例えば，プロジェクトが山場に近づくにつれ，現場では解決を迫られる問題が山積し，プロジェクトメンバの負荷も増えていく。時間的なプレッシャの中で，必要に応じてステークホルダの協力を得ながら問題を解決しなければならない状況になる。このような状況を乗り切るには，問題を解決する能力や知識などに加え，ステークホルダとの信頼関係が重要となる。信頼関係が損なわれていると，問題解決へ向けて積極的に協力し合うことが難しくなり，迅速な問題解決ができない事態となる。

PM は，このような事態に陥らないように，ステークホルダとの信頼関係を構築しておくことが重要であり，このため，行動面，コミュニケーション面，情報共有面など，様々な切り口での取組みが必要となる。また，構築した信頼関係を維持していく取組みも大切である。

あなたの経験と考えに基づいて，設問ア～ウに従って論述せよ。

設問ア　あなたが携わったシステム開発プロジェクトにおけるプロジェクトの特徴，信頼関係を構築したステークホルダ，及びステークホルダとの信頼関係の構築が重要と考えた理由について，800 字以内で述べよ。

設問イ　設問アで述べたステークホルダとの信頼関係を構築するための取組み，及び信頼関係を維持していくための取組みはそれぞれ，どのようなものであったか。工夫した点を含めて，800 字以上 1,600 字以内で具体的に述べよ。

設問ウ　設問アで述べたプロジェクトにおいて，ステークホルダとの信頼関係が解決に貢献した問題，その解決において信頼関係が果たした役割，及び今後に向けて改善が必要と考えた点について，600 字以上 1,200 字以内で具体的に述べよ。

論文事例1

平成29年度　問1

岡山　昌二

設問ア

memo

第1章　プロジェクトの特徴及び信頼関係を構築したステークホルダとその理由

1．1　プロジェクトの特徴

A社は，東京を中心に東日本を商圏とする食品卸売業者である。業界全体で売上が低迷している中，A社は業務効率を上げることで利益率を向上させるために，ERPパッケージ導入プロジェクトを立ち上げた。 100字

当該プロジェクトは，要件定義は準委託契約，外部設計以降は請負契約でB社に委託されることになった。私はB社のプロジェクトマネージャ（以下，PMという）である。ERPパッケージの導入であるため，対象はA社の基幹業務全般である。したがって，プロジェクトの特徴としては，ステークホルダが多いという点を挙げることができる。 200字 300字

1．2　信頼関係を構築したステークホルダとその理由

プロジェクトでは，必要に応じてステークホルダの協力を得て迅速な問題解決が必要となる。そのため，PMとして私は，次の設問イで述べる活動によって，各利用部門のマネージャと信頼関係を構築した。 400字

そのようにした理由は次のとおりである。ステークホルダが多いというプロジェクトの特徴を踏まえると，利用部門の参画者同士の意見が合わなかったり，プロジェクトの進捗に悪い影響を与える兆候があったりするケースが想定できる，そのような場合，利用部門のマネージャとの協働体制による迅速な対応が，兆候が問題に発展する前に抑えるためには効果的と考えたからである。 500字 600字

PMとして私は，プロジェクトの実施段階の開始時点において，信頼関係を構築すべき各利用部門のマネージャに対して，プロジェクトの方針や概要スケジュールの説明に加えて，次に述べる活動をした。 700字

800字

設問イ

memo

第2章　ステークホルダとの信頼関係の構築及び維持するための取組み

2．1　ステークホルダとの信頼関係を構築するための取組み

信頼関係を構築すべき各利用部門のマネージャに対して，コミュニケーション面でのアプローチによって信頼関係を構築することとした。そこで，ある利用部門にヒアリングを実施したところ，ERPパッケージの導入はA社において実績がないために，各利用部門のマネージャは不安をもっている状況であることが判明した。そこで私は，次の取組みを行った。

①プロジェクト参画者の決定を依頼することによる円滑なコミュニケーションの確立

利用部門第一でプロジェクトを進行させるPMであることをアピールし，利用部門のマネージャがもつ各種不安を払拭するために，利用部門のマネージャにプロジェクト参画者（以下，キーマンという）を選択してもらう依頼を行った。このねらいは，キーマンの重要性などを説明することで，利用部門のマネージャと円滑なコミュニケーションを確立することである。

②マネージャに対しキーマンの決定を促す行動の実施

私はキーマンの素質をマネージャに説明して，キーマンを選択してもらうことにした。マネージャに対して，このような行動を積極的に行うことで，PMとしての行動力をアピールし，マネージャ自身が意思決定することでプロジェクトへの参画意識が向上し，結果的に相互の信頼関係を構築できると考えたからである。

以上の活動の結果，信頼関係を構築することには成功したが，信頼関係は，次に述べる「維持して行くこと」が特に重要となる。

2．2　ステークホルダとの信頼関係を維持して行くための取組み

　ステークホルダが多というプロジェクトの特徴を踏まえると，要件定義におけるフィット＆ギャップ分析の状況をモニタリングして，ギャップが増加する兆候が見られた場合，迅速な対応が必要となる。ステークホルダ間の利害関係を迅速に調整することが，ギャップの膨張の回避には効果的だからである。

　そのためには，各業務部門のマネージャとの信頼関係を維持する必要がある。そこで私は，要件検討会の議事録のヘッダに要約を付加して，マネジメント用のレポートを作成することにした。このように情報共有することによって信頼関係の維持を図る方針とした。

　ただし，問題の兆候が見られた場合，要件検討会の要約を渡しただけでは兆候を収拾することはできない。そこで私はPMとして早い段階から，兆候に該当する部門のマネージャに対し，問題の兆候の状況と，兆候への対応策を直接説明する方針とした。

memo

ここに注目！

もったいない！専門家としての考え方をアピールしましょう。
例えば，問題が顕在化した段階よりも，問題の兆候が見られた段階の方が，選択可能な対応策の幅が広い旨を根拠として，専門家としての考えをアピールしてもよいでしょう。

設問ウ

memo

第3章　信頼関係が解決に貢献した問題，貢献した役割及び改善が必要と考えた点

3．1　ステークホルダとの信頼関係が解決に貢献した問題

フィットギャップ分析は，想定内のギャップ内容あり，開発工数の増大傾向はなかった。しかし，食品梱包部門のキーマンに意思決定権がないために，自部門への持ち帰りが多く発生している問題が，要件検討会の議事録から判明した。この状況を放置しておくと，進捗が遅れるという問題に発展する。

3．2　解決において信頼関係が貢献した役割

方法としては，①方針に基づき，PM自ら食品梱包部門のマネージャに，キーマンの意思決定の権限などについて確認する，②他の部門のマネージャから食品梱包部門のマネージャに，自部門におけるキーマンの意思決定の権限などについて説明してもらう，という案を検討した。その結果，②を選択して，意思決定が円滑に行われている自部門の例を，その部門のマネージャから，食品梱包部門のマネージャに説明してもらうことにした。なぜならば，利用部門の問題において，利用者間で調整できることは利用者間で解決した方が，円滑に解決できると考えたからである。利用する当事者でないと分からないこともある，ということである。さらに，要件定義というシステム開発の上流工程という現時点を考慮すると，PMからの直接説明という手段は，後に残しておきたかったからである。

以上を整理すると，解決において信頼関係が貢献した役割は，自部門の成功例を，当該部門のマネージャから，他部門のマネージャに説明してもらうという役割である。

3．3　今後に向けて改善が必要と考えた点

キーマンの意思決定の成功例を，マネージャから他の部門のマネージャに説明してもらうという施策は成功し

ここに注目！
専門家としての考えをアピールしている点がよいです。

memo

た。結果として，食品梱包部門のキーマンも円滑に意思決定することができ，進捗遅延という問題を防止することに成功した。

　ただし，PMとして当該マネージャに直接説明するという選択肢も重要である。直接説明できない理由としては，要件定義の時点では，PMと当該マネージャとの信頼関係の構築が十分ではなかったという点も挙げることができる。 900字 1000字

　今後はPMとして，コミュニケーションするための手段や方法を相手の特性を踏まえて変えるなどの活動によって，信頼関係を構築しにくいタイプの人を徐々に減らすという改善が必要と考える。 1100字

－以上－

1200字

論文事例2

システム開発プロジェクトにおける信頼関係の構築・維持について（1/5）

平成29年度　問1

長嶋　仁

設問ア

memo

１－１　システム開発プロジェクトの特徴

　建設業Ａ社向けに業務パッケージをカスタマイズ開発したプロジェクトについて述べる。プロジェクトの特徴は，運用体制と開発スケジュールの２点である。

　運用体制に関しては，システム運用の主体が大きく変わるという特徴がある。Ａ社では従来，データ管理の多くを本社の管理部門が集中的に行っていた。新システムでは，営業所や工事事務所などの現場における発生源入力に移行して，業務及びシステム運用が分散される。

　開発スケジュールに関しては，本稼働までの工程が６か月と短いという特徴がある。そのため，業務の変更が大きい割には，開発の最終工程の運用テスト期間が短くなる。運用テストでは，実データを用いる現行業務との並行運用が必要だが，工程と現場の負荷を考慮して，月次運用の１サイクル分の実質３週間に決まった。

１－２　ステークホルダとの信頼関係の構築が重要と考えた理由

　私がPMとして信頼関係を構築したステークホルダは，システムの運用主体となるＡ社の利用者部門の，特に現場の社員である。

　信頼関係の構築が重要と考えた理由は，運用テストにおいて想定される問題対応への準備が必要と考えたからである。新システムでは，プログラム開発を伴うカスタマイズをできるだけ抑えて，業務パッケージの標準仕様を活用する。また，業務の流れも大きく変わる。そのため，「業務に合わない」や「運用が面倒」といった声やＡ社内での対立が発生する問題を想定した。

　このような状況や対立を突破するには，社員の方々の自発的な協力が必須で，私は，経験則としても，信頼関係があればプロジェクトの当事者として協力できると考えた。

設問イ

memo

2－1　信頼関係を構築するための取組み

　私は，信頼関係を構築するためには，適切なコミュニケーションが有効であると考えている。コミュニケーションによって相手を理解でき，理解が信頼につながるからである。A社では，本社主導で計画が進められた結果，現場サイドでは当初，業務の負担を押し付けられると感じている社員が見られた。本社主導の計画そのものは妥当だったと考えるが，現場サイドから見ると，一方通行の情報伝達が多かったことは否めない。

　そこで私は，A社のプロジェクトリーダと協議し，コミュニケーションを図りながら情報を共有するために，要件定義フェーズが完了した段階で，全社説明会を開催することにした。説明会には，現場サイドの新システム運用リーダに参加してもらった。また，本社サイドでは，管理部門の統括役員に参加を要請した。

　説明会で工夫した点として，単に説明して質疑応答をするという形式ではなく，ワーク形式によるディスカッションを実施した。ワーク形式を利用した理由は，参加者全員が自分の思いや考えを数多くアウトプットできるという特長を活かしたいと考えたからである。

　具体的には，はじめに，本社サイドと現場サイドのチームに分かれて，現状業務に対する問題意識や改善点を洗い出した。次に，洗い出した内容をチームごとに発表して，全体で意見交換を行う。その後に，新システムの説明に移り，新しい業務の流れと意見交換した内容の関連づけをディスカッションした。

　このワークによって，全社プロジェクトという視点でのチームビルディングを行うことができ，信頼関係を構築し始めることができた。

2－2　信頼関係を維持していくための取組み

　信頼関係を維持していくために，情報共有とコミュニケーションを継続させることを検討した。私は，新しい

memo

ここに注目！

信頼関係の維持に寄せた内容で工夫をアピールすると，更によいです。

業務手順へのスムーズな移行が現場の課題であるという点に着目した。そして，運用マニュアルの作成の協業を提案して実行することにした。運用マニュアルを所管するのは，本社の管理部門であるが，現場サイドの社員が参加することによって，問題点の早期抽出にとどまらず，協力体制や信頼関係維持に役立つと考えた。

　工夫した点は，運用マニュアルを電子化して，使用性と保守性を上げたことである。本プロジェクトでは，他社がクラウドサービスとして提供していた，マニュアル作成サービスを提案して採用された。業務フローの説明やFAQの項目を現場のブラウザから容易かつ任意に更新できるので，負担感をもたずに，プロジェクトの一体感と信頼関係を維持できる効果を期待した。この取り組みは，運用マニュアルの保守性が著しく向上したと，本社のメンバからも好評を得た。

設問ウ

memo

3－1　信頼関係が解決に貢献した問題

実データによる並行運用を行う運用テストでは，運用マニュアル作成や操作説明会では抽出できなかった複数の問題が顕在化した。

例えば，取引先からの請求に対して査定を行い，最終的に支払を確定する業務手順において，ある工事事務所では，従来は査定を先に行って，査定に基づいて請求するように通知する流れで業務を行っていた。そのため，従来の業務のままでは，システムの運用手順と合わない。また，業務パッケージの出力画面や帳票は，原則として標準仕様なので，従来の管理資料と使い勝手が違うことによる混乱が発生した。

3－2　解決において信頼関係が果たした役割

発生した問題は，業務パッケージをベースとしたシステム開発プロジェクトの経験から，想定した範囲内であった。しかし，複数の営業所で顕在化したギャップを短期間で収束させることは，簡単ではない。本プロジェクトでは，信頼関係が問題解決に役立った。

具体的には，全社説明会からプロジェクトに参加した現場のリーダが，代替の運用手順を現場の事務担当者に説明するという水平展開を実践できた。前項の問題であれば，査定情報を請求情報として入力して，査定入力を自動処理に設定することで対応できた。

リーダによる自発的な運用の見直しが実現できたのは，信頼関係に基づく目標達成意識によって，ギャップにひるむことなく，ゴールを目指せたからだと考える。

3－3　今後に向けて改善が必要と考えた点

本プロジェクトでは，現場のリーダとの信頼関係の構築にフォーカスした。運用テストの問題解決を振り返ると，改善点としては，さらに事務担当者を含めた信頼関係の構築によって，よりスムーズなプロジェクト進行が可能になるのではないかと考える。

論文事例2

システム開発プロジェクトにおける信頼関係の構築・維持について（5/5）

平成29年度　問1

memo

ここに注目！

ここまで具体的な事例を挙げているので，少し残念です。「何らかの施策」で例を挙げると，より採点者がイメージしやすくなります。

　その仕掛けとして，プロジェクト体制表を詳細化するとともに，早い段階から担当者を巻き込む何らかの施策を試行して，効果を検証したいと考える。

－以上－

■IPA発表採点講評■

（システム開発プロジェクトにおける信頼関係の構築・維持について）では，プロジェクトの実行に際し，信頼関係の構築と維持が重要と考えたステークホルダに対する取組み，及びその信頼関係が解決に貢献した問題などについて，具体的に論述できているものが多かった。一方，信頼関係は簡単に構築できるものではなく，設問の文章にも信頼関係の構築には様々な切り口が必要であることを明示したが，信頼関係の構築の取組みの内容が表面的で工夫に乏しく，確かに信頼関係を構築できていたとの説得力に欠ける論述も見られた。

Memo

平成26年度 ▼ 問2
システム開発プロジェクトにおける要員のマネジメントについて

プロジェクトマネージャには，プロジェクト目標の達成に向けて，プロジェクトの要員に期待した能力が十分に発揮されるように，プロジェクトをマネジメントすることが求められる。

プロジェクト目標の達成は，要員に期待した能力が十分に発揮されるかどうかに依存することが少なくない。プロジェクト組織体制の中で，要員に期待した能力が十分に発揮されない事態になると担当させた作業が目標の期間で完了できなかったり，目標とする品質を満足できなかったりするなど，プロジェクト目標の達成にまで影響が及ぶことになりかねない。

したがって，プロジェクトの遂行中に，例えば，次のような観点から，要員に期待した能力が十分に発揮されているかどうかを注意深く見守る必要がある。

- 担当作業に対する要員の取組状況
- 要員間のコミュニケーション

要員に期待した能力が十分に発揮されていない事態であると認識した場合，対応策を立案し，実施するとともに，根本原因を追究し，このような事態が発生しないように再発防止策を立案し，実施することが重要である。

あなたの経験と考えに基づいて，設問ア～ウに従って論述せよ。

設問ア あなたが携わったシステム開発プロジェクトにおけるプロジェクトの特徴，プロジェクト組織体制，要員に期待した能力について，800字以内で述べよ。

設問イ 設問アで述べたプロジェクトの遂行中に，要員に期待した能力が十分に発揮されていないと認識した事態，立案した対応策とその工夫，及び対応策の実施状況について，800字以上1,600字以内で具体的に述べよ。

設問ウ 設問イで述べた事態が発生した根本原因と立案した再発防止策について，再発防止策の実施状況を含めて，600字以上1,200字以内で具体的に述べよ。

論文事例1

平成26年度　問2

岡山　昌二

設問ア

memo

第1章　プロジェクトの特徴と組織体制及び要員に期待した能力

1.1　プロジェクトの特徴

論述の対象となるプロジェクトは，自動車部品を製造するA社における基幹システムの再構築プロジェクトである。当該プロジェクトでは全面的な一括導入ではなく，開発フェーズごとに，順次，対象業務を拡大させて稼働させる計画である。論述対象の開発フェーズは，第1フェーズであり，対象業務では原価管理業務が該当する。この開発フェーズでは，月次決算を6営業日から4営業日に短縮することがシステム化のねらいである。 100字 200字

原価管理業務は，原価データの収集先が多いため，プロジェクトの特徴としては，関連部門が多いという点を挙げることができる。私はA社から開発を委託された情報処理・提供サービス業であるB社のプロジェクトマネージャである。 300字 400字

1.2　プロジェクトの組織体制及び要員に期待した能力

当該プロジェクトの要件定義局面では，組織体制は，プロジェクトマネージャの下，B社の要件定義チーム，A社の関連部門チームによって構成されていた。A社の関連部門チームは，原価管理部門，製造部門，購買部門など，原価管理業務に関連する部門で構成されていた。 500字

関連部門チームでは，要件検討会において，業務要件を関連部門間で出し合い検討するが，特に期待した能力は要件を関連部門間でまとめる上げる能力である。要件定義チームにおいては，要件検討会においてまとまった要件を文書化して定義する能力である。なお，定義された要件は，関連部門チームと要件定義チームで構成される要件承認会議において承認される。 600字 700字

私は，要件定義局面において認識した事態に対して，次に述べる回避策を講じるとともに，根本的な原因を究明して抜本的な対策を講じることにした。 800字

設問イ

memo

第2章　認識した事態と対応策及び実施状況

2.1　要員に期待した能力が十分に発揮されていないと認識した事態

　要件検討会は，毎週2回開かれ，原価管理部門が中心となって要件が検討される。しかし，要件検討会において，購買管理部門の1名，在庫管理部門の1名と原価管理部門の1名，計3名の要件がまとまらない事態が生じた。原価管理部門の担当者が関連部門に話を振っても，関連部門の担当者同士が話し合うだけで，関連部門チームに期待した，要件を関連部門間でまとめる上げる能力が十分に発揮されず，要件がまとまらない事態が発生した。

2.2　立案した対応策とその工夫

　要件がまとまらない事態に対して，私は次のように考え，複数の対応策の案を検討した。

①個別に調整する

　担当者同士は感情的になっているため，ステアリングコミッティを開催しても同じと考えた。そこで私は，次回の会議までに各自の本音を聞き，個別調整に入る案を検討した。なぜならば，3人が同時に顔を合わさなければ冷静になると考えたからである。

②ステアリングコミッティを開催して調整する

　業務知識の根幹について理解の深いプロジェクトオーナが参加する会議を開けば，各自の意見も集約できると考えた。そこで私は，ステアリングコミッティを開催して，その場で全体最適の結論を出す案を検討した。

③上位役職者による調整をする

　ステアリングコミッティを開いても意見がまとまらない場合，関係者全員に心理的なしこりを残すことになると考えた。そこで私は，3人の上位役職者であるプロジェクトオーナに相談して調整を依頼する案を検討した。なぜならば，長期のプロジェクトであるため，序盤でし

ここに注目！

"要件がまとまらない事態"に対して，複数の対応策案を挙げて検討するという論旨を展開させて，いろいろ考えたこと，すなわち，工夫したことを採点者にアピールしています。

memo

こりを残すことは避けたいと考えたからである。
　以上の結果，②を選択することにした。なぜならば，プロジェクトオーナを踏まえた会議での決定では，結論が後でぶれるということがないと考えたからである。 900字

2.3　対応策の実施状況

　プロジェクトオーナを交え，急きょ開かれたステアリングコミッティは，滞りなく終了して結論が出された。終了後，プロジェクトオーナから，今後は，ステアリン 1000字 グコミッティを定期的に開催する旨の指示が出された。これによって第1フェーズでの課題でもあった，ステアリングコミッティの定期開催についても解決することができた。 1100字

1200字
1300字
1400字
1500字
1600字

設問ウ

memo

ここに注目！
根本原因と再発防止策の関係を採点者に明示するように書いています。

第３章　根本原因と立案した再発防止策と実施状況

3.1　根本原因と立案した再発防止策

　プロジェクトオーナが自ら進行させたステアリングコミッティの進行手法を分析すると，今回の事態には次に述べる根本原因があると考えた。

①参加者の本音を出せていない

　反対意見が逐次，出されるために，要件が決まらない状況が続いていた。

②意思決定プロセスが決まっていない

　意見を聞いているだけで，要件を決めるタイミングがつかみにくい状況であった。

　以上の根本原因に対して，私は次の再発防止策を講じることにした。

①相手の本音を引き出す場の用意

　参加者の本音を出せていないという根本原因については，本音を聞き出せない状態で要件を決定しようとしても，後工程になって反対意見が出され，開発の手戻りが発生することにつながると考えた。そこで私は，参加者の本音を聞き出し，合意を固めることにした。具体的には，まず，1対1で話せる場所を用意し，自分が本音を話し，更に喜怒哀楽を素直に表現することにした。ただし，聞き出した本音については，秘匿扱いとすることを約束した。

②意思決定プロセスを全員で決める

　意思決定プロセスが決まっていないという根本原因に対しては，要求を絞り込む前に，評価項目と採点方法を参加者全員で決めることにした。評価項目については，システム化の目的との整合性，全体最適での有効性などであり，評価項目ごとに重み付けを行う。採点方法としては，要求の重要度と緊急度で採点することで合意した。このようにすることで，参加者自らが要求を決定したという意識をもつことができると考えた。

memo

3.2　再発防止策の実施状況

　再発防止策を講じた上で私は，要件検討会に参加して，要件のまとまり具合をモニタリングすることにした。再発防止策の効果があり，以前よりは順調に要件がまとまっていった。

　ただし，「自部門の他のメンバは納得しないのではないか」などの意見が関連部門の担当者から出された。この点を踏まえ私は，関連部門の担当者は時期尚早ではないか，などの意見をもつこともあり，合意形成までに時間をかける必要があると考えた。一方，結論を先延ばしにならないとも考えた。そこで私は，要件の合意までのシナリオを作成することにした。以上の工夫によって要件検討会において円滑に要件をまとめることができた。

－以上－

論文事例2

システム開発プロジェクトにおける要員のマネジメントについて（1/5）

平成26年度　問2

落合　和雄

設問ア

memo

1．プロジェクトの特徴，組織体制，要員に期待した能力

1．1　プロジェクトの特徴

私は中堅SIベンダA社の開発部に属している。A社は，健康食品を通信販売で販売しているB社から販売管理システムの開発を請け負い，私がプロジェクトマネージャに任命された。従来のシステムはホストコンピュータで稼働していたが，ホストコンピュータの運用コストが重荷になってきたために，リース切れを契機として新システムに全面的に更改することとなった。納期はリース切れのタイミングに合わせるために，9か月と非常にタイトであった。

新システムは全面的にWeb基盤で構築され，開発言語はPHPとJavaScriptを組み合せて使用することとなった。

1．2　組織体制

販売管理システムは，売上管理，在庫管理，購買管理の三つのサブシステムに大きく分かれるので，これに合わせて三つのチームと共通基盤チームの四つのチームで開発を行うこととした。PHPとJavaScriptの両方の言語に精通しているSEがA社本社内では十分に調達できなかったために，在庫管理システムを担当するチーム（以下，在庫チームと呼ぶ）はA社の大阪支社，購買管理システムを担当するチーム（以下，購買チームと呼ぶ）は外部のソフト開発会社のC社に委託することとした。

1．3　要員に期待した能力

要員に期待した能力は，PHPとJavaScriptやWebシステムに関する技術スキルと販売管理システムの業務内容に関する業務知識である。しかし，実際には全てのメンバが技術スキルと業務知識の両方を完全に備えているわけではなかったので，各チーム内で要員をうまく配置して，補完できる体制を検討することとした。

設問イ

memo

2．要員能力が十分に発揮されていないと認識した事態，立案した対応策とその工夫，及び対応策の実施状況

2．1　要員能力が十分に発揮されていないと認識した事態

設計フェーズを開始して，1か月経って在庫チームのレビューを行ったところ，担当者間のインタフェース部分の設計で整合性がとれていない部分が多く発見された。原因を調査したところ，大阪支店のメンバは，大阪支店内のいろいろな部署から寄せ集められたメンバでそれぞれのメンバはあまり親しくなく，日常的な会話もあまりない状況であり，それがメンバ間のコミュニケーション不足を招いていた。

また，設計内容自体にもPHPとJavaScriptを使用した開発に馴染まない記述になっている部分が多く発見された。これは，設計を担当しているメンバが業務知識はあるが，PHPとJavaScriptを使用した開発には慣れていないことが原因であった。

更に，在庫チームと購買チームで共通の問題も発覚した。今回の開発は基盤チームで共通部品等の仕様を決めて，それを各チームが使用することになっていたが，これが徹底されておらず，各チームで独自の方法で設計を行っている部分も発見された。

2．2　立案した対応策とその工夫

最初に在庫チーム固有の問題に関して対策を立案した。在庫チームはチーム内のコミュニケーション基盤が確立していないと考え，チーム融和を目的としたコミュニケーションミーティングを開催した。そこでは自己紹介や趣味なども話してもらい，各メンバが共通の話題をもてるように心掛けた。

次に，設計担当者のPHPとJavaScriptのスキル不足の問題に関しては，チーム内のコミュニケーションをよくする狙いも兼ねて，業務知識に詳しい人間とPHPとJava

memo

ここに注目！

困難な状況を説明することで，採点者に“工夫”をアピールしています。

Scriptのスキルがある人間でペアを作り，設計作業もこのペアで話し合いながら進める体制にした。

在庫チームと購買チームで共通の問題に関しては，最初にメンバ全員を集めて，基盤チームから開発標準と共通部品について説明させ，その後で質疑応答を行い，疑問点等を積極的に質問してもらった。その際にあまり質問が出ないことも想定されたので，各チームで最低五つ以上の質問をするようにノルマを課して，質疑が活発になるように工夫した。また，チームリーダとの進捗確認ミーティングも従来は効率を考えてチームごとに行っていたが，今後は全チームリーダと一緒に行うこととして，各チームで抱えている問題を全員で討議することによって，各チーム間でのコミュニケーションも活発化するようにした。

２．３　対応策の実施状況

在庫チームに関しては，コミュニケーションミーティング実施後，徐々にチーム内の会話が活発になってきており，仕事中も疑問点等があれば積極的に会話をするような雰囲気に変わっていった。また，業務に詳しい人とPHPとJavaScriptに詳しい人のペア制も思ったよりも効果があり，常に他人の目が入るので，設計ドキュメントの品質が非常に上がり，レビュー時の指摘の数が以前の半分ぐらいになるようになった。

また，基盤チームによる説明会も効果があり，チーム独自のやり方を行って指摘を受けるケースも大幅に減った。更に，各チームリーダを一緒にミーティングを実施するようになって，問題点の発見と解決が早くなってきた。

設問ウ

3．事態が発生した根本原因と立案した再発防止策

3．1　事態が発生した根本原因

今回の問題が発生した最大の原因は，在庫チームの人員構成上の問題点を事前に把握していなかったことである。今回は人員構成を大阪支店に任せきりにしてしまったが，プロジェクトに責任をもつプロジェクトマネージャとしては，やはり，適切なスキルのメンバが人選されていることを全員のキャリアシートを見て確認すべきであった。また，この際に各メンバの所属部署なども確認していれば，問題点にも早く気が付いたと思われる。

プロジェクトの最初に行うキックオフミーティングが形式的に終わってしまったことも今回の問題の大きな原因と思われる。今回のキックオフでは，経営トップからのプロジェクト目的の説明はあったが，各メンバが交流するような場は用意されていなかった。今回のようないろいろな部署や会社からメンバが集まっているプロジェクトでは，立食パーティのような各メンバが交流しあう機会を設ける方がよかったと思われる。

また，基盤チームの仕事の進め方も問題があったと思われる。Web系の開発では，基盤チームが開発標準や部品の作成を行い，システム全体を統一した設計思想の下に開発することが重要である。今回も基盤チームは編成したが，そこでの成果を各チームに伝達する部分が弱かったと反省している。

3．2　再発防止策とその実施状況

次のプロジェクトで同様の問題の発生を防ぐために，私はPMOにプロジェクト管理規定の見直しを依頼した。従来のプロジェクト管理規定には，プロジェクトチーム編成のプロセスについては特に記述はなかったが，このプロセスを追加してもらい，そこで各メンバのスキルが十分であるかを検討するプロセスを追加してもらった。また，現在のプロジェクト管理規定のコミュニケーショ

memo

ここに注目！

3.1節では，根本原因について論述して，その他については，3.2節で論じてもよいでしょう。

memo

ンマネジメント計画のプロセスには，キックオフミーティングを開催した方がよい旨の記載はあったが，その内容に関する留意点等の記載はなかった。そこで，いろいろな部署から集まって結成されたプロジェクトの場合には，各メンバが交流できる機会を設けることが重要である旨の記載を追加してもらうこととした。

更に基盤チームの役割と運営方法に関しては，今回の経験を基に，基盤チームの運営方針として整理して，後のプロジェクトで同じ失敗を繰り返さないようにした。

プロジェクト管理規定の修正は，数回のプロジェクト管理規定の見直しの会議がPMOによって開催され，ほぼ私の要望した内容のとおりに変更された。基盤チームの運営方針については，他のプロジェクトマネージャの人たちにも見てもらって意見を聞いているところである。その結果，内容がもう少し詰まってきたら，会社の標準のシステム開発規定に盛り込んでもらう予定でいる。

■IPA発表採点講評■

（システム開発プロジェクトにおける要員のマネジメントについて）では，要員に期待した能力が十分に発揮されないと認識した事態に関し，立案した対応策とその実施状況，事態発生の根本原因，再発防止策とその実施状況については具体的な論述が多かった。一方，プロジェクトマネージャとしての基本的な行動を対応策や再発防止策としている論述，期待した能力の発揮と関係のない事態に関する再発防止策についての論述も見られた。

第5章

調達管理

平成 27 年度 ▼ 問 1

情報システム開発プロジェクトにおけるサプライヤの管理について

プロジェクトマネージャ（PM）は，自社で保有する要員や専門技術の不足などの理由で，システム開発の成果物，サービス，要員などを外部のサプライヤから調達して情報システムを開発する場合がある。

システム開発の調達形態には，請負，準委任，派遣などがあるが，成果物が明確な場合，請負で調達することが多い。請負で調達する場合，サプライヤは成果物の完成責任を負う一方，発注者はサプライヤの要員に対して指揮命令することが法的にできない。したがって，プロジェクトを円滑に遂行できるように，発注者とサプライヤは，その進捗や品質の管理，リスクの管理，問題点の解決などについて協議する必要がある。

仮に，プロジェクトの進捗の遅延や成果物の品質の欠陥などの事態が生じた原因がサプライヤにあったとしても，プロジェクトの最終責任は全て発注者側の PM にある。そのため，発注者とサプライヤの間で進捗の管理と品質の管理の仕組みを作成し，実施することが重要になる。

あなたの経験と考えに基づいて，設問ア～ウに従って論述せよ。

設問ア　あなたが携わった情報システム開発プロジェクトにおけるプロジェクトの特徴，及び外部のサプライヤから請負で調達した範囲とその理由について，800 字以内で述べよ。

設問イ　設問アで述べたプロジェクトにおいて，発注者とサプライヤの間で作成した進捗の管理と品質の管理の仕組みについて，請負で調達する場合を考慮して工夫した点を含めて，800 字以上 1,600 字以内で具体的に述べよ。

設問ウ　設問イで述べた進捗の管理と品質の管理の仕組みの実施状況と評価，及び今後の改善点について，600 字以上 1,200 字以内で具体的に述べよ。

論文事例 1

平成 27 年度　問 1

岡山　昌二

設問ア

memo

第１章　プロジェクトの特徴と請負で調達した範囲

１．１　プロジェクトの特徴

対象とするプロジェクトは，中堅の自動車輸入販売会社であるA社における原価管理システムの導入プロジェクトである。A社では，売上が利益に結びつかない，利益管理の活動の意思決定がタイムリーにできない，などの問題点を抱えていた。そこで，A社では原価管理業務を支援するパブリック・クラウドサービスを利用することが決まった。

原価管理業務では，車両に関わる経費が，輸入業務，自動車整備業務など，各業務から上がってくる。そのため，プロジェクトの特徴としては，ステークホルダが多いという点を挙げることができる。

私はA社の情報システム部に在籍し，当該プロジェクトのプロジェクトマネージャ（以下，PMという）に任命された。

１．２　請負で調達した範囲とその理由

今回のプロジェクトではクラウドサービスを利用するため，システム開発としてはカスタマイズが中心となる。そこで，既存のクラウドサービスを利用しながら，要件定義書の要件や外部設計書の機能を当社で固めることができると考えた。したがって，内部設計以降，運用テストまでを請負で調達することとした。

これらの工程を請負で調達する理由は，要件が固まっているために，外部に委託する際にも，見積りなどの精度が増すことで，複数の会社に見積りを依頼しやすく，その結果，安価に情報システムを調達できると考えたからである。開発金額の見積りや，サプライヤ評価の結果，クラウドサービスに精通しているが，当社とシステム開発の取引実績のないB社をサプライヤに決定した。

私は次に述べるようにして，サプライヤを管理し，プロジェクトを成功に導いた。

100字 200字 300字 400字 500字 600字 700字 800字

設問イ

memo

第2章　進捗管理と品質管理の仕組み

2．1　発注者とサプライヤ間の協議

　請負契約では，進捗報告などの義務はサプライヤ側には生じない。そこで私は発注者側のPMとして，システム開発の取引実績のないB社と，進捗管理や品質管理の仕組みなどについて，サプライヤ側のPMと，次のような内容を協議した。

2．2　進捗管理の仕組み

　プロジェクトで採用した当社の開発標準では，進捗管理の仕組みとして，EVMを推奨している。そこで私は，EVMを進捗管理に適用してSPIを週次でB社から当社に報告させる仕組みとした。

2．3　品質管理の仕組み

　開発標準では，評価指標として，レビューへの投入時間と指摘件数の基準値を設定する。その上で設計品質を評価し，必要な品質向上策を実施することを規定している。そこで，評価指標として，レビュー時間の下限と上限値，許容指摘件数の下限と上限件数を設定した。その上で，品質状況や，必要に応じて講じる品質向上策について，B社から当社に，週次で報告させる仕組みとした。

　ただし，ステークホルダが多いというプロジェクトの特徴を踏まえ，運用テストについてのレビュー時間や指摘件数などの評価指標については，高い品質を確保できるように，レビュー時間を多めにするなど，考慮することとした。

2．4　請負で調達する場合を考慮して工夫した点

　進捗管理及び品質管理の仕組みについて，通常の請負契約ではサプライヤ側では実施義務は生じない。更に，進捗の遅れなどのリスクや，リスクが顕在化した場合の対応についても，同様に当社側から指揮などをすることができない。このような困難な状況に対して私は，サプライヤ側のPMと協議して，リスクの管理やリスクが顕在

ここに注目！

困難な状況からのブレークスルーを表現して，工夫をアピールしています。

memo

化した場合の対処について，発注者とサプライヤが共同で対処することをサプライヤ側に提案することにした。更に，当社からの要求によって，プロジェクトの途中であっても，成果物の提出を要求する旨を提案することとした。なぜならば，成果物を確認することなく，品質や進捗を確認することができないと考えたからである。

　最終的に，①進捗管理及び品質管理の仕組み，②リスク管理とリスクが顕在化した場合は共同で対処する旨，③プロジェクトの途中であっても成果物の提出を要求できる旨を，請負契約の特記事項として盛り込み，発注者とサプライヤ間で請負契約を結ぶこととした。

900字 1000字 1100字 1200字 1300字 1400字 1500字 1600字

memo

ここに注目！

根拠を述べて評価し，更に課題を示すことで，自画自賛にならないようにします。

設問ウ

第3章　実施状況と評価及び今後の改善点

3．1　実施状況

　システムテスト段階に入り，進捗会議において，SPIの値が低下傾向にあることが判明した。スケジュール遅延が発生していることは明らかである。そこで私は，サプライヤ側のPMに状況を詳細に説明することを要求した。しかし，回答は曖昧なものであった。そこで私は契約に従い，成果物の提出を要求した。

　システムテスト中のシステムを検証すると，自動車輸入における個別原価管理の対応が難しいことが判明した。そこで私は，契約に従い，「リスクが顕在化した場合は共同で対処する」こととした。結果としては，個別原価管理に関するスコープを一部削減し，2次開発とすることで，スケジュール遅延を解消することとした。原価管理業務の特性上，会社の期首開始のスケジュールに，システムの本稼働が遅延することが許されないからである。

3．2　評価

　評価については，設問イで述べた施策をせず，今回の請負契約の特記事項がない場合を想定する。その場合，進捗遅れが悪化して，最終的に納期遅延が発生していたと判断する。したがって，一部のスコープの削減を実施し，今後の課題としたが，納期を守れたことを根拠に，設問イで述べたEVMを用いた進捗管理の仕組みなど，請負契約に盛り込んだ特記事項の内容は機能したと判断する。

3．3　今後の改善点

　請負契約であっても，プロジェクトの最終的な責任は発注側のPMにある。その点では，スコープを削減し，削減した分を2次開発とした点は課題である。このような状況を事前に回避するためには，サプライヤ側の進捗遅れの兆候などをモニタリングする必要があると考える。したがって，サプライヤ側の進捗遅延や品質低下の兆候

memo

をモニタリングする仕組みを充実させることが，今後の改善点である。

－以上－

900字

1000字

1100字

1200字

論文事例2

情報システム開発プロジェクトにおけるサプライヤの管理について（1/5）

平成27年度　問1

長嶋　仁

設問ア

memo

1－1　システム開発プロジェクトの特徴

物流業T社の倉庫管理システムの保守開発プロジェクトについて述べる。プロジェクトの特徴は，本システムの保守開発としては開発規模が大きいことと，この特徴に関連して，当社として初めて取引するサプライヤのA社が参加したことである。

本システムは，6年前に当社がT社から受託して開発した。本稼働以降の保守開発は，おおむね1年ごとに契約を結んで実施してきた。6年前のプロジェクトでは，外部のサプライヤが参加したが，保守開発は，当社の開発メンバが担当し，外部からの要員調達はなかった。

昨年の保守開発では，トラックのドライバがスマートフォンを使って倉庫と情報交換するといった新規機能や分析機能の追加がテーマとなり，開発規模が大きくなった。そのため，当社メンバでは要員不足となり，かつ，新規開発時のサプライヤが参加できない状況から，開発作業の一部をA社から調達することにした。

1－2　サプライヤから請負で調達した範囲と理由

請負で調達した範囲は，詳細設計～結合テストである。A社から調達する範囲のうち，総合テストは準委任契約とした。これは，当社とT社の契約に合わせたものである。

詳細設計～結合テストを請負で調達した理由は，成果物スコープが明確だからである。基本設計の完了段階で，対象の設計書，プログラム，テスト報告書等の成果物を明確化できると考えた。また，当社では基本設計と総合テストも請負で契約する場合があるが，本プロジェクトでは，保守開発の規模や新規性が大きいことを考慮して，当社がT社と準委任で契約しており，調達の契約もこれに準じた。

設問イ

memo

2－1　作成した進捗の管理と品質の管理の仕組み

　私がA社の開発チームの責任者のW氏と協議して作成した管理の仕組みは，改良を施した週次報告である。私は，プロジェクト計画の策定において，進捗管理や品質管理に関連するリスクとして，開発の進捗遅れや品質不良を想定した。その理由は，次の2点である。

①A社の開発メンバのスキルが未知数であることから，既存のプログラムの理解不足や，開発のスキル不足が問題化する可能性がある。

②設計書の書式が当社仕様のものであることから，当社作成の基本設計書の解釈違いや，以降の詳細設計書等の作成で生産性が低下する可能性がある。

　請負契約である以上，A社の開発メンバの作業に直接関与して，指揮命令することはできない。そこで，私はプロジェクト計画において，週次報告を実施し，A社内の開発作業に活用することをW氏と合意した。

⑴進捗の管理の仕組み

　請負での調達を考慮して工夫した点は，従来の進捗報告書フォームを改良して，項目を追加したことである。具体的には，予実対比の数値情報に加えて，開発メンバごとに，気になる事項や疑問点，実績に遅れがある場合にはその原因，影響見込み，改善策，リスク想定などを報告事項とした。

　私は，問題をできるだけ早期に発見するために，定性的な情報を含めることによって，定量的な情報だけでは見えにくい状況を把握できるのではないかと考えて，改良を実行した。そして，進捗報告書を活用した週次の進捗管理を実施した。

⑵品質の管理の仕組み

　請負での調達を考慮して工夫した点は，短針試験の実施と，進捗の管理と同様に従来のテスト報告書を改良したことである。

ここに注目！

項目を設定しても，請け負ったA社の開発メンバが，これらの項目を適切に報告するかどうか疑問である，と，読み手は考えるかもしれません。報告してもらうための施策を加えると，更によくなります。

memo

　請負契約では，A社に中間成果物に関する報告義務はない。しかし，想定したリスクを踏まえ，当社メンバがサンプリングによって品質を評価する探針試験を実施することを，W氏と協議して合意した。探針試験を提案した理由は，特に非機能要件の評価の観点について早めにベクトル合わせをしたいと考えたからである。

　テスト報告書の改良では，進捗報告書と同様の考え方を適用した。具体的には，バグの原因や作業上の懸念事項など，機能単位・担当者単位に定性的な情報について追記するようにした。数値情報による実績管理だけでは，問題が紛れ込むという経験もあり，進捗と同様に問題の早期発見効果を期待して，試行的に取り組んだ。

設問ウ

memo

３－１　進捗の管理と品質の管理の実施状況と評価

合意した週次報告は，改良した進捗報告書やテスト報告書を使用して，計画どおりに実施した。実施に際して考慮した点は，報告書及び週次報告を形骸化せずに実効性をもたせることである。報告と実態がかい離して，プロジェクトが混乱する事例は当社でも発生している。私はW氏と協力して，報告を基に個人別とチーム全体の課題や改善策をリスト化し，W氏がA社内のミーティングでA社メンバへフィードバックするというサイクルを回した。

進捗の管理の評価としては，既存のプログラムへの疑問や改善提案などの定性的情報が，メンバ全員のスキル把握に役立った。週次報告の実施は管理工数が増えるが，報告なしで単に質問票をやり取りする方法や，定量的情報の報告だけでは，全員のスキル把握はできなかったと考える。

品質の管理の評価としては，まず探針試験の結果は，平均を上回る良好なレベルであった。評価の観点については，特に操作性の評価ポイントを調整することができたので実施は有効だったと考える。テスト報告書の改良では，懸念点に対する当社の開発メンバからのコメントをフィードバックすることができ，週次報告が役立ったと考える。

３－２　今後の改善点

進捗の管理の課題として，A社の社内システムを用いる進捗管理と，当社への報告用の二重管理になっている点が挙げられる。今後も協業が継続する見込みなので，仕様を合わせることやツールを１本化するなどの改善を実施していきたい。

品質の管理の課題として，今回のプロジェクトでは，時間的制約からレビュー報告書は従来のものを使用した。結合テストで顕在化した詳細設計バグがあったことを踏

ここに注目！

設問ウの始めで「合意した週次報告」として論じる一方，進捗管理が二重管理になっているという展開は，「合意したのに二重管理？」と，読み手に疑問をもたせるかもしれません。「二重管理」という表現を工夫した方がよいでしょう。

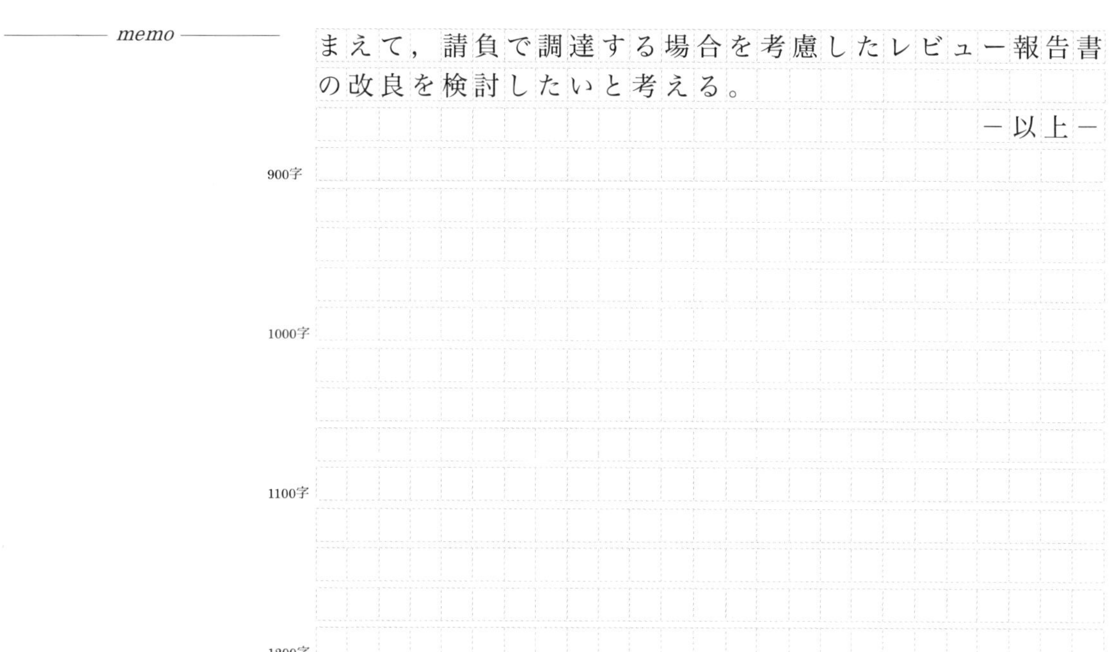
memo

まえて，請負で調達する場合を考慮したレビュー報告書の改良を検討したいと考える。

－以上－

900字

1000字

1100字

1200字

■IPA発表採点講評■

（情報システム開発プロジェクトにおけるサプライヤの管理について）では，システム開発の成果物を請負で調達する場合に，発注者とサプライヤの間で作成した進捗の管理の仕組みと品質の管理の仕組みについて具体的に論述できているものが多かった。一方，請負で調達する場合，発注者側のプロジェクトマネージャはサプライヤの要員に対して直接指揮命令することができないので，サプライヤの責任者を通じた間接的な管理の仕組みが必要となるが，直接配下のメンバに対して指揮するような管理の仕組みの論述も見られた。

第6章

リスク管理

平成 30 年度 ▼ 問 1

システム開発プロジェクトにおける非機能要件に関する関係部門との連携について

システム開発プロジェクトにおいて，プロジェクトマネージャ（PM）は，業務そのものに関わる機能要件に加えて，可用性，性能などに関わる非機能要件についても確実に要件が満たされるようにマネジメントしなければならない。特に非機能要件については，利用部門や運用部門など（以下，関係部門という）と連携を図り，その際，例えば，次のような点に注意を払う必要がある。

・非機能要件が関係部門にとってどのような意義をもつかについて関係部門と認識を合わせる
・非機能要件に対して関係部門が関わることの重要性について関係部門と認識を合わせる

このような点に注意が十分に払われないと，関係部門との連携が不十分となり，システム受入れテストの段階で不満が続出するなどして，場合によっては納期などに大きく影響する問題になることがある。関係部門と連携を図るに当たって，PM はまずプロジェクト計画の段階で，要件定義を始めとする各工程について，非機能要件に関する WBS を設定し，WBS の各タスクの内容と関係部門を定め，関係部門の役割を明確にする。次に，関係部門と十分な連携を図るための取組みについて検討する。それらの内容をプロジェクト計画に反映した上で，関係部門を巻き込みながら一体となってプロジェクトを推進する。

あなたの経験と考えに基づいて，設問ア～ウに従って論述せよ。

設問ア　あなたが携わったシステム開発プロジェクトの特徴，代表的な非機能要件の概要，並びにその非機能要件に関して関係部門と連携を図る際に注意を払う必要があった点及びその理由について，800 字以内で述べよ。

設問イ　設問アで述べた代表的な非機能要件に関し，関係部門と十分な連携を図るために検討して実施した取組みについて，主なタスクの内容と関係部門，及び関係部門の役割とともに，800 字以上 1,600 字以内で具体的に述べよ。

設問ウ　設問イで述べた取組みに関する実施結果の評価，及び今後の改善点について，600 字以上 1,200 字以内で具体的に述べよ。

論文事例1

平成30年度　問1

岡山　昌二

設問ア

第１章　システム開発プロジェクトの概要

1.1　プロジェクトの特徴

論述の対象となるプロジェクトは，健康食品，サプリメントの原材料の輸入販売業A社における販売管理システムの構築である。A社はインド国内で生産される原材料に幅広い知識をもったインド人が日本で立ち上げ，急成長中の企業である。A社の販売業務では，SaaSによるSFAシステムを使用している。今回，そのSFAに加え，在庫管理を含めた販売管理システムをオンプレミスで構築することになった。

プロジェクトの特徴としては，急成長中の企業であるため，システム構築に関わるノウハウをもち合わせたメンバがA社にはいないという点を挙げることができる。私は当該プロジェクトを受注したSI企業B社のプロジェクトマネージャである。

1.2　代表的な非機能要件の概要

販売管理システムという基幹システムであることから，災害発生時のシステムの継続性が非機能要件として重要であると考えた。A社の本社は東京都，物流倉庫は静岡県であることを考慮すると，最悪の場合は，この二つの拠点が同時被災を考えられるからである。そこで私は非機能要件について，販売管理システムのRTO及びRPOを中心とした継続性について検討し対策を講じることにした。

1.3　連携を図る際に注意を払う必要があった点と理由

情報システムの継続性が確保されていないと，災害時にシステムが停止して復旧の目途さえも立たず，最終的に顧客離れにつながる。継続性のためには社内の関連部署が連携して対処する旨を関連部署は理解し，周知する点に注意を払う必要がある。理由は，災害時には関連部署が個別に対処していては，使える資源に限りがあるため，効率的かつ効果的な対処が難しいからである。

memo

100字

200字

300字

400字

500字

600字

700字

800字

6

リスク管理

設問イ

memo

第2章　関係部門と十分な連携を図るために検討して実施した取組み

2.1　主なタスクの内容と関係部門及び関係部門の役割

継続性の確保について，要件定義において，ビジネスインパクト分析を中心に，WBSを策定し，要件定義工程から受入れテスト工程までの間で，次のタスクに関わる計画を策定した。

(1)要件定義工程における営業部門とのビジネスインパクト分析

PTO及びRPOの設定では，営業部門とともに，システムの継続性の確保に関わる費用対効果を適切に検討する必要がある。なぜならば，ユーザ業務の達成の観点から，重要でないシステムの継続性を高めても，災害発生時は，真に必要な業務の達成に注力するため，重要でないシステムが稼働したとしても使われないからである。

そこで私は，営業部門に対して，販売管理システムの継続性が失われた場合のビジネスへの影響を洗い出す役割を設定した。一方，開発側は，パターン分けした代表的なRTO及びRPOを設定して，それらについてシステム導入費用，運用費用の算出を行うことで，迅速に費用対効果を考慮したRTO及びRPOを設定できるようにした。

(2)受入れテストにおけるRTO及びRPOの確認

受入れテストの際，通常実施する機能や応答性に関わるテストに加えて，RTO及びRPOの達成に関わるテストを行い，非機能要件として定めたRTO及びRPOを達成できることを，システム運用部門及び営業部門とともに確認できるように計画した。

営業部門の役割としては，災害発生時の復旧後にRPOが達成できていることを，売上トランザクション等の更新内容を参照することで確認する旨を設定した。

以上が，主なタスクの内容と関係部門の役割に関する計画である。

ここに注目！

設問で問われている関係部門の役割について，明示的に書いています。

2.2　関係部門と十分な連携を図るための取組み

　システムの継続性について社内の関連部署が関わることの重要性について，関連部署と認識を合わせる必要があった。そこで私は，次の取組を行った。

⑴災害発生時のシステム復旧に関わる事例研究

　ビジネスインパクト分析では，営業部門のキーマンとともに，災害発生時のシステム復旧の事例を研究して，実際に継続性を意識していないシステムにおいて，災害が発生した場合，どのような状況に陥るかを研究する場を設けることにした。

⑵システムの継続性に関わる費用対効果の妥当性の意識合わせ

　要件定義書の承認フェーズでは，非機能要件を達成するための費用対効果について，営業部門にとっては非機能要件自体が分かりにくいという状況であった。私は，できるだけ客観的な立場から費用対効果の検討をすることが，費用対効果の妥当性を確保するためには必要と考えた。そこで，非機能要件の設定を支援する非機能要件グレード2018を活用することにした。

　ただし，非機能要件グレードの資料は情報セキュリティに重点が置かれ，なおかつ，対象範囲が広いという問題があった。そこで継続性に関わる部分を切り出して，当該システムのグレードを設定することにした。これらの活動により，費用対効果の妥当性について，客観性に重点を置いた営業部門との意識合わせができると考えた。

　以上の取組みをプロジェクトに盛り込んで，私はプロジェクトを推進した。

memo

ここに注目！

IPA独立行政法人 情報処理推進機構が公表している非機能グレード2018を確認しておきましょう。

設問ウ

memo

第３章　実施結果の評価と今後の改善点

3.1　実施結果の評価

　災害発生時のシステム復旧に関わる事例研究という取組みを，次のように評価する。

　事例研究によって，ユーザ部門が参画しない，システムの復旧は成功することが難しい旨が営業部門に伝わったと判断する。この活動によって，ビジネスインパクト分析における営業部門から意見が活発化してRPOやRTOに適切な値が設定され，費用対効果の妥当性が向上したと判断する。

　もし，この活動を行わなければ，ビジネスインパクト分析が表面的になり，適切なRTO及びRPOの設定ができず，その結果，重要性が低いシステムの信頼性を上げて運用コストなどのコスト増を招く結果となったと判断する。これを根拠に事例研究の取組みは成功であったと評価する。成功要因は，事例研究活動におけるユーザ部門の参画であると判断する。

3.2　今後の改善点

　非機能要件グレードについては，当社がグレード設定について十分なカスタマイズを行っていたため，使いやい状況であった。一方，今回は非機能要件グレード2018という最新バージョンを採用することで，グレード設計に関連する作業の進捗が遅れた。それが原因で営業部門との連携が一部滞ったことが，今後の課題である。

　非機能要件グレードは，ソフトウェアツールではなく，ドキュメント中心のツールであったため，安易に最新バージョンを使うことを決定したことが進捗遅れの原因である。結果的に，最新バージョンに適用するための工数が不足していた。

　今後の改善点は，今回のように最新ツールを取り入れる際には，ドキュメント中心のツールであっても，非機能要件に関する営業部門との連携の重要性を踏まえて，

ここに注目！

今後の改善点において，問題のタイトルにある“非機能要件に関する関係部門との連携”というキーワードを絡めて論じることによって，採点者に趣旨に沿っている論文をアピールしています。

memo

スケジュールが遅れるリスクがある点を十分に考慮して，プロジェクトマネージャとして適切な作業工数を設定することである。

－以上－

900字

1000字

1100字

1200字

論文事例2 システム開発プロジェクトにおける非機能要件に関する関係部門との連携について（1/5）

平成30年度　問1

長嶋　仁

設問ア

memo

1－1　携わったシステム開発プロジェクトの特徴

　私がPMとして携わったのは，機械メーカB社における商品情報システムの再構築プロジェクトである。非機能要件に関わるプロジェクトの特徴は次の2点である。

①広範囲な利用部門

　B社の社員2,500名の多くがシステムを利用する。そのため，共通のユースケースに関して，部門によって利用状況が異なる複数のシナリオがある。

②新技術の採用

　アプリケーションの開発とともに，B社として新たに取り組む技術となるクラウドサービスを利用する基盤の再構築と運用を行う。

1－2　代表的な非機能要件の概要

　商品情報システムはB社の基幹システムであることから，可用性，性能・拡張性，セキュリティなどの非機能要件はいずれも重要であった。本論文では，代表的な非機能要件として性能について述べる。

　性能要件では，アクセス数，データ量，応答時間，帳票印刷能力などの指標が重要で，コストとのバランスを考慮した適正なレベルを実現することを目指した。

1－3　関係部門と連携を図る際に注意を払う必要があった点及びその理由

　関係部門として利用部門及び運用部門と連携する計画を立てた。そして，関係部門が性能要件に関わる意義について認識を合わせることに注意を払った。

　その理由は，利用部門との連携が不足すると，受入テストにおいて期待した性能が達成できずに手戻りが発生する問題や，必要以上のオーバスペックとなる問題が想定されるからである。また，運用部門との連携が不足すると，例えば，定義された要件と移行後の性能の監視項目がマッチしないといった問題も想定されるからである。

設問イ

memo

2－1　要件定義工程における取組み

要件定義工程について，利用部門及び運用部門と連携を図った二つのタスクについて述べる。

(1)非機能要件の洗い出し 100字

関係部門は利用部門である。ステークホルダマップに基づき，モバイル利用の拡大を計画している営業部門や延べ利用時間の長い設計部門の性能要件を重点対象とした。その他の利用部門については，各部門の重要機能要 200字 件に関わる性能要件を対象とした。

タスクの内容は，性能要件の指標の根拠となるユースケースシナリオの作成で，利用部門の役割はシナリオの記述である。具体的には，機能要件定義の成果物のユー 300字 スケースシナリオに，性能要件に関わるシナリオを追記する。例えば，客先のプレゼンで使用するデータ量について，現在及び将来の見込みを記述する。状況に応じて開発部門のメンバが記述作業を支援する。 400字

そして，十分な連携を図るための取組みとして，タスクへの利用部門の主体的な参加を促すことを計画した。その意図は，主体的な参加が性能要件の精度を上げるとともに，性能要件の適正化への協力を得ることである。 500字 そのために，利用部門の業務品質の向上と費用負担のバランスについて説明会を開催することを計画した。

(2)非機能要件のレビュー

関係部門は運用部門となるB社のシステム部である。 600字

タスクの内容は，ユースケースシナリオと非機能要件定義書のレビューである。また，運用部門の役割は，部門の知見に基づいての，シナリオの妥当性や想定不足がないかのチェックと，開発部門が定義した性能要件の指 700字 標の適正さのレビューである。

そして，十分な連携を図るための取組みとして，運用部門の立場から積極的に関与する意義を示すため，運用及び開発部門の共同の事前ミーティングを計画した。運 800字

memo

ここに注目！

趣旨に沿って，要件定義と基本設計という複数の工程における取組みについて論じている点，設問で問われている関係部門の役割について明示的に論じている点がよいです。

用部門では，様々なKPIを設定して運用業務の改善活動を継続している。そこで，KPI達成に役立てるという視点で性能要件をレビューすることで，運用部門にとっての意義を見出せると考えた。

2－2　基本設計工程における取組み

　基本設計工程では，アーキテクチャ設計タスクにおいて運用部門と連携した。タスクの内容は，アーキテクチャ設計のレビューである。

　運用部門の役割は，性能管理の観点から，設計されたアーキテクチャの妥当性をチェックすることである。

　そして，十分な連携を図るための取組みとして，要件定義と同様に運用部門の改善活動と関連付けるためのミーティングを計画した。

　さらに，新システムでは，運用部門にとって新技術となる，IaaSあるいはDaaSを利用する仮想デスクトップ技術の採用が企画されていた。そのため，性能管理をはじめとする運用業務は，従来のオンプレミス環境における業務とは異なるものになると考えた。そこで，運用部門が，新しい業務プロセスを構想しながらレビューを進められるように，アーキテクチャ方式の候補ごとの運用の事例を準備することを計画した。

設問ウ

memo

3－1　取組みに関する実施結果の評価

　非機能要件の洗い出しのタスクでは，最初に利用部門に対して，適正なレベルの性能要件の定義が重要であることの説明を実施した。説明では，重点対象の機能要件をサンプルとして，性能要件の指標のレベルと費用負担との関係や，過去の要件不足を原因とする性能問題の例を示した。洗い出しの結果，性能要件に関するシナリオの記述数は過去のプロジェクトよりも増え，現時点で性能の大きな過不足はない。そのため，取組みは一定の効果があったと考える。

　非機能要件のレビューのタスクでは，運用部門の改善活動に役立てる観点を共有する事前ミーティングを開催した。運用部門では，プロアクティブな問題管理が重点課題となっており，関連するKPIが多かった。運用部門からは，レビューに取り組む観点を明確にしやすかったという意見があり，レビュー意見の数も増えた。具体的には，始業時間帯における帳票印刷能力のように，利用部門が記述したシナリオでは不十分だった性能要件を見直しできたものがある。さらに，移行後の性能の監視についても，要件とマッチした項目を用いて実施できている。そのため，取組みは一定の効果があったと考える。

　アーキテクチャ設計のタスクでは，事前ミーティングに加えて，アーキテクチャ方式ごとの運用の事例を準備した。準備は，方式検討を行う開発部門のメンバが担当した。事例をベースにレビューを行うことによって，性能管理の業務の変化をイメージできたという意見が出た。そして，レビュー件数も従来と比較して大幅に増えた。そのため，取組みは一定の効果があったと考える。

3－2　取組みに関する今後の改善点

　今後の改善点として，利用部門の負担軽減を検討したいと考えている。

　利用部門からは，性能要件を含む非機能要件に関する

memo
ここに注目！
アイテックの公開模擬試験の解答において，今後の改善点の論点が趣旨に沿わない論文が散見されます。この論文では，今後の改善点の論点が，問題のタイトルにある“非機能要件に関する関係部門との連携”という問題の趣旨に沿っている点がよいです。

シナリオの記述作業に主体的に参加できた分，負担も大きかったというフィードバックを得た。そこで，今後のシステムの運用状況を基に，シナリオを追記すべき重要な機能要件を絞り込むことができるかを検討したい。また，クラウドサービスの利用によって性能問題への対応は迅速に実施しやすくなる。そのため，利用部門にとって難しい将来の性能要件に関するシナリオを絞り込むことができると考えている。

900字　1000字　1100字　1200字

－以上－

■IPA発表採点講評■

（システム開発プロジェクトにおける非機能要件に関する関係部門との連携について）では，プロジェクト計画の段階で関係部門の役割を明確にした上で，関係部門と十分な連携を図るための取組みを検討し，関係部門と一体となってプロジェクトを推進することについて，具体的に論述できているものが多かった。一方，関係部門と連携を図る際の注意点が不明確な論述，非機能要件の内容を詰める作業の記述に終始してプロジェクト管理の視点に欠ける論述など，関係部門との連携に関するPMの対応内容としては不十分な論述も見られた。

Memo

平成 28 年度 ▼ 問 2

情報システム開発プロジェクトの実行中におけるリスクのコントロールについて

プロジェクトマネージャ（PM）には，情報システム開発プロジェクトの実行中，プロジェクト目標の達成を阻害するリスクにつながる兆候を早期に察知し，適切に対応することによってプロジェクト目標を達成することが求められる。

プロジェクトの実行中に察知する兆候としては，例えば，メンバの稼働時間が計画以上に増加している状況や，メンバが仕様書の記述に対して分かりにくさを表明している状況などが挙げられる。これらの兆候をそのままにしておくと，開発生産性が目標に達しないリスクや成果物の品質を確保できないリスクなどが顕在化し，プロジェクト目標の達成を阻害するおそれがある。

PM は，このようなリスクの顕在化に備えて，察知した兆候の原因を分析するとともに，リスクの発生確率や影響度などのリスク分析を実施する。その結果，リスクへの対応が必要と判断した場合は，リスクを顕在化させないための予防措置を策定し，実施する。併せて，リスクの顕在化に備え，その影響を最小限にとどめるための対応計画を策定することが必要である。

あなたの経験と考えに基づいて，設問ア～ウに従って論述せよ。

設問ア　あなたが携わった情報システム開発プロジェクトにおけるプロジェクトの特徴，及びプロジェクトの実行中に察知したプロジェクト目標の達成を阻害するリスクにつながる兆候について，800 字以内で述べよ。

設問イ　設問アで述べた兆候をそのままにした場合に顕在化すると考えたリスクとそのように考えた理由，対応が必要と判断したリスクへの予防措置，及びリスクの顕在化に備えて策定した対応計画について，800 字以上 1,600 字以内で具体的に述べよ。

設問ウ　設問イで述べたリスクへの予防処置の実施状況と評価，及び今後の改善点について，600 字以上 1,200 字以内で具体的に述べよ。

論文事例1

平成28年度　問2

岡山　昌二

設問ア

memo

第１章　プロジェクトの特徴と兆候

１．１　プロジェクトの特徴

　P社は，放送業者A社における放送番組編成支援システムの追加開発を担当している。論述の対象となるプロジェクトは，この追加開発プロジェクトである。前任のプロジェクトマネージャ（以下，PMという）は，定年で退職したため，私が今回の追加開発からPMを担当することになった。以前の追加開発プロジェクトでは，開発規模が膨れ上がり，納期遅れや予算超過が発生している状況であった。更に，今回の追加開発プロジェクトは，企画段階において前回の追加開発に対して３倍の開発規模となることから，プロジェクトのおけるリスク管理を徹底する必要があった。プロジェクトの目標としては，前回プロジェクトのように，納期遅延，予算超過に陥らない，という点を挙げることができる。

　なお，対象システムは，A社で稼働する基幹システムであり，複数のシステムと連携していることから，ステークホルダの数が多いというプロジェクトの特徴を挙げることができる。

１．２　リスクにつながる兆候

　私がPM担当になったプロジェクトの要件定義工程の初期段階において，ステークホルダに今後のプロジェクトの進め方について，次に述べる状況下で行った。

　システムの利用者側であるA社のステークホルダとの会話の中で，システムに対する要望が一方的であることから，①A社の利用者はP社に不満をもっている，というリスクにつながる兆候があることが分かった。

　更に，プロジェクトメンバとの会話の中から，②メンバの中には，自分の意見を明確に言えない者がいる，というリスクにつながる兆候があることが分かった。

　私は，新任のPMとして，要件定義工程の初期段階において把握した兆候を基に，次に述べる対応を行った。

100字 200字 300字 400字 500字 600字 700字 800字

設問イ

memo

第2章　リスクへの予防処置とリスク対応計画

2．1　顕在化すると考えたリスクとその根拠

　ステークホルダとの会話の中で把握した，兆候を放置すると，次のようなリスクが顕在化すると考えた。

①開発の手戻りが発生するリスク

　A社のステークホルダはP社に不満をもっているという兆候が悪化すると，ステークホルダが多いというプロジェクトの特徴を踏まえると，A社とP社間のコミュニケーションが悪化すると想定できる。そのため，A社とP社の要求の解釈が違っている，などの理由によって，その違いが現場による受入れテストまで発見できないという根拠に基づき，開発の手戻りが発生するリスクがあると考えた。

②対応が遅れることによってプロジェクトにおける問題が肥大化するリスク

　メンバの中には，自分の意見を明確に言えない者がいるという兆候を放置した場合，チーム内部の状況を的確にメンバ間で共有できず，なおかつ，P社の開発チームはチームワークを発揮できていないことを根拠に，問題を早期に解決できず，問題が肥大化するリスクがあると考えた。

　以上のリスクを基に，リスク分析を実施した。

2．2　対応が必要と考えたリスクへの予防処置

　ステークホルダが多いというプロジェクトの特徴を踏まえながら，定性的リスク分析を行った結果，リスク対応が必要と判断した。ステークホルダマネジメントを誤った前回のプロジェクトの事態を回避する必要があると考えたからである。

　リスクへの予防処置として次を実施することにした。

①要件定義の内容についての責任所在の明確化

　要求事項一覧表を基に，P社が要件定義書を作成して，A社の情報システム部がそれをレビューする旨を，A社

情報システムから了承を得る。このようにした理由は，A社とP社間において，業務要件についての誤解を摘出する必要があると考えたからである。

②チームワークの重要性の再確認

　チームワークの改善について，メンバ全員で話し合いの機会を設けた。そこで，問題として鮮明になる前でも構わないので，チームで話し合うことをメンバ全員で確認した。

　以上の予防処置に加え，次のリスク対応計画を策定した。

2．3　策定したリスク対応計画

　策定したリスク対応計画は次のとおりである。

①早期対応の促進

　要件漏れなどによって開発の手戻りが発生する場合，早期に問題の状況を利用者部門と共有して，早期に問題解決を図る旨をA社情報システム部に提案して了承を得る。

　過去の状況から，問題解決のための依頼が後手に回ることが多かった。今後は，早めに利用者部門に相談することで，後手，更に後手に回るよりも，早期の方が問題解決のための選択肢も増えると考えたからである。

②メンバ間の相互支援方針の徹底

　特定のメンバが困難状況にある場合，メンバ間の相互支援ができるように，朝夕の短期ミーティングを実施する計画とした。

　ただし，ミーティングを開催すれば，問題を効率的に解決できるとは限らない。そこで，相互支援方針を計画段階で作成し，対応計画で徹底することにした。

　以上のリスク対応を実施した。

memo

ここに注目！
趣旨に沿って，予防処置と対応計画を鮮明に論じています。

設問ウ

memo

第3章　リスクへの予防処置の実施状況と評価及び今後の改善点

3.1　リスクへの予防処置の実施状況と評価

予防処置の実施状況と評価は次のとおりである。

①要件定義の内容についての責任所在の明確化

A社情報システム部との交渉の中で，A社側は，“～ついてはシステムで対応しない”という表現を，要件定義において明確に盛り込むことを拒む状況であった。やはり，責任の所在を明確にすると，A社側も困ると考えたと推測できる。そこで，前回のようにプロジェクトが遅延すると両社に不利益なことを説明して了承を得ることに成功した。

この予防処置を実施しなかった場合，前回同様に，開発の手戻りが発生して，プロジェクトの目標を達成できなかったと考え，予防処置として効果的と評価する。

②チームワークの重要性の再確認

プロジェクト進行において発生した問題を初期段階においてメンバと共有することは難しい。問題が発生した当初は自分で解決できると考えるからである。実際に，初期段階での問題のメンバ間共有は，難しい状況であった。そこで私は，メンバが話した問題の大きさを定量的に評価して，問題が小さいほど，評価するということにした。その結果，問題が小さくともメンバ間で共有することに成功した。

評価としては，問題の大きさを定量化することで，次第に，小さい問題でもメンバ間で共有できていることが判明した。それを根拠に，チームワークの重要性を再確認することに成功したと判断する。

3.2　今後の改善点

A社のステークホルダとのコミュニケーションの問題については，A社情報システムとの関係は改善できたが，A社の利用側のステークホルダが多いために，全てを解

ここに注目！

評価では，活動と実施しなかったケース（予防処置を実施しなかったケース）と比較したり，評価の根拠を述べたりすることで，自画自賛にならないようにします。

memo

消しているわけではない。今後，PMとして私は，ステークホルダマネジメントを更に適用することでリスクをコントロールし，A社の利用者側と関係も，プロジェクトの成功に向けて，改善する努力を継続的に行う所存である。 900字

－以上－

1000字

1100字

1200字

■IPA発表採点講評■

（情報システム開発プロジェクトの実行中におけるリスクのコントロールについて）では，プロジェクトの実行中に察知したプロジェクト目標の達成を阻害するリスクにつながる兆候，兆候をそのままにしたときに顕在化するリスク，リスクの予防処置，リスクが顕在化したときの対応計画について具体的に論述できているものが多かった。一方，設問が求めたのはプロジェクトの実行中の兆候であったが，プロジェクトの計画中に察知した兆候に関する論述や，すぐに対応が必要な，顕在化している問題を兆候と表現している論述も見られた。

論文事例2 情報システム開発プロジェクトの実行中におけるリスクのコントロールについて（1/4）

平成28年度　問2

佐々木　章二

memo

設問ア

ア－1　プロジェクトの特徴

　P社は中堅のソフトウェア会社であり，D社の人材管理システムの開発を受託した。受託したシステムはD社が新たに策定した人事体系を反映したものになる。新人事体系は既に一部実施されており，システム側が早急にそれに追いつく必要があるため遅延は許されない。

　また，D社は以前に他社に開発を発注したシステムにおいて処理停止が多発するなど，低品質であったことで社内の事務処理の効率が低下したことがあった。そのため，D社はしっかりとした品質管理をP社に要求し，その旨を契約書に明記した。

　P社は他の重要プロジェクトも進行しており，本プロジェクトのメンバは複数の外部の協力会社から人材を派遣してもらい，プロジェクトチームを構成した。私は本プロジェクトのプロジェクトマネージャに任命された。

　以上のような経緯から，本プロジェクトの特徴として，『メンバの多くが派遣であること』が挙げられる。また，私は本プロジェクトの目標として，『高い品質の確保』と『納期厳守』を掲げた。

ア－2　リスクにつながる兆候

　プロジェクトは外部設計までは順調に進んだ。しかし，内部設計に入りレビュー時間が予定を超えて長引くことが多くなった。私はこの現象を，プロジェクト目標の達成を阻害するリスクにつながる兆候と捉えた。

　私は，管理図を用いて平均レビュー時間を分析したところ，右肩上がりに増加していることを確認した。また，メンバの稼働時間が多くなってきていることも確認した。

設問イ

memo

イ－１　顕在化すると考えたリスクとその理由

前述した兆候をそのままにした場合に顕在化すると考えたリスクは，『遅延の発生』と『品質の低下』である。

その理由として，管理図の傾向から今後ますます稼働時間が増加することが予想され，早晩に残業だけでは吸収できなくなり，遅延が発生すると考えたからである。また，残業が増加するとモチベーションやモラールが低下し，それが品質にも影響すると考えた。

イ－２　兆候の原因分析とリスク分析

私は，レビュー時間が長引くようになったという察知した兆候について，チームリーダ及びメンバに個別にインタビューを実施し，それを特性要因図に整理し，原因を分析した。主な原因は次のとおりである。

原因①内部設計になり，設計書の内容が技術的に詳細になったため，レビュー時に設計書の理解に要する時間が増加している。

原因②ネーミングや設計仕様に関する，本プロジェクトのルールに慣れておらず，記述や確認に時間がかかっている。

原因③設計書作成後，見直す時間がとれないため，チェックがほとんどできていないままレビューしている。そのため，誤字，脱字レベルでの指摘も多くなっている。

また，前述した顕在化すると考えたリスクについて定性的リスク分析を行った。その結果，発生確率，影響度とも“高”と判定し，私はリスクへの対応が必要と判断した。

イ－３　リスクを顕在化させないための予防処置

私が施したリスクへの予防処置は以下のとおりである。

予防処置①レビュー対象の設計書は，レビュー実施の前々日にレビューアに配布する。レビューアは事前に設計書を読み込み，指摘する点をピッ

memo

クアップしておく。これによって，原因①の軽減を図る。

予防処置②設計書作成ツールのチェック機能に本プロジェクトの表記ルール等を登録し，チェックの補助として活用する。これによって，原因②の軽減を図る。

予防処置③レビューアに設計書を配布する前に設計者自身が事前チェックしておくことを義務付ける。これによって，原因③の軽減を図る。

イー4　リスクの顕在化に備えて策定した対応計画

私は，予防策の実施にも関わらずリスクが顕在化した場合に備え，P社の設計ルールに慣れている人材をプロジェクトに追加投入する，という対応策を策定した。

この対応策についてはPMOに事前に相談し，P社の重要プロジェクトは山場を越えており比較的余裕が出てきたこともあり，リスクが顕在化した場合は適切な人材をアサインできることを確認した。

ここに注目！

専門家としての考えや，そのように考えた根拠を盛り込むと，更によくなります。

設問ウ

memo

ウ－１　予防処置の実施状況と評価

　各予防処置の実施状況は以下のとおりである。

・予防処置①　レビューの前々日にレビュー対象の設計書を配布し事前に読み込んでおく予防処置によって，レビュー時に設計書を理解する時間がほぼなくなり，原因①が解消された。

・予防処置②　設計書作成ツールへの表記ルール等を登録し活用することによって，ネーミングや設計書の確認にかかる時間がほぼ半減された。

・予防処置③　設計者自身の事前チェックによって，誤字，脱字レベルでの指摘がほぼ解消されるとともに，設計内容そのものに対する指摘も減少した。

　このように各予防処置はリスク発生防止に効果的であり，リスクは顕在化しなかった。よって，私は今回の予防処置を評価に値すると考える。

ウ－２　今後の改善点

　今後の改善点としては，レビューの実施方法が挙げられる。具体的には，今回はレビューの主催者が報告書作成者であったが，これを他メンバが行うという方法である。これによって，疑問点や問題点をより早期に他メンバに伝達できる機会を作ることができる。特に本プロジェクトは，複数の協力会社から派遣されたメンバで構成されているためコミュニケーションがやや活発ではない面も見受けられた。このような場合，レビューの主催者を入替えで行うということは，より効果的であると考える。

－以上－

ここに注目！

字数について，設問ウでは600字以上であれば，問題ありません。例えば，「また～した。」などと書いて無理に字数を増やす必要はありません。

平成 26 年度 ▼ 問 1

システム開発プロジェクトにおける工数の見積りとコントロールについて

プロジェクトマネージャ（PM）には，プロジェクトに必要な資源をできるだけ正確に見積もり，適切にコントロールすることによって，プロジェクトの目標を達成することが求められる。中でも工数の見積りを誤ったり，見積りどおりに工数をコントロールできなかったりすると，プロジェクトのコストや進捗に大きな問題が発生することがある。

工数の見積りは，見積りを行う時点までに入手した情報とその精度などの特徴を踏まえて，開発規模と生産性からトップダウンで行ったり，WBS の各アクティビティをベースにボトムアップで行ったり，それらを組み合わせて行ったりする。PM は，所属する組織で使われている機能別やアクティビティ別の生産性の基準値，類似プロジェクトの経験値，調査機関が公表している調査結果などを用い，使用する開発技術，品質目標，スケジュール，組織要員体制などのプロジェクトの特徴を考慮して工数を見積もる。未経験の開発技術を使うなど，経験値の入手が困難な場合は，システムの一部分を先行開発して関係する計数を実測するなど，見積りをできるだけ正確に行うための工夫を行う。

見積りどおりに工数をコントロールするためには，プロジェクト運営面で様々な施策が必要となる。PM は，システム開発標準の整備と周知徹底，要員への適正な作業割当てなどによって，当初の見積りどおりの生産性を維持することに努めなければならない。また，プロジェクトの進捗に応じた工数の実績と見積りの差異や，開発規模や生産性に関わる見積りの前提条件の変更内容などを常に把握し，プロジェクトのコストや進捗に影響を与える問題を早期に発見して，必要な対策を行うことが重要である。

あなたの経験と考えに基づいて，設問ア～ウに従って論述せよ。

設問ア　あなたが携わったシステム開発プロジェクトにおけるプロジェクトの特徴と，見積りのために入手した情報について，あなたがどの時点で工数を見積もったかを含めて，800 字以内で述べよ。

設問イ　設問アで述べた見積り時点において，プロジェクトの特徴，入手した情報の精度などの特徴を踏まえてどのように工数を見積もったか。見積りをできるだけ正確に行うために工夫したことを含めて，800 字以上 1,600 字以内で具体的に述べよ。

設問ウ　設問アで述べたプロジェクトにおいて，見積りどおりに工数をコントロールするためのプロジェクト運営面での施策，その実施状況及び評価について，あなたが重要と考えた施策を中心に，発見した問題とその対策を含めて，600 字以上 1,200 字以内で具体的に述べよ。

論文事例1

平成26年度　問1

岡山　昌二

設問ア

memo

第1章　プロジェクトの特徴及び見積りのための情報

1.1　プロジェクトの特徴

論述の対象とするプロジェクトは，海外からサプリメントなどの原材料を輸入して，国内の健康食品会社などに販売する輸入商社A社における販売支援システム（以下，SFAという）の導入である。SFAについては，A社の経営陣によって，パブリッククラウドサービス（以下，クラウドという）を採用することが決定されていることから，プロジェクトの特徴としては開発期間が2か月間であり，短納期という点を挙げることができる。

工数見積り時点でプロジェクトは，A社から導入業務を受託するB社のプロジェクトマネージャである私の下で，今回と同じクラウドの導入経験をもつB社の要員2名，A社のITコンサルティングを行っている会計士のC氏で構成されていた。工数見積り後にB社要員2名を追加する結果となった。

1.2　工数見積り時点と見積りのために入手した情報

工数見積り時点については，A社からRFPを受け取り，A社からの発注が確定する前の段階で工数を見積もることになった。

なお，類似プロジェクトの開発期間は3か月である。プロジェクト目標が開発期間2か月という短納期である点を踏まえ，スケジュールの短縮についても重点を置いて工数を見積もることにした。

見積りのために使用したB社に蓄積されている情報は①類似プロジェクトの業務要件と業務機能，②類似システム開発におけるアクティビティ別生産性の基準値，③類似システム開発におけるアクティビティ別工数の基準値である。これらを使い，工数見積りの精度を高める工夫をした。更に，クリティカルチェーンプロジェクトマネジメント（以下，CCPMという）を導入して，短納期に対応することとした。

100字 200字 300字 400字 500字 600字 700字 800字

6 リスク管理

設問イ

memo

第２章　工数見積りの方法と工夫

2.1　工数見積りの方法

類似プロジェクトの業務要件と業務機能を踏まえて，作業を定義して，作業に担当者を割り振った。割り振りについては，スキルレベルの低い担当者から割り振ることにしている。なぜならば，スキルレベルの低い者は担当できる作業が限られていることから，スキルレベルの高い者から先に割り振ると，スキルレベルの低い者ができる作業がなくなり，稼働率が下がるからである。

更に，スキルレベルの高い者の稼働率を下げることで，プロジェクト遂行中に発生した問題の解決に迅速に対応させることが可能であると考えた。スキルレベルの高いメンバ２名は見積り時点で決定していたので，他のメンバについては，見積り結果を踏まえて，スキルレベルの低いメンバを加える計画であった。

ここに注目！

工数見積りの方法として，クリティカルチェーン・プロジェクトマネジメントについて具体的に説明しています。

担当者が割り振られた作業については，類似システム開発におけるアクティビティ別生産性の基準値及び類似システム開発におけるアクティビティ別工数の基準値を参考にして，２日から４日ほどの工数の作業になるように再定義し，これを基にしてクリティカルチェーンを作成した。

作成したクリティカルチェーンの作業には，担当者，工数，日数が記入してある。これを基に私は，アジャイル開発で用いられているプランニングポーカーという手法を用いて，Ｂ社のメンバ２名で工数を再度確認した。

メンバ２名については，類似プロジェクトの開発経験もあり，精度が増すことをねらった。手法としては，デルファイ法と似たものである。CCPMを採用したことから，作業日数は，ぎりぎりの工数見積りという観点で行うように指示をした。

最終的に工数を見積もった結果，Ｂ社としては４名体制で，クリティカルチェーンの工期は28日になった。これに対して，半分の日数である14日をプロジェクトバッファとして加え，4人のメンバで42日間のスケジュールで，納期まで2か月になることを確認した。

2.2　見積りを正確に行うための工夫

見積もった工数の生産性が，類似システム開発におけるアクティビティ別生産性の基準値に対して2倍付近の値になることを確認した。なぜならば，ぎりぎりの工数見積りという観点で，見積りの正確性を高めるためである。問題のあるアクティビティについては，再度，プランニングポーカーなどで工数を見積もり，精度を高めるようにした。

memo

900字
1000字
1100字
1200字
1300字
1400字
1500字
1600字

設問ウ

memo

第3章　工数をコントロールの施策と実施状況及び評価

3.1　見積りどおりに工数をコントロールするための施策

　受注が決定して，プロジェクト計画書を作成する段階で，見積りどおりの工数をコントロールする施策を次のように計画した。

①作業ごとの残日数で工数の把握

　作業については担当者から，毎日，残りの日数を報告させて，作業ごとの工数を把握し，更に，残日数でプロジェクトの完了日を予測するようにした。

②プロジェクトバッファの消費レポートの作成

　CCPMでは，プロジェクト遂行中に何らかの理由によって，作業ごとに割り振られた日数を超過した場合，プロジェクトバッファの日数が消費されることになる。したがって，プロジェクトの進捗率とプロジェクトバッファの消費率との関係をモニタリングすることが重要となる。そこで，横軸に作業全体の進捗率を示すクリティカルチェーン進捗率をとり，縦軸にプロジェクトバッファの消費率をとった，プロジェクトバッファの消費レポートを作成して，プロジェクトの進捗率に対してプロジェクトバッファの消費率が高い場合は，工数の増加などに関する問題が発生していることを検知するようにした。

3.2　実施状況及び評価

　外部設計段階において，プロジェクトバッファの消費レポートが，プロジェクトの進捗率に対してプロジェクトバッファの消費率が高い状態が発生した。関係する作業は，在庫の参照機能に関する仕様を決定するものであった。担当者にヒアリングすると，在庫の引当方法で会計士のC氏とA社側の利用者部門の担当者との意見が合わないことで時間を要したことが判明した。結論はC氏側の意見が採用されたということから，問題は解決したということであった。

ここに注目！

設問ウで問われている“見積りどおりに工数をコントロールするためのプロジェクト運用面での施策”については，クリティカルチェーン・プロジェクトマネジメントにおけるモニタリングの仕組みを中心に論述しています。

memo

　このような進捗の遅れの兆候を察知できる点，各作業において，ぎりぎりの工数見積りを行っている点が効果的に作用して，プロジェクトは2か月で終了することができた。工数見積りにおいて，CCPMを採用しなかった場合，通常3か月かかるプロジェクトを2か月で終わらせることは困難であったと判断する。
　プロジェクトメンバ内に類似プロジェクトの経験者がいた点，生産性や工数がB社内で蓄積されていた点が，工数見積りの精度を高めてCCPMの成功につながったと判断する。開発規模の大きいプロジェクトにもCCPMを適用できるように，順次，計画を進める予定である。

－以上－

900字
1000字
1100字
1200字

論文事例2

平成26年度　問1

長嶋　仁

memo

設問ア

1－1　システム開発プロジェクトの特徴

私がPMとして携わったプロジェクトは，A社の企業年金システムの更新プロジェクトである。汎用機で動作していた旧システムを，Webアプリケーションとして再構築するものである。プロジェクトは，当社のSE及びこれまでも協業してきた外部企業の要員で構成された。開発対象は，旧システムのマイグレーション部分と新規機能の開発部分に分けられる。

プロジェクトの特徴は，基本設計以降の開発工程が8か月と短期なことである。生産性を向上させるために，マイグレーション部分については，ツールによる自動変換を活用する。一方，新規機能の開発部分については，Webアプリケーションフレームワーク（以下，フレームワークと書く）を適用する。フレームワークを初めて使うメンバが半数近く含まれることも特徴で，留意事項として取り組んだ。

1－2　見積りのために入手した情報

本論文で論述するのは，要件定義終了時における工数見積りである。見積りの結果として，以降の開発工程の請負契約を結ぶことになる。

入手した情報は，要件定義開始時の概算見積り文書，要件定義書，社内のマイグレーション見積標準，社内のCoBRA法の変動要因の標準値である。

マイグレーション部分に関しては，要件定義書にプロジェクトとデータの移行対象を明記している。また，要件定義において移行性の検証を実施しており，生産性の情報まで入手できている。

新規機能の開発部分に関しては，ファンクションポイントの基礎情報となる入出力画面，帳票，DBモデル，DBアクセスなどの情報が要件定義書に記載されており，これらが入手した情報である。

設問イ

memo

2−1　工数の見積り

工数の見積りは，マイグレーション部分と新規機能の開発部分に分けて行った。

マイグレーション部分は，前述のように要件定義における検証において生産性を算定していたので，積上げ法で工数を見積もった。

新規機能の開発部分は，機能要件に対しては社内標準のファンクションポイント法（以下，FP法と書く）とCoBRA法を組み合わせて工数を見積もった。FP法を採用した理由は，企業年金システムが社内で利用するもので，Webアプリケーションであってもブラウザ側のリッチインタフェースが少ないため，サーバ側の機能規模に基づく工数見積りが適用できると判断したからである。

また，認証機能といった非機能要件に対しては，WBSをベースに工数を積上げて見積もった。積上げ法を採用した理由は，セキュリティ要件など非機能要件の機能は共通化できる割合が高く，FP法では規模が多大になるという経験則があり，積上げ法の精度が高いからである。以降は，機能要件の実装に関する工数見積りを論述する。

FP法とCoBRA法の組み合わせによる工数見積りは，最初は社内の標準的な手順で進めた。要件定義書から，データファンクションとトランザクションファンクションを抽出集計して，ファンクション数を求める。FP法の調整係数は用いず，CoBRA法を使って工数のオーバヘッドを算定する。CoBRA法の変動要因を適用する際には，見積りの精度を上げるために，できるだけ類似のプロジェクトの実績数値を選ぶようにしている。

2−2　見積りを正確に行うための工夫

プロジェクトの特徴を踏まえて留意したことは，前述のように，フレームワークを初めて行うメンバが多くいる点である。CoBRA法の変動要因の中では，“チームの知識経験”に該当する。入手した情報の社内標準値では

memo

ここに注目！

困難な状況を説明してから，工夫した点をアピールする展開がよいです。

精度が低く，オーバヘッドが多大になると考えた。

　そこで，見積りをできるだけ正確に行う工夫として，変動要因にメンバ自身の経験値を適用することにした。具体的には，要件定義工程において並行して進めたフレームワークの習得トレーニングの状況を基に，メンバから従来の生産性と比較した見込み生産性をヒアリングした。その結果，メンバの開発経験が豊富であることも踏まえ，社内標準の変動要因よりも少ないオーバヘッドで見込み生産性を算定して，開発工数を見積もった。

設問ウ

3－1　見積り通りに工数をコントロールするための施策と実施状況及び評価

プロジェクト運営面での施策は次の二つである。

⑴作業工数と機能規模の実績管理

日報と週報によって，メンバの作業実績を把握して計画と対比した。その際，工数だけではなく，ファンクションポイントの変動に留意した。その理由は，工数見積りの基礎となったファンクションポイント数は，基本設計前なのでデータ項目数などが概算値だからである。作業工数と機能規模を分けて管理することによって，機能規模を補正した上で見込み生産性のずれを正確に把握することができたと考えている。

⑵メンバとの日常のコミュニケーション

私は，この施策を特に重要と考えた。その理由は，日報などによって把握する進捗は，メンバの申告値であるため，開発の遅れや品質未達の問題の発見が遅くなりがちになるという経験則からである。課題に直面しても，メンバは何とか自力で打開しようとする傾向がある。自主性を尊重しながらも，プロジェクトとしては問題の早期発見が重要である。そこで，日報などの定型フォームによる進捗申請とは別に，メンバとのコミュニケーションによって，工数増加を防ぐことを考えた。

特に，フレームワークに初めて取り組んでいるメンバと頻繁に対話した。その中で，単体テストにおいて，あるメンバが担当する支払業務に関する機能において，バグの対応に自信のない箇所があるという問題を発見した。私は，類似の機能を開発している複数のメンバに応援を依頼し，設計書とソースコードのレビューを実施した。その結果，開発フレームワークの利用におけるメンバの勘違い箇所を特定して，対応することができた。

このように，対話を重視したことによって，早期に手を打って工数をコントロールして工程遅延を防げたこと

memo

ここに注目！

設問ウにある“見積りどおりに工数をコントロールするためのプロジェクト運用面での施策”という記述に絡めるように，“工数増加を防ぐ”と論述している点がよいです。

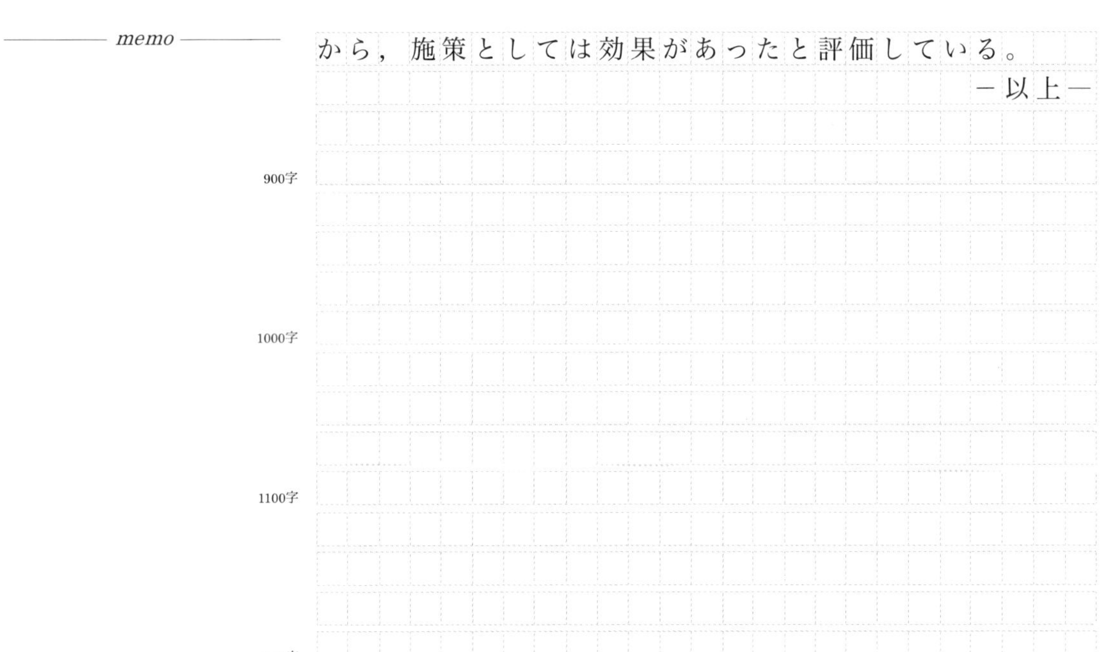

■IPA発表採点講評■

（システム開発プロジェクトにおける工数の見積りとコントロールについて）では，プロジェクトの特徴及び入手した情報の特徴を踏まえた工数の見積りの方法，見積りを正確に行うための工夫点については具体的な論述が多かった。一方，工数をコントロールするためのプロジェクト運営面での施策については，工数のコントロールと施策の関連が不明確な論述も見られた。

Memo

平成25年度 ▼ 問1
システム開発業務における情報セキュリティの確保について

プロジェクトマネージャ（PM）は，システム開発プロジェクトの遂行段階における情報セキュリティの確保のために，個人情報，営業や財務に関する情報などに対する情報漏えい，改ざん，不正アクセスなどのリスクに対応しなければならない。

PM は，プロジェクト開始に当たって，次に示すような，開発業務における情報セキュリティ上のリスクを特定する。

・データ移行の際に，個人情報を開発環境に取り込んで加工してから新システムに移行する場合，情報漏えいや改ざんのリスクがある

・接続確認テストの際に，稼働中のシステムの財務情報を参照する場合，不正アクセスのリスクがある

PM は，特定したリスクを分析し評価した上で，リスクに対応するために，技術面の予防策だけでなく運営面の予防策も立案する。運営面の予防策では，個人情報の取扱時の役割分担や管理ルールを定めたり，財務情報の参照時の承認手続や作業手順を定めたりする。立案した予防策は，メンバに周知する。

PM は，プロジェクトのメンバが，プロジェクトの遂行中に予防策を遵守していることを確認するためのモニタリングの仕組みを設ける。問題が発見された場合には，原因を究明して対処しなければならない。

あなたの経験と考えに基づいて，設問ア～ウに従って論述せよ。

設問ア　あなたが携わったシステム開発プロジェクトのプロジェクトとしての特徴，情報セキュリティ上のリスクが特定された開発業務及び特定されたリスクについて，800 字以内で述べよ。

設問イ　設問アで述べたリスクに対してどのような運営面の予防策をどのように立案したか。また，立案した予防策をどのようにメンバに周知したか。重要と考えた点を中心に，800 字以上 1,600 字以内で具体的に述べよ。

設問ウ　設問イで述べた予防策をメンバが遵守していることを確認するためのモニタリングの仕組み，及び発見された問題とその対処について，600 字以上 1,200 字以内で具体的に述べよ。

論文事例

平成 25 年度　問 1

岡山　昌二

設問ア

memo

第１章　プロジェクトの特徴とリスク

１．１　プロジェクトとしての特徴

　論述の対象は，ファミリーレストランのチェーン店を経営するＡ社の原価管理システムの構築プロジェクトである。Ａ社では季節ごとに変化するキャンペーン商品を含めた原価管理業務を強化して，月次決算を６営業日から４営業日に短縮するために，原価管理システムの再構築を決定した。私はシステム開発を受託した情報処理・提供サービス業Ｂ社のプロジェクトマネージャである。

　原価管理システムは，計算結果の正確性を検証する期間を十分に確保する必要がある。そのため，現行システムとの並行テスト期間が長いというプロジェクトの特徴がある。システムの特徴としては，原価管理業務の特性からシステム間連携が多く，原価という社内秘レベルの機密データを扱う点を挙げることができる。

１．２　情報セキュリティ上のリスクが特定された開発環境及び特定されたリスク

　社内秘レベルの機密データを扱うというシステムの特徴，及び，並行テスト期間が長いというプロジェクトの特徴を踏まえると，並行テスト期間中に，プロジェクトメンバに加えて利用者部門の担当者が出力帳票を検証する作業にかかわるリスクが高いと考えた。並行テスト期間以外では，原価情報はテストデータを使用するため，情報漏えいのリスクは低い。しかし，並行テスト期間は，現行システムと新システムの出力を突き合わせして結果の正確性を検証する必要があるために，情報漏えいなどのリスクが高くなると考えた。

　具体的には，リスクとしては利用者部門の担当者あるいはプロジェクトメンバが新システムの検証に使用する出力帳票の取扱いが不適切なことが原因で社内秘レベルの原価情報が漏えいするというリスクを特定することができる。

memo

ここに注目！

設問イでは，“どのような運用面の予防策”と問われているので，技術面での予防策については論じないようにします。

設問イ

第2章　リスクの予防策及び予防策の周知方法

2．1　リスクに対する運用面の予防策

原価情報を印字した出力帳票が流出して情報が漏えいするというリスクに対して，運用面の予防策として，次の管理的な施策を講じることにした。

①出力帳票の管理責任者の設置

管理的な施策を形骸化させずに，施策の有効性を確保するためには，管理責任者を設置することが重要と考えた。そこで私は，並行テスト期間を含めた全工程において，A社の開発チームリーダのうち，要件定義工程において情報セキュリティに関する非機能要件を定義するCリーダを管理責任者に任命した。なぜならば，情報セキュリティに関する専門知識をもつ者を担当させることで，管理施策の設定やその周知徹底までが効率的に進むと考えたからである。

②社内秘情報の取扱いの役割分担

社内秘情報はA社の社員だけに開示して，並行テストするように役割を分担した。B社のプロジェクトメンバは閲覧禁止とした。ただし，A社の社員の中に原価情報にアクセスできない者がいる。そこで，原価情報の情報オーナに対してアクセス許可を得るように計画した。

③管理ルールの設定

管理ルールは帳票出力時報告とテスト終了時報告の2段階とした。出力情報は，出力日付とシーケンス番号付けをしたものをキー番号とした。

帳票出力時報告としては，出力履歴として，キー番号，アクセス者社員番号，ページ数を出力帳票とともに管理責任者に提示して，テスト出力時報告とする管理ルールとした。

テスト終了時報告としては，出力帳票のページ数をカウントした上で，管理責任者に提示して報告し，その場で廃棄用のボックスに入れるという管理ルールとした。

memo

以上の予防策を計画した。

2．2　予防策の周知方法

周知方法としては，任命した管理責任者の下にＡ社側責任者とＢ社側責任者を設置して，予防策の周知徹底体制とした。なぜならば，両社の情報セキュリティ環境に応じた効果的な予防策の周知徹底方法ができると考えたからである。

具体的な周知方法としては，Ａ社とＢ社の管理者と管理責任者が情報セキュリティ教育を，要件定義，外部設計，内部設計，プログラミング・単体テスト，結合テスト，総合テスト，それぞれの工程の開始時に実施することとした。なぜならば，局面が変わることで保護すべき情報資産が変わり，リスクも変化する，更に，リスク対策も変化するからである。

特に重要と考えた並行テスト時の予防策の周知徹底については，Ａ社の情報セキュリティ管理者に許可を得た上で，Ａ社の担当者とその上司も情報セキュリティ教育に参加してもらうようにした。なぜならば，この活動によって，並行テスト期間中の情報セキュリティの重要性を組織面からも徹底できると考えたからである。

900字 1000字 1100字 1200字 1300字 1400字 1500字 1600字

設問ウ

memo

ここに注目！

実務では，問題が発見されないケースがありますが，試験では，設問文に沿って，問題が発見されたケースについて論述した方がよいでしょう。

第3章　モニタリングの仕組み及び問題とその対処

3．1　モニタリングの仕組み

出力帳票については，帳票出力時報告とテスト終了時報告において，管理責任者に提出して現物確認する仕組みとした。管理するための書面は，全て電子メールとした。これをモニタリングすることで，表面的ではあるが，予防策の遵守状況を把握できると私は考えた。

詳細な遵守状況は，メールを基にしたサンプリングを行い，並行テストの実施状況と突き合わせすることで，帳票出力時報告の遵守状況をモニタリングする仕組みとした。テスト終了時報告は，帳票出力時報告と突き合わせすることで，遵守状況をモニタリングできると考えた。

3．2　発見された問題とその対処

以上の計画を並行テスト時に実行に移し，帳票出力時報告とテスト終了時報告をモニタリングした結果，帳票出力時報告のメールの送信時刻が遅くなる傾向にあるという問題が発生した。これについて，事後報告になっている兆候であると考えた。そこで私は，帳票出力時報告のメールの送信時刻について，管理責任者に状況報告する指示を出した。

その結果，帳票出力時報告が遅れ，A社側の責任者が催促してから帳票出力時報告のメールを送信する状況であることが判明した。このままではルールが形骸化して，情報セキュリティに関する士気が低下すると考えた。そこで，帳票出力時報告を事後報告から事前報告とし，帳票出力時報告のメールがないと，帳票を受け取れない仕組みとした。ただし，ページ数については，受取後に報告するように仕組みを変更した。

以上のように仕組みを変更した結果，帳票を使用する者の手続は増えた。しかし，形骸化した手続を継続した場合，帳票廃棄の手順についても遵守されず，情報漏えいのリスクが高まる可能性がある。情報は廃棄時に漏え

memo

いするリスクが高いことが判明している。手続の形骸化を予防する対処方法は，手続の作業量は増えたが効果的な対処であったと判断する。

－以上－

900字

1000字

1100字

1200字

■IPA発表採点講評■

（システム開発業務における情報セキュリティの確保について）では，予防策の周知，予防策の遵守確認のためのモニタリングの仕組み，発見された問題とその対処については具体的な論述が多かった。一方，特定されたリスクに対する運営面の予防策が不明確な論述や運営面とは関係のない予防策の論述も見られた。

平成 24 年度 ▼ 問 1
システム開発プロジェクトにおける要件定義のマネジメントについて

プロジェクトマネージャには，システム化に関する要求を実現するため，要求を要件として明確に定義できるように，プロジェクトをマネジメントすることが求められる。

システム化に関する要求は従来に比べ，複雑化かつ多様化している。このような要求を要件として定義する際，要求を詳細にする過程や新たな要求の追加に対処する過程などで要件が膨張する場合がある。また，要件定義工程では要件の定義漏れや定義誤りなどの不備に気付かず，要件定義後の工程でそれらの不備が判明する場合もある。このようなことが起こると，プロジェクトの立上げ時に承認された個別システム化計画書に記載されている予算限度額や完了時期などの条件を満たせなくなるおそれがある。

要件の膨張を防ぐためには，例えば，次のような対応策を計画し，実施することが重要である。

・要求の優先順位を決定する仕組みの構築
・要件の確定に関する承認体制の構築

また，要件の定義漏れや定義誤りなどの不備を防ぐためには，過去のプロジェクトを参考にチェックリストを整備して活用したり，プロトタイプを用いたりするなどの対応策を計画し，実施することが有効である。

あなたの経験と考えに基づいて，設問ア～ウに従って論述せよ。

設問ア　あなたが携わったシステム開発プロジェクトにおける，プロジェクトとしての特徴，及びシステム化に関する要求の特徴について，800 字以内で述べよ。

設問イ　設問アで述べたプロジェクトにおいて要件を定義する際に，要件の膨張を防ぐために計画した対応策は何か。対応策の実施状況と評価を含め，800 字以上 1,600 字以内で具体的に述べよ。

設問ウ　設問アで述べたプロジェクトにおいて要件を定義する際に，要件の定義漏れや定義誤りなどの不備を防ぐために計画した対応策は何か。対応策の実施状況と評価を含め，600 字以上 1,200 字以内で具体的に述べよ。

論文事例

平成 24 年度　問 1

岡山　昌二

設問ア

memo

第１章　プロジェクトの特徴及び要求の特徴

１．１　プロジェクトとしての特徴

　Ａ社は，基幹システムの再構築を2011年の４月から開始して新システムを１年後の2012年４月１日にサービス開始することを決定した，アパレル企業である。基幹システムはＢ社が開発したERPシステムを採用することがＡ社によって決定されている。Ｃ社は，ERPシステムをＡ社に導入することを請け負った情報処理・提供サービス業の企業である。ERP導入プロジェクトのプロジェクトマネージャはＣ社の私が担当することになった。要件定義は３か月の期間でＡ社と準委任契約を結んでいる。

　外部設計以降は請負契約を結ぶことから，Ｃ社の利益を確保するため，要件の膨張や誤り・漏れに起因する手戻りを極力回避するプロジェクトの特徴を挙げることができる。

１．２　システム化に関する要求の特徴

　プロジェクトの計画段階において私は当該プロジェクトの企画書を確認した。その結果，Ａ社の現行システムは，利用者部門の意見が十分に聞き入れられて開発されているという特徴をもっていることが判明した。そこでＡ社の利用者部門に簡易にヒアリングして確認した結果，ERPパッケージの導入において，画面や帳票の設計内容の承認を利用者部門から得るには，利用者部門における意識改革が必要であると私は確信した。

　以上のことから，プロジェクト計画時において，要求の特徴としては現行システムを基準においた要望が出される，という点を想定することができた。

　Ｃ社のプロジェクトマネージャとして私は，現行システムを基準においた要望が出されるという，想定した要求の特徴を踏まえ，次のようなリスク予防策及びリスク対応策を講じて，リスクに対処してプロジェクトを成功に導いた。

設問イ

memo

第2章　要件の膨張を防ぐために計画した対応策と実施

2．1　要件の膨張を防ぐために計画した対応策

　要件の膨張リスクを減らすためのリスク予防策としては，次の対応策を計画した。

①ERPシステムの導入メリットについて部門ごとへの説明

　ERPシステムに業務を合わせることのメリットを利用部門に理解してもらうことが重要である。そのため，ERPパッケージ採用における関連法規の充足対応におけるシステム保守の迅速化など，利用者部門ごとに異なるメリットを，部門ごとに説明することが重要であると考えた。

②要求の優先順位付け方法と要求の承認体制の構築

　現行システムを基準とした要求が出されるという要求の特徴を踏まえ，フィットギャップ分析において，ギャップ部分である要件の優先順位付けを，システム化の目的への貢献度と緊急度から設定する仕組みとした。

　工夫した点は，システム化の目的への貢献度が高ければ，要件の優先度も高くなる，とは限らない点である。緊急度が低ければ，優先順位も低く設定されるようにした。この工夫によって，現行システムを基準とした要件の優先順位を低く設定できるようにした。これによって，現行システムからERPパッケージの標準機能を極力活用するというERPシステム導入の方針が徹底でき，ERP導入のメリットを最大限に享受できると考えた。

　リスク対応計画としては，万一，要件が膨張してしまった場合は，A社の経営陣からERPシステム導入の方針を徹底する旨を利用者部門に通達することを計画した。これによってフィットギャップ分析を再度実施するなどの活動で，要件の膨張を抑えられると考えた。

2．2　対応策の実施状況と評価

　A社の経営陣は，リスク対応計画の内容を高く評価し

ここに注目！

設問イの前半の2.1節では“計画”について，後半の2.2節では“実施状況”と“評価”について書いています。これらの書き分けを明確に行います。

て，実際には，リスクが顕在化する前に，ERP導入方針の徹底を利用者部門に促すように指示していた。そのために実施状況としては，リスクが顕在化することなく，要件の膨張という問題が発生することはなかった。

リスク予防策としては，リスクが顕在化しなかったことを根拠に，成功であったと判断する。特に要求の特徴を踏まえた工夫が効果的であった。

memo

900字
1000字
1100字
1200字
1300字
1400字
1500字
1600字

memo

ここに注目！
リスク対応策については，リスク予防策と，リスクが顕在化した際に実施するためのリスク対応計画とに分けて論じています。

設問ウ

第３章　要件の定義漏れ・誤りを防ぐ対応策と実施

３．１　要件の定義漏れや定義誤りなどの不備を防ぐために計画した対応策

要件の定義漏れや定義誤りについては，機能要件と非機能要件ごとの対策に分けて説明する。

機能要件については，次のリスク予防策を計画した。

①過去のフィットギャップ分析結果を基にしたチェック

類似したERPシステムの導入プロジェクトで判明したフィットギャップ分析の結果と当該プロジェクトの結果とを突き合わせして，漏れや誤りがないことを確認するように計画した。

②Ｃ社要員における業務知識不足によるエラーのモニタリング

Ｃ社要員が文書化したギャップ部分の要件のレビュー結果をモニタリングして，業務知識不足がＣ社要員にないことを確認できるように計画した。モニタリングによってＣ社の要因によって重大なバグが盛り込まれる前に，未然に対策を施せると考えた。

リスク対応計画としては，要件の漏れや誤りが発生した場合は，該当するチームの成果物を含めレビュー体制やレビュー方法を見直すように計画した。

以上が機能要件についてである。

非機能要件については，Ｃ社が作成している非機能要件のひな型を利用して漏れや誤りを予防するように計画した。Ａ社が中堅のアパレル企業である点を踏まえて，ひな型をメンテナンスして非機能要件を定義するように計画した。

３．２　対応策の実施状況と評価

機能要件については漏れや誤りが発生することはなかった。そのため，効果的なリスク予防策であったと評価する。

非機能要件については，Ａ社の要望で，Iaasであるパ

ブリッククラウドを活用してERPシステムをサービスすることになった。そのため，性能要件を中心とした非機能要件を再定義する必要があった。その際，ひな型がパブリッククラウドサービスに対応していないという問題があり，再定義に時間がかかってしまった。

パブリッククラウドサービスを活用することで，動的に処理能力を確保できるというメリットを享受でき，その結果，システムのスケーリングが容易になる。この点を踏まえ，今後の改善点としては，パブリッククラウドサービスの活用時における非機能要件のひな型を整備して，非機能要件の定義作業の効率性を向上させる点を挙げることができる。

－以上－

memo

■IPA発表採点講評■

（システム開発プロジェクトにおける要件定義のマネジメントについて）では，要件を定義する際に計画した，要件の膨張を防ぐための対応策や要件の定義漏れや定義誤りなどの不備を防ぐための対応策についての具体的な論述が多かった。一方，要件が膨張してからの対策や要件ではなく要求の膨張を防ぐ対応策の論述も見られた。

事例作成者の紹介と一言アドバイス

岡山　昌二（おかやま　しょうじ）

外資系製造業の情報システム部門に勤務の後，1999 年から主に論文がある情報処理試験対策の講師，試験対策書籍の執筆を本格的に開始する。システムアーキテクト，IT サービスマネージャ，プロジェクトマネージャ，IT ストラテジスト試験の対策の講義とともに，コンサルティングを行いながら，（株）アイテックが出版しているシステムアーキテクト試験の「専門知識＋午後問題」の重点対策，本試験問題集，予想問題集を執筆。保有資格はシステム運用管理技術者，アプリケーションエンジニア，プロジェクトマネージャ，IT ストラテジスト，システム監査技術者。

論文問題攻略のためのワンポイントアドバイス

本書の第一部で説明した内容を復習する目的で，本試験の前日の土曜日には論文を一本，書き終えましょう。

落合　和雄（おちあい　かずお）

コンピュータメーカー，SI ベンダで IT コンサルティング等に従事後，経営コンサルタントとして独立。経営計画立案，企業再建等の経営指導，プロジェクトマネジメント，システム監査等の IT 関係を中心に，コンサルティング・講演・執筆等，幅広い活動を展開。情報処理試験，PMP，IT コーディネータ試験などについても，豊富な経験に基づく受験指導を行う。中小企業診断士，税理士，IT コーディネータとしても活躍中。

著書には，『実践ナビゲーション経営』（同友館），『IT エンジニアのための法律がわかる本』（翔泳社），『IT パスポート入門』（アイテック情報技術教育部）などがある。

論文問題攻略のためのワンポイントアドバイス

プロジェクトマネージャの論文で合格するためには，まず，不用意な減点ポイントを作らないことです。よく見られる減点パターンには，次のようなものがあります。

・論旨が一貫してない

・題意にすべて答えていない

・PMBOK 等の PM の基本的な考え方を踏襲していない

これらのうち一つでも当てはまっていたら，合格は難しいと考えてください。次に上記のポイントを押さえた上で，更に合格点に達するためには，「一般論ではない＋独自の工夫」が記述されている必要があります。これは決して難しく考える必要はありません。PMBOK 等の基本的な考え方にプラスして，独自の管理帳票を使ったなどのちょっとした工夫でかまいません。このようなちょっとした工夫をいかに盛り込むかが，合格のポイントになります。

佐々木　章二（ささき　しょうじ）

外資系システムベンダの SE として，公共団体の各種システム設計，大手金融機関の情報系システム構築などに従事後，独立。以後，一貫してシステム技術者教育の業務に従事。並行して，各種 e ラーニングシステムの企画・設計・製造に従事。プロジェクトマネージャ試験の論文を作成する際は，このときの経験などを基にしている。

論文問題攻略のためのワンポイントアドバイス

PM 試験は PM の経験がなくとも，プロジェクトのメンバとして活動した経験があれば，十分合格できます。PM 試験の受講生の方を指導させていただくときに，いつも思うのは「みなさん十分な経験をおもちだなぁ」ということです。そして，ここからが「逆説的 PM 合格のマル秘テクニック」なのですが，経験が十分にある方ほど，合格レベルの論文作成が難しいのです。なぜなら，自分の経験にプライドや思い入れがあるために，論文にそれをダイレクトに表現してしまうからです。合格論文を作成する第一のコツは「題意に正しく答えること」ですが，自分の経験が邪魔をして，題意がどこかへ行ってしまい，経験をアピールするだけの論述になってしまっている場合を多く見かけます。私はこれを『ヘタなプライド』と呼んでいます。PM 試験の論文作成においては，スペシャリストや PM としてのプライド，立派な論文を書こうというプライド，自分のやってきた仕事に対するプライドはいったん奥にしまっておく，ということを試してみましょう。目標は合格フラグを true にすることなのですから。

長嶋　仁（ながしま　ひとし）

業務アプリの開発及びカスタマサポート領域の SE 業務を経て，現在，研修講師と学習コンテンツ制作を中心として活動中。情報処理技術者（システム監査，システムアナリスト，上級システムアドミニストレータ，テクニカルエンジニア〔情報セキュリティ，ネットワーク，システム管理，データベース〕，他），技術士（情報工学），情報処理安全確保支援士。『セキュリティ技術の教科書 第 2 版』（アイテック，2020 年）をはじめとして，各種教材を制作している。

論文問題攻略のためのワンポイントアドバイス

論述試験で合格点を取る最大のポイントは，「設問の要求事項の充足度」と「論述の具体性」です。論文を添削すると，結果的にこの二つのポイントで合否が分かれるケースが多数です。「充足度」について，設問では全部で 5～7 個程度の事項が要求されます。要求事項から見出しを作成して，全ての項目を網羅することに注力します。論文を 3 本準備すれば，転用可能な問題が出題される確率が高くなります。ただし，そのままでは要求事項を充足できませんので，準備した論文に含まれない要求事項を何としても搾り出します。この作業に 10～15 分程度集中して，搾り出せればゴールが見えます。次に「具体性」について，特に設問イ・ウが他のプロジェクトにも当てはまるような一般的な表現に終始するとマイナスです。加えて，PM 固有のポイントでは，プロジェクトマネージャの立場で論述します。リーダシップを発揮してチームを引っ張ったというスタンスで自信をもって論述してください。

満川　一彦（みつかわ　かずひこ）

人財育成業務に従事。保有資格は，技術士（情報工学）を筆頭に，情報処理技術者（プロジェクトマネージャ，システム監査技術者，IT ストラテジスト，システムアナリスト，システムアーキテクト，アプリケーションエンジニア，IT サービスマネージャ，上級システムアドミニストレータ，テクニカルエンジニア（システム管理）ほか，エンベデッドシステムスペシャリスト以外全て），上級教育士（工学・技術），実用数学技能検定（1 級）など。

著書は，『2020 IT ストラテジスト「専門知識＋午後問題」の重点対策』，『IT ストラテジスト合格論文の書き方・事例集　第 5 版』(共著)，『システムアーキテクト　合格論文の書き方・事例集第 5 版』(共著)以上 ITEC，『情報処理教科書　システムアーキテクト　20 年度版』(共著)，『OSS教科書　OSS-DB Silver Ver.2.0 対応』(共著)，『IT Service Management 教科書　ITIL ファンデーション　シラバス 2011』(共著)以上翔泳社，『書けるぞ高度区分論文（うかるぞシリーズ)』週間住宅新聞社　など。

論文問題攻略のためのワンポイントアドバイス

論文試験においてA判定（合格）を得るためのポイントを 4 点紹介します。

第一は，題意（設問の要求事項）に沿って論述することです。題意に沿った論述は，合格のための絶対条件です。技術的に優れた内容の論文であっても，題意に沿っていなければ，A 判定は得られません。

第二は，試験区分ごとに期待されている人材像の立場で，具体的な内容を論述するということです。プロジェクトマネージャの試験で，「私は，ユニバーサルデザインを意識してユーザインタフェースの設計を行った」と記述してはいけません。ユーザインタフェースの設計を行うのはシステムアーキテクトであって，プロジェクトマネージャの業務ではないからです。「具体的な内容の論述」については，単に「スケジュールを見直した」と論述するのではなく，「残存期間の余裕日数と追加できる工数を鑑み，結合テストの終了時までに 3 日間の遅れを回復できると考えた」というように論述するわけです。予定や実績の表現に，可能な範囲で数値を用いることも具体的な記述のテクニックです。一般論に終始しないように気をつけてください。

第三は，論述を開始する前にストーリを作成することです。ストーリに沿って論述すれば，論旨が明確になります。特に，文章作成にあまり慣れていない方には，ストーリを作成することをお薦めします。

第四は，論文の手書き練習をすることです。論文試験では，2 時間で 2,800 字程度の文章を書く必要があります。パソコンなどの文書作成と比較して，記述には多くの労力を要し，論文が完成する頃には手が相当疲れます。2,800 字書くことを体感しておくために，少なくとも 5 本は手で書く練習をしてください。

■参考文献

・斎藤成也著；ゲノム進化学入門，共立出版，2016 年

・寺田 佳子著；学ぶ気・やる気を育てる技術，日本能率協会マネジメントセンター，2013 年

・株式会社日経BP　IT Pro；IT資格ゲッターの不合格体験記，2006年

アイテックが刊行している「本試験問題シリーズ」，「重点対策シリーズ」，「合格論文シリーズ」の各書籍も参考文献として掲載します（2020年8月現在)。

詳しくはアイテックのホームページ（https://www.itec.co.jp）を参照してください。

・本試験問題シリーズ……最新の試験分析，3期分の試験問題と解答解説を収録

徹底解説　ITストラテジスト　本試験問題
徹底解説　システムアーキテクト　本試験問題
徹底解説　ITサービスマネージャ　本試験問題
徹底解説　プロジェクトマネージャ　本試験問題
徹底解説　システム監査技術者　本試験問題

・重点対策シリーズ……午後の試験の突破に重点を置いた対策書

ITストラテジスト　「専門知識＋午後問題」の重点対策
システムアーキテクト　「専門知識＋午後問題」の重点対策
ITサービスマネージャ　「専門知識＋午後問題」の重点対策
プロジェクトマネージャ「専門知識＋午後問題」の重点対策
システム監査技術者　「専門知識＋午後問題」の重点対策

・合格論文シリーズ……本書を含めた次の5冊には専門家による合格論文，論述のヒントが満載

ITストラテジスト　合格論文の書き方・事例集　第5版
システムアーキテクト　合格論文の書き方・事例集　第5版
ITサービスマネージャ　合格論文の書き方・事例集　第5版
システム監査技術者　合格論文の書き方・事例集　第6版

■著　者

岡山　　昌二
落合　　和雄
佐々木　章二
長嶋　　　仁
満川　　一彦

プロジェクトマネージャ　合格論文の書き方・事例集　第6版

監修・著者■　岡山　昌二
著者■　落合　和雄　　佐々木　章二　　長嶋　　仁　　満川　一彦
編集■　山浦　菜穂子　　　三浦　晴代
制作・印刷■　株式会社ワコー

発行日　2020年9月8日　第6版　第1刷
2024年4月24日　第6版　第2刷
発行人　土元　克則
発行所　株式会社アイテック
〒143-0006　東京都大田区平和島6-1-1　センタービル
電話　03-6877-6312
https://www.itec.co.jp/

703129-11WP
ISBN978-4-86575-235-9 C3004 ¥3000E

正誤表のご案内

書籍内の記述に，誤りと思われる箇所がございましたら，以下よりご確認ください。

● 既刊書籍の正誤表のご確認方法

アイテックWebサイトより，正誤表の掲載をご確認ください。

https://www.itec.co.jp/learn/errata/

● 正誤のお問い合わせについて

上記に正誤表の掲載がない場合，又は該当箇所の掲載がない場合は，アイテックサービスデスクにお問い合わせください。お問い合わせの際は，書名（第○版第△刷），ページ数，ご質問内容，ご連絡先をお知らせください。

アイテックWebサイト　お問い合わせフォーム

https://www.itec.co.jp/contact

※回答まで，1週間程度お時間を要する場合がございます。
※正誤のお問い合わせ以外の，学習相談，受験相談にはご回答できかねますので，ご了承ください。